범죄의 경제학

Harold M. Winter 지음 | 이인재 옮김

The Economics of Crime:
An Introduction to Rational Crime Analysis

도서출판 해남

범죄의 경제학

초판1쇄 인쇄 2024년 4월 3일
초판1쇄 발행 2024년 4월 12일

지은이 Harold M. Winter
옮긴이 이인재
발행인 노현철
발행처 도서출판 해남

출판등록 1995. 5. 10 제 1-1885호
주 소 서울특별시 마포구 마포대로8길 9 영명빌딩 405호
전 화 739-4822 **팩스** 720-4823
이 메 일 haenamin30@naver.com
홈페이지 www.hpub.co.kr

ISBN 978-89-6238-183-2 93320

자신이 생각하기에 내 범죄 강의가 끝내준다고 내게 말해 준
토머스 루치(Thomas Ruchti)에게

그리고 나에게 공짜로 책을 얻을 수 있다고 생각하면서도 항상 서점에 가서
내가 쓴 책 한 권을 샀던 나의 누이 팜(Pam, 1951~2017)을 기억하며

역자 서문

이 책은 해럴드 윈터(Harold M. Winter)의 *The Economics of Crime: An Introduction to Rational Crime Analysis* 제2판을 번역한 것이다. 저자는 경제학의 관점에서 범죄를 분석하는 방법을 소개하고, 경제학자들의 실증 연구 결과를 주제별로 정리하고 있다. 이 책은 범죄와 처벌의 일반 경제 이론은 물론, 사형제도, 형사사법 제도에서의 인종 차별, 총기 규제, 마약과의 전쟁, 벌금 대 자유형, 치안 정책, 망신 주기 처벌 등의 논쟁적 주제들을 다룬다.

이 책을 번역하게 된 동기는 두 가지이다. 첫째, 범죄의 경제학에 관한 관심을 독자들과 공유하기 위해서이다. 경제학이 다양한 사회 현상의 분석에 적용되고 있으나, 범죄는 경제학적 분석에 가장 적합하지 않을 것 같은 분야이다. 나는 경제학이 과연 범죄의 분석에 얼마나 기여할 수 있는지, 그리고 어떤 새로운 형사정책적 함의를 제공하는지에 관한 궁금증을 독자들과 함께 나누고 싶었다. 그래서 이 목적에 가장 잘 부합되는 책을 발견하고 번역하였다. 둘째, 실증 경제학자로서의 학문적 관심을 동료 학자들과 공유하기 위해서이다. 경제학은 이론으로부터 가설을 도출하고, 현실 세계의 자료를 수집하여 가설을 실증적으로 검증한다. 범죄의 경제학은 실증 연구가 꽤 축적된 분야지만, 국내의 실증 연구는 아직 부족한 실정이다. 이 분야에 관심이 많은 나로서는 연구 주제의 탐색을 위해 연구의 진행 상황을 정리할 기회가 필요하였다. 나는 기존의 실증 연구를 충실하게 소개하고 있는 이 책을 통해 참신한 연구 아이디어를 동료들과 함께 모색하고자 한다. 물론 이 책이 일반 독자를 대상으로 하고 있어 실증 분석 방법론을 비교적 간략하게 논의하고 있지만, 실증 경제학에 익숙한 경제학자라면 흥미로운 논점들을 쉽게 파악할 수 있을 것이다.

범죄의 경제학은 범죄를 분석하는 하나의 일관된 관점일 뿐이다. 독자들은 범죄와 처벌의 구체적 문제에 관해 경제학적 관점이 제시하는 분석과 해결책에 동의하지 않을 수 있다. 그러나 독자들은 경제학적 관점을 통해 지금까지 보지 못하였던 것을 볼 수 있으며, 다른 해결책을 얻을 수 있다. 나는 이 책이 독자들에게 이런 신선한 경험을 줄 것으로 확신한다.

2024. 3

역자

저자 서문

『범죄의 경제학』 초판을 완성한 지 10년이 넘었다. 그사이 많은 시간이 흘러, 개정판을 쓰게 될 줄은 예상하지 못하고 있었다. 라우틀리지(Routledge) 출판사의 편집자가 개정판 출간에 관심이 있냐고 물었을 때, 나는 책을 개정할 기회를 얻게 되어 매우 기뻤다. 나는 지난 몇 년간 여러 정책 강좌에서 범죄와 처벌을 주제로 강의해 왔다. 강의 자료를 계속 보완하면서, 나는 책에 추가할 새롭고 흥미로운 자료들이 많으며, 최신 자료를 찾는 재미도 쏠쏠하리라고 느꼈다.

책을 쓸 때면 항상 그렇듯이, 비평가들은 종종 책에 포함되어야 할 주제를 제안한다. 나는 이번 개정판을 준비하면서 개정판이 초판과 얼마나 달라졌으면 좋겠는지 고민해야 하였다. 고려해 볼 만한 몇 가지 흥미로운 제안이 있었지만, 나는 적어도 다루는 주제에 관해서는 초판의 기본 구조를 고수하기로 하였다. 나는 가장 익숙한 자료를 활용하는 것이 최선이라고 생각하며, 이 책이 범죄의 경제학에 포함되어야 하는 핵심 주제를 다루고 있다고 믿고 있다.

초판의 기본 구조를 유지하고 있지만, 나는 이번 개정판에 많은 변화를 주었다. 가장 눈에 띄는 개선 사항은 초판 이후 발표된 연구를 반영하여 모든 장을 확장하고 최신화하였다는 점이다. 나는 2개의 장을 새로 추가하였다. 이제 2장은 처벌의 확실성을 다룬다. 나는 이 주제를 초판의 1장에서 간략하게 다루었는데, 최근 특히 치안 유지(policing)에 관한 많은 연구가 진행되었기 때문에, 이 주제에 관한 별도의 장이 필요하다고 생각하였다. 나는 행동 범죄 경제학에 관한 새로운 장도 추가하였다. 9장은 행동경제학(behavioral economics)이 이 책에서 제시된 여러 전통적인 주제에 어떻게 적용될 수 있는지를 간략히 소개한다.

이번 개정판의 다른 중요한 변화는 여러 나라의 자료를 이용한 실증 연구를 다수 추가하였다는 것이다. 초판 출간 직전 편집자로부터 해외 자료를 추가해 달라는 요청을 받았을 때, 나는 주로 미국 이외의 국가에서 발생한 범죄에 관한 일화와 뉴스를 포함시켰다. 이번 개정판은 그런 이야기를 대부분 삭제하고, 이탈리아, 영국, 서독, 브라질, 싱가포르 등의 자료가 사용된 학문적 연구를 추가하였다. 범죄와 처벌에 관한 경제학 연구의 대부분이 아직도 미국 자료에 의존하고 있지만, 이번 개정판은 포괄되는 국가의 측면에서 초판보다 확실히 개선된 내용을 제공한다.

또 한 가지 바뀐 점은 사회 프로그램을 통한 범죄 감소에 관한 장을 삭제한 것이다. 형사사법 제도를 통하지 않고 범죄를 줄이는 대안적 방법은 경제학의 매우 중요한 주제이지만, 나의 강좌에서는 시간이 부족하여 강의하지 못하는 주제이다. 게다가 초판에서 어설프게 다룬 것에서 잘 드러나듯이, 이 주제는 하나의 장으로 다루기에는 너무 벅찬 주제이다. 이번 개정판에 추가된 행동경제학에 관한 장이 삭제된 사회 프로그램에 관한 장을 대신할 수 있기를 바란다.

나의 다른 모든 책과 마찬가지로, 나의 목표는 그래프나 수학적 분석에 의존하지 않으면서 흥미롭고 접근하기 쉬운 방식으로 내용을 전달하는 것이다. 일부 설명에 필요한 숫자를 이용한 예를 제외하면, 이 책은 모두 글로만 구성되어 있다. 나는 실증 연구를 논의할 때도 주로 정성적 결과에 초점을 맞출 것이다. 다만 내용을 더 정확하게 전달할 수 있다면 정량적 결과도 논의한다. 2

장이 실증 분석 방법론을 간략하게 소개하고 있지만, 나는 개별 연구와 관련된 계량경제학 방법론을 논의하지 않는다. 그러나 경제적 직관에 바탕을 둔 참신한 실증 분석 전략에 관해서는 논의할 것이다.

초판과 마찬가지로 이 책은 수강생들에게 범죄의 경제학의 주요 주제에 대해 짧지만 심층적인 논의를 제공하는 보충 교재 역할을 할 수 있다. 이 책을 선택한 강의자는 다양한 교수법과 결합하여 이 책을 사용할 수 있다. 수강생들이 경제학에 대한 배경 지식이 없거나 적다면, 이 책은 포함된 주제의 토론 자료로 활용될 수 있다. 수강생들이 경제학 교육을 받은 경험이 있다면, 이 책은 본격적으로 다루고 싶은 주제에 대한 직관적인 입문서로 사용될 수 있다.

마지막으로, 나는 책의 내용을 명확하고 편향되지 않은 방식으로 제시하려고 노력하였다. 다시 말해, 논의 주제에 대한 나의 개인적 의견은 여기서 전혀 고려되지 않았다. 나는 단지 범죄와 처벌에 대한 경제학적 접근법을 제시할 뿐이며, 이 접근법이 사회 정책의 평가에 얼마나 적합한지는 독자들의 판단에 맡긴다. 경제학은 사회 문제를 분석하는 여러 접근법 중 하나에 불과하지만, 다른 접근법보다 공공 정책의 포괄적 분석을 가능하게 하는 흥미롭고 때로는 독특한 접근법이다.

감사의 말

먼저 이 프로젝트를 홀로 무덤에서 부활시킨 편집자 앤디 험프리스(Andy Humphries)에게 감사드린다. 몇 년 전 개정판 출간 시도가 중단된 적이 있었고, 그 경험 이후 나는 다시는 이 프로젝트에 복귀할 계획이 없었다. 앤디는 개정판을 만들 가치가 있다고 생각하였고, 처음부터 끝까지 프로젝트에 열정적이었다. 나는 또한 원고를 출판이 가능한 상태로 만드는 데 큰 도움을 준 크리스티나 만디자(Christina Mandizha), 그리고 직접 만나거나 소통하지는 못하였지만 이 프로젝트를 완성하는 데 도움을 준 라우틀리지(Routeledge) 출판사의 모든 분에게 감사드리고 싶다. 그리고 나의 카피 에디터 돈 프레스턴(Dawn Preston)의 도움에도 감사드린다.

나는 이 책을 위해 여러 측면에서 도움을 준 제자들에게도 감사의 말을 전하고 싶다. 연구를 도와준 오드리 드루고즈(Audrey Dlugosz), 앰버 포드(Amber Ford), 티머시 그레이디(Timothy Grady), 제러미 힐(Jeremy Hill)에게 감사드린다. 특히 나의 수석 연구 조교로서의 역할에 열정과 노력을 쏟은 네이선 에이브러햄(Nathan Abraham)에게 감사드린다.

나는 수년 동안 여러 동료와 함께 토론하면서 많은 도움을 받았다. 이 자리를 빌어 좋은 의견을 준 조슈아 오스틴(Joshua Austin), 글렌 더처(Glenn Dutcher), 코트니 로뎃(Cortney Rodet)에게 감사드린다. 항상 내가 하는 말을 내가 알고 있다고 느끼게 해 준 토머스 루치(Thomas Ruchti)에게는 각별한 감사를 드린다.

마지막으로, 나를 모든 것에 대한 끝없는 질문에 대답하게 만든 여덟 살짜리 아들 토머스(Thomas)에게 감사한다. 그리고 물론 나의 곁에는 항상 젠(Jenn)이 있다.

차례

The Economics of Crime

제1장

합리적 범죄

다음의 질문으로 범죄의 경제 분석을 시작해 보자. 당신은 살인이 발생하는 사회에서 살기를 원하는가, 아니면 살인이 발생하지 않는 사회에 살기를 원하는가? 이 질문의 대답에는 전문적 지식이 필요하지 않다. 또한 당신의 개인적 선호를 묻고 있으므로 정답이나 오답도 없다. 당신은 이 질문에 어떻게 대답하겠는가? 만약 당신이 내가 이 질문을 던졌던 거의 모든 사람과 같다면, 확신에 차서 바로 대답할 것이다. 당신은 살인이 발생하지 않는 사회에 살기를 원한다. 그러나 나는 내가 질문을 던졌던 거의 모든 사람과는 다르다. 나는 살인이 발생하는 사회에 살기를 원한다. 사실 나는 그런 사회에 사는 것을 훨씬 더 선호한다. 이는 내가 살인자나 잔인한 사람이기 때문이 아니며, 살인과 연관된 인간적 비극에 무관심해서도 아니다. 나의 대답은 하나의 단순한 사실에서 비롯된다. 나는 이 문제를 경제적 논리로 접근한다.

증거(와 상식)에 따르면 범죄는 미국에서 드물지 않게 발생한다. 2016년 미국에서 124만 8,185건의 폭력 범죄(살인 및 고의적 살해, 강간, 강도, 가중 폭행)가 보고되었으며, 폭력 범죄율은 인구 10만 명당 386.3건이다. 또한 791만 9,035건의 재산 범죄(불법침입, 절도 및 자동차 절도)가 발생하였으며, 재산 범죄율은 인구 10만 명당 2,451건이다. 특히 살인죄의 경우 2016년에 1만 7,750건이 보고되었으며, 살인율은 인구 10만 명당 5.3건이다(『미국연방수사국 통일범죄보고서』[*FBI Uniform Crime Report*], 2016; 범죄의 정의에 관해서는 1장 끝의 부록 참조). 살인은 미국만의 현상이 아니다. 다른 몇몇 국가를 미국과 비교하면, 살인율이 미국보다 높은 국가도 있고 낮은 국가도 있다. 영국과 일본의 살인율은 각각 2016년 10만 명당 1건, 2008년 10만 명당 0.5건이었다. 브라질과 남아프리카공화국의 살인율은 각각 2011년 10만 명당 21.0건, 2010년 10만 명당 31.8건이었다(영국, 통계청[Office for National Statistics]; 남아프리카공화국, 아프리카 실태 체크시트[Africa Check

Fact Sheet]; 일본과 브라질, UN 자료[UN Data]).

유토피아적 관점에서는 살인이 발생하지 않는 세상에 사는 것이 낫다. 그러나 보다 실용적인 관점에서 생각해 보자. 살인율을 0으로 낮추려면, 정확히 우리는 어떤 사회에 살아야 하는가? 우리는 조지 오웰(George Orwell)의 소설『1984』에 묘사된 모든 시민의 행동이 엄격하게 통제되고 국가에 의해 철저하게 감시되는 사회에 살아야 하지 않을까? 잠재적 살인자를 어린 나이에 식별하고 어떻게든 '재교육'하거나 사회에서 제거하기 위해 개입하는 방법이 과연 가능할까? 분명, 살인율을 0으로 낮추는 것이 고귀한 목표라 할지라도 기술적으로 불가능할 것이다. 대신 살인율을 10% 정도 낮추는 것과 같은 보다 겸손한 목표를 설정하는 것은 어떨까? 이 목표는 기술적으로 달성 가능하다고 가정해 보자. 그래도 나는 아직 묻고 싶은 질문이 하나 더 남아 있다. 과연 이 목표는 바람직한가?

대학의 첫 경제학 수업에서 교수는 경제학(economics)을 희소한 자원(scarce resources)을 배분하는 학문이라고 정의하였다. 이 정의는 경제적 관점의 범죄 분석에서 가장 중요한 첫 번째 개념과 연결된다. 범죄를 줄이려면 희소한 자원이 사용되어야 하므로 최적 범죄량(optimal amount of crime)은 0보다 크다. 예를 들어, 살인율을 현재 수준에서 10% 줄이려면 엄청난 양의 자원이 필요하다. 사회는 살인자를 체포하고 유죄 판결을 내리고 처벌하는 데 더 많은 비용을 지출해야 한다. 살인율을 낮추는 것이 그만한 가치가 있는가?

이 추가 지출을 정당화하려면 두 가지 요소가 고려되어야 한다. 첫째, 지출 대비 수익이 높은가? 즉, 우리가 범죄 감소를 위해 1달러를 지출하면 적어도 1달러의 편익을 돌려받을 수 있는가? 둘째, 그 재원을 다른 어떤 곳에 쓸 수 있지 않을까? 즉, 살인율을 낮추는 것보다 국방, 의료, 교육, 주요 기반 시설 등과 같은 다른 곳에 1달러를 지출하는 것이 더 나은 수익을 주지 않을까? 두 가지 중 어느 이유로든 추가 지출이 정당화되지 않는다면, 살인율을 현재 수준에서 10% 줄이는 것은 경제적으로 효율적이지 않다. 즉, 살인율은 0보다 큰 것이 최적이다.

따라서 경제학자들은 일반적으로 범죄가 없어지면 사회가 나아진다고 보지 않는다. 우리는 모든 범죄를 없애는 것이 기술적으로 실현 가능하지 않다는 것을, 그리고 더 중요하게는 범죄 예방과 관련된 상당한 자원 비용 때문에 모든 범죄를 없애는 것이 바람직하지 않다는 것을 알고 있다. 범죄 예방의 비용과 관련된 핵심적인 경제적 문제는 범죄와의 싸움에 얼마나 많은 자원이 투입되어야 하는지 그리고 투입된 자원이 경찰, 법원, 교정 시설 등 형사사법 제도의 여러 분야에 어떻게 배분되어야 하는지이다. 하지만 다른 측면이 또 있다. 경제학자들은 사회 정책의 비용을 논의할 때 항상 편익(benefits)에 관해서도 논의한다.

1. 합리적 범죄자

범죄 예방의 비용을 상쇄하는 것은 범죄율 감소로 인한 편익이다. 범죄율을 낮출 수 있는 몇 가지 방법이 있지만, 경제학자들의 주된 관심은 소위 억지효과(deterrent effect), 즉 사회 정책이 범죄자의 범죄 비용을 증가시켜, 범죄 유인을 감소시키는 효과에 있다. 이는 경제적 관점의 범죄 분석에서 두 번째 중요한 개념과 연결된다. 경제학자들은 범죄자가 자기 행동의 비용과 편익을 비교하고 그에 따라 행동한다는 의미에서 합리적(rational)이라고 가정한다. 이는 체포 및 유죄 판결 확률을 변화시키는 정책과 처벌의 방식 및 엄격성을 결정하는 정책을 통해 범죄가 억지될 수 있음을 의미한다.

비경제학자들은 종종 '합리적' 범죄자 개념을 잘 받아들이지 못한다. 합리성의 개념은 모든 범죄자가 자기 행동의 비용과 편익을 명시적으로 계산할 것을 요구하지 않는다. 심지어 대부분의 범죄자가 이런 계산을 한다고 요구하지도 않는다. 일부 범죄자가 어느 정도 합리적이기만 하면, 우리는 체포 및 유죄판결 확률을 높이는 자원 투입의 증가 또는 처벌의 엄격성 강화가 범죄율을 감소시키는지 질문할 수 있다. 핵심적인 경제적 예측은 매우 간단하다. 범죄 행위의 비용을 증가시키면 범죄는 감소한다. 과연 이 이론적 예측이 실증적 증거에 의해 뒷받침되는지는 이 책의 나머지 부분에서 논의될 별개의 문제이다. 그러나 실증적 증거를 논의하기에 앞서 합리적 범죄자(rational criminal)의 의미가 무엇인지 더 상세히 살펴볼 필요가 있다.

미국 서부 시대로 돌아가 보자. 3명의 은행 강도가 은행을 점거하고 직원과 고객을 총으로 위협하고 있다. 갱단의 우두머리가 모든 돈을 빼앗아 문으로 향하자, 강도 중 1명이 창구 직원에게 총을 겨누고 쏘려고 한다. 마지막 순간에 갱단의 우두머리가 동료의 팔을 쳐서 창구 직원을 쏘지 못하도록 막는다. 깜짝 놀란 동료가 우두머리를 바라보며 묻는다. "왜 그래? 살인죄도 교수형이고 은행 강도죄도 교수형이야. 왜 목격자를 남겨?" 이에 대해 우두머리는 다음과 같이 대답한다. "살인자에게는 추적대가 끝까지 따라붙잖아!"

이 흥미로운 대화는 어떤 영화의 대사이다(안타깝게도 영화 제목이 기억나지 않는다). 나는 이 대사가 매우 의미 있다고 생각한다. 범죄자들이 범죄를 계획할 때 고려하는 매우 미묘한 상충관계를 정확하게 묘사하고 있기 때문이다. 범죄자들이 돈을 벌려고 은행을 턴 것은 분명한 사실이다. 그러나 이 재정적 편익을 상쇄하는 것은 무기 및 도구의 구입 비용과 범행 계획 비용 등 은행 강도의 비용이다. 그리고 아마도 가장 중요한 비용은 체포되어 처벌받는 위험을 감수해야 한다는 것이다.

방아쇠를 당기려는 은행 강도의 입장이 되어 보자. 당신은 체포되면 목격자 살해 여부와 관계없이 사형당할 수 있다는 것을 알고 있다. 덜 심각한 은행 강도에 대한 처벌이 더 심각한 살인에 대한 처벌과 같으므로, 당신은 살인하지 않을 추가적 억지 요인이 없다고 생각할 것이다. 사실, 당신은 목격자를 살해하면 체포되었을 때 유죄 판결을 받을 확률이 낮아질 수 있다는 영리한 결론을 내린다. 그래서 당신은 총을 들어 목격자를 살해하려 한다. 왜냐하면, 이 시점에서는 잃을 것이 없고 얻을 것만 있다고 생각하기 때문이다.

그러나 갱단의 우두머리는 문제를 더욱 복잡하게 만든다. 우두머리는 살인의 유인을 강화하는 두 가지 요인(은행 강도죄와 살인죄에 대한 처벌이 같으며, 목격자가 살아 있으면 유죄 판결 확률이 증가한다)이 있지만, 체포 확률이 범죄의 성격에 따라 달라질 수 있다는 것을 인식하고 있다. 우두머리는 은행 강도 추적대는 짧은 시간만 추적하고 포기하지만, 살인범 추적대는 끈질기게 추적할 유인이 있다고 믿는다. 두 은행 강도는 정교한 사고를 하고 있다. 그들은 처벌받을 확률이 100%가 아님을 알고 있다. 그들은 처벌을 처벌의 엄격성(severity)과 처벌의 확실성(certainty)이라는 두 가지 기본 구성 요소로 분리하고 있다. 이 분리는 범죄와 처벌의 경제학에서 매우 중요하다.

처벌의 엄격성은 범죄자가 받는 궁극적인 제재의 형태와 관련이 있다. 자유형과 벌금형은 보편적인 두 가지 제재이다. 자유형이 길수록 또는 벌금이 클수록 처벌의 엄격성은 증가한다. 그 외에도 보호관찰이나 사회봉사 같은 덜 엄격한 처벌부터 고문이나 사형과 같은 더 엄격한 처벌까지 다양한 형태의 제재가 사용될 수 있다.

처벌의 확실성은 체포 확률 및 유죄 판결 확률과 관련된다. 이 확률을 조정하기 위해 정부는 예를 들어 더 많은 경찰관을 고용하고, 더 정교한 수사 기법을 사용하고, 기소에 더 많은 자원을 투입하는 등의 방법을 사용할 수 있다. 아무리 엄격한 처벌을 설정하더라도, 처벌이 집행되려면 범죄자가 체포되어 유죄 판결을 받아야 한다. 따라서 경제학자에게 '처벌'이라는 용어는 그 엄격성과 확실성이 명시적으로 포함되지 않으면 전혀 의미가 없다. 형사 처벌의 개념을 논의할 때 경제학자들이 전형적으로 언급하는 용어는 기대처벌(expected punishment)이다. 간단한 수치 예를 가지고 이 중요한 개념을 이해해 보자.

범죄자가 1,000달러의 벌금형이라는 제재에 직면하고 있지만, 체포되어 유죄 판결을 받을 확률이 50%라고 가정하자(즉, 처벌의 엄격성은 1,000달러이고 처벌의 확실성은 50%이다). 범죄자는 단순히 1,000달러의 처벌을 받는 것이 아니다. 범죄자는 (50%)×(1,000달러) = 500달러의 기대(또는 평균)처벌에 직면하게 된다. 범죄자가 실제로 정확히 500달러로 처벌받지는 않는다. 제재는 1,000달러 또는 0달러 중 하나이다. 제재가 100%의 확실성으로 부과되지 않기 때문에 범죄자는 실제 제재보다 작은 기대처벌과 마주하게 된다.

기대처벌의 개념을 쉽게 이해하기 위해 다음과 같이 생각해 볼 수도 있다. 반복적으로 불법적 행위를 저지르는 범죄자가 매번 50%의 확률로 1,000달러의 처벌을 받는다고 하자. 불법적 행위를 할 때마다 범죄자는 1,000달러의 벌금을 내거나 전혀 벌금을 내지 않는다. 그러나 긴 기간을 놓고 보면 1,000달러의 벌금이 50%의 기간에 부과되고 나머지 기간에는 벌금이 부과되지 않는다. 따라서 평균적으로 기간당 벌금은 범죄자가 실제로 500달러의 벌금을 납부하지는 않더라도 500달러이다.

미국 서부 시대의 은행 강도 사건으로 돌아가자. 두 강도가 동의하지 않는 것은 바로 기대처벌의 크기이다. 두 사람 모두 자신들이 받는 제재가 사형이라는 것을 알고 있다. 한 사람은 목격자를 살해하면 처벌의 확실성이 낮아진다고 생각한다. 그러나 다른 사람은 목격자를 살해하면 처벌의 확실성이 높아진다고 생각한다. 어느 쪽이 옳든 간에 처벌의 확실성과 처벌의 엄격성에 대한 이런 추론은 합리적 범죄 분석의 핵심이다. 간단히 말해, 범죄에 관한 경제학 모형의 예측은 다음과 같다. 기대처벌이 커지면 범죄율이 낮아지고, 기대처벌이 작아지면 범죄율이 증가한다.

위에서 언급하였듯이, 범죄의 합리적 분석은 모든 범죄자, 심지어는 범죄자 대다수가 기대처벌을 명확히 이해하고 행동할 것을 요구하지 않는다. 격정적 상태에서 범죄를 저지르는 사람이나 술에 취한 사람은 (범죄를 저지르는 순간) 자신이 직면한 기대처벌을 생각하지 않을 수 있다. 또한 자신이 직면한 기대처벌을 잘 모르거나 심각하게 과소평가하는 사람도 있을 것이다. 역설적이지만, 기대처벌을 비용으로 생각하지 않는 사람도 있다. 예를 들어, 일부 폭력적인 거리 갱단은 '복역'(serving time)을 명예 훈장 또는 입단 과정의 일부로 간주한다. 따라서 많은 범죄자가 기대처벌의 변화에 반응하지 않을 수 있다.

기대처벌이 변하면 행동을 바꾼다는 의미에서의 합리적 범죄자가 전혀 없다고 하더라도, 합리적 범죄 분석의 가치가 사라지는 것은 아니다. 억지 효과가 없다고 하더라도(또는 있다고 하더라도), 범죄율을 감소시키는 다른 사회 정책을 설계해 볼 수 있다. 범죄를 억지하지 못하는 자유형도 잠재적인 미래 범죄자를 수감 기간 무력화시켜 범죄율을 감소시킬 수 있다. 더 나은 교육과 취업 기회는 잠재적 범죄자를 미래의 범죄로부터 멀어지게 할 수 있다. 따라서 범죄율을 감소시킬 수 있는 여러 방법이 존재한다. 이 모든 방법이 합리적인 경제적 비용-편익 분석의 대상이 될 수 있다.

기대처벌이 범죄를 억지하는 효과가 있다면, 이는 범죄율을 낮추는 사회 정책의 설계에 중요한 함의를 준다. 예를 들어, 어떤 도시의 시장이 정지 신호를 위반하는 자동차 운전자가 너무 많다고 걱정하고 있다고 하자. 위반 행위를 줄이기 위해 시장은 어떤 정책을 펼칠 수 있는가? 더 많은 경찰관을 고용하거나 신호 위반 감시 카메라를 설치하여 체포 확률을 높일 수 있다. 두 가지 방법 모두 실행 비용이 많이 들지만, 억지 효과를 크게 강화할 수 있다. 대안적으로, 체포에 더 많은 자원을 투입하지 않고 적발된 운전자에게 더 큰 벌금을 부과할 수도 있다. 이 방법은 도시가 채택할 수 있는 비용이 적게 드는 방법이다. 하지만, 적발 확률이 여전히 매우 낮게 유지된다면 이 방안은 과연 억지 측면에서 얼마나 효과적일까? 원하는 수준의 억지 효과를 달성하려면 벌금을 얼마나 높게 설정해야 하는가? 운전면허 취소, 사회봉사 또는 자유형과 같은 다른 제재를 이용하여 원하는 목표를 달성할 수는 없는가? 합리적 범죄 분석은 이들 정책 수단의 자원 비용과 억지 효과 사이의 상충관계를 고려한다.

하지만 경제 이론을 아무리 동원해도 범죄율 감소의 비용과 편익을 정량화하는 실천적 문제는 해결되지 않는다. 경찰관의 추가 고용 또는 신호 감시 카메라 설치처럼 정책 실행 비용의 계산이 비교적 간단한 경우에도(모든 정책의 비용이 쉽게 계산될 수 있는 것은 아니다) 억지 효과의 정량화는 훨씬 더 어려운 작업이다. 또한, 정책 실행에 많은 자원 비용이 드는 것이 분명하지만, 억지 효과는 분명하지 않은 경우도 많다. 더 엄격한 (기대)처벌이 범죄율을 낮추는 효과가 있다고 믿는 것이 상식적이지만, 궁극적으로 이는 실증적 문제(empirical question)이다.

뒷장들은 이 실증적 문제를 논의한다. 이에 앞서, 범죄의 경제 분석의 마지막 근본적 문제를 짚고 넘어갈 필요가 있다. 어떤 사회 정책을 논의하건, 그 정책을 정당화하는 사회적 목표(social objective)가 명확히 정의되어야 한다. 우리의 경우 사회적 목표가 범죄의 감소라는 것은 명확하다. 그러나 이것이 정확히 무엇을 의미하는지는 아직 명확하지 않다. 범죄 정책의 비용-편익 분석에서 무엇이 비용과 편익으로 계산되어야 하는가? 범죄 행위로 인한 비용은 범죄자가 얻는 편익과 비교되어야 하는가? 사회가 실제로 장려해야 할 범죄가 있을 수 있는가? 이 문제들을 염두에 두고, 이제 효율적 범죄(efficient crime)의 개념을 살펴보자.

2. 범죄의 편익

어렸을 때 커서 경찰관이 되겠다는 꿈을 가진 적이 있는가? 나는 이제 당신에게 그 꿈을 이룰 잠깐의 기회를 주려고 한다. 당신은 제한 속도 시속 100킬로미터를 훨씬 초과하여 달리는 운전자들이 적지 않은 고속도로에서 임무를 수행하는 경찰관이다. 당신은 다가오는 자동차의 시야에서 벗어난 곳에 교묘하게 주차하고, 레이더 속도감지기를 준비한다. 갑자기 어떤 자동차가 시속 145킬로미터의 속도로 지나가고, 당신은 즉시 행동에 돌입한다. 몇 분 안에 운전자를 길가에 세우고 속도 위반자와 대면한다.

운전자가 제한 속도를 45킬로미터나 초과하여 위반하였으므로 당신은 운전자에게 매우 비싼 벌금을 부과하려 한다. 또한 당신은 운전자에게 이 고속도로 구간에서 과속해서는 안된다는 것을 분명하게 알려 주고 싶다. 따라서 운전자를 보내기 전에 대화할 시간을 가지려고 한다. 그러나 당신은 운전자를 마주하고 깜짝 놀란다. 그는 임신한 아내가 방금 진통을 시작하였으며, 가능한 한 빨리 병원에 데려가기 위해 과속을 하고 있었다고 말한다. 당신은 이제 어떻게 할 것인가?

당신이 이 문제를 숙고하는 동안, 시나리오를 약간 바꾸어 보자. 한 가지 세부 사실을 제외하고는 모든 것이 앞에서와 완전히 동일하다. 바뀐 시나리오는 운전자가 과속한 다른 이유를 제시한다. 그는 임신한 아내를 병원에 데려가려고 과속을 한 것이 아니라, 아내와 함께 점심을 먹으러 좋아하는 레스토랑에 가기 위해 서두르고 있었다. 그는 점심시간이 한 시간밖에 남지 않았고, 과속하지 않고는 좋아하는 식당에서 식사할 시간이 충분하지 않았을 것이라고 설명한다. 당신은 이 변명에 대해 앞에서와는 다른 반응을 보이겠는가?

나는 각각의 경우에 당신이 어떻게 대응할지 잘 모르겠다. 또한 실제 경찰이 어떻게 대응할지도 모르겠다(속도 위반 벌금 고지서 발부를 피할 변명을 제공하는 웹사이트에 따르면 임신은 최고의 변명 중 하나이다). 하지만 두 상황의 처리 방식에 관한 당신의 생각은 우리에게 효율적 범죄를 생각하는 출발점을 제시한다. 내가 학생들에게 이 두 가지 시나리오를 제시하였을 때 가장 많이 듣는 대답은 임신한 아내를 태운 운전자에게는 벌금 고지서를 발부하지 않을 것 같고, 점심을 먹으러 가기 위해 과속한 운전자에게는 벌금 고지서를 발부할 것 같다는 것이다. 실제로 나의 학생들은 배고픈 운전자에게 분노를 표출하고 그에게 큰 벌금을 부과해야 한다고 추천하기도 한다. 이런 차이의 원인은 무엇인가?

제한 속도를 시속 45킬로미터 초과하여 운전하는 것과 관련된 위험, 즉 사고 발생 확률과 피해 정도는 운전자의 과속 이유에 따라 달라지지 않는다. 따라서 이 두 가지 시나리오에서의 사회적 비용은 동일하다고 생각하는 것이 합리적이다. 따라서 당신이 이 두 경우를 다르게 취급하겠다고 대답하였다면, 당신의 대답은 비용의 차이에 근거한 것이 아니다. 당신은 적어도 암묵적으로 이 두 경우에 과속의 편익이 다르다고 생각하였을 가능성이 높다.

상식적 관점에서 당신이 과속에 대한 변명을 받아들인다면, 임신한 아내를 병원에 데려가는 쪽이 좋아하는 레스토랑에서 점심을 먹기 위해 서두르는 쪽보다 설득력이 크다. 따라서 당신은 첫 번째 과속의 편익이 두 번째 과속의 편익보다 훨씬 더 크다고 생각할 수 있다. 사실, 첫 번째 경우에 운전자를 용서한다면 당신은 암묵적으로 과속의 편익이 비용보다 크며, 이 경우 운전자를 처벌할 필요가 없다고 말하는 것이다. 따라서 벌금 고지서 발부에 대한 당신의 접근 방식은 과속의 편익이 과속의 비용보다 크다는 것이 입증되지 않는 운전자에게 벌금을 부과한다는 것이다.

만일 당신이 임신한 아내를 태운 운전자에게 벌금 고지서를 발부하지 않는 이 같은 이유를 수긍한다면, 당신은 적어도 암묵적으로, 다음과 같은 매우 특별한 주장을 하는 것이다. 즉, 범죄의 편익이 범죄의 비용보다 큰 범죄자는 처벌해서는 안된다. 그러나 왜 범죄자가 아닌 다른 사람이 범죄의 편익에 관심을 가져야 하는가? 비용-편익 관점에서 자기 행동을 정당화할 수 있는 범죄자를 처벌하지 않는 것이 과연 올바른 사회 정책인가? 당신이 운전자와 임신한 아내를 용서한다면 당신은 그렇다고 생각하는 것이다.

그러나 당신은 이런 논의가 어리석다고 생각할 수도 있다. 분명 범죄의 성격이 고려되어야 한다. 과속으로 인한 편익을 생각하는 것과 무장 강도, 강간, 살인과 같은 폭력 범죄의 편익을 생각하는 것은 완전히 다른 문제이다. 당신이 일정 상황에서 과속을 용인할 수 있다고 해도, 이른바 살인자의 편익이 크다고 해서 살인을 용인하지는 않을 것이다. 그렇다면 다시 한번 물어보자. 우리는 정당방위에 의한 살인을 어떻게 생각해야 하는가? 한편으로 정당방위는 범죄로 규정되지 않기 때문에, 사회가 수용하고 심지어 장려하는 행위이다. 다른 한편으로 정당방위를 범죄로 정의하고, 정당방위자의 편익이 비용을 초과하면 범죄가 아니라고 규정하는 것은 어떤가? 어느 쪽이든 사회는 정당방위 상황에서 살인 행위를 용인할 것이다.

범죄자가 얻는 편익을 기준으로 처벌 여부를 결정하는 것이 조금 이상해 보일 수 있지만, 경제학자들은 보통 편익을 분석에 포함시킨다. 범죄와 처벌의 경제학에 관한 선구적 논문(1968)에서 노벨 경제학상 수상자 게리 베커(Gary Becker)는 범죄자가 범죄로부터 얻는 편익이 사회적 고려 사항에 포함되는 것을, 즉 범죄자의 편익이 경제학자들이 사회적 후생(social welfare)이라고 부르는 것에 포함되는 것을 당연한 것으로 간주하였다. 몇 년 후, 데이비드 프리드먼(David Freidman)은 베커의 아이디어를 다음과 같이 표현하였다.

> 만일 모든 사람의 모든 편익을 동등하게 취급하지 않고, 먼저 사람들을 자격이 있는 사람과 자격이 없는 사람, 정의로운 사람과 부정의한 사람, 범죄자와 희생자로 가른다면, 우리는 단순히 결론을 가정하고 있는 것이다. 나쁜 사람의 편익은 고려되지 않으며, 따라서 나쁜 사람들에게 불리한 규칙이 자동적으로 효율적 규칙이 된다(프리드먼, 2000, 230쪽).

그러나 범죄자의 편익이 사회적 후생에 포함되어야 한다는 결론은 경제적 추론에 의해 도출된 것인가?

노벨 경제학상 수상자이자 베커가 범죄와 처벌에 관한 연구를 수행하였을 당시 시카고 대학의 동료였던 조지 스티글러(George Stigler)는 이 문제에 관해 다음과 같이 말한다.

> 베커는 범죄자의 처벌에 대한 또 다른 제한으로서 범죄로부터 얻는 '범죄자의 이득의 사회적 가치'를 도입한다. 이 사회적 가치의 결정은 설명되지 않았으며, 누구나 이 사회적 가치의 설명 개념으로서의 유용성에 의문을 제기할 수 있다. 사

> 회가 살인, 강간 또는 방화에서 얻는 효용에 대해 긍정적 가치를 부여한다는 증거가 있는가? 사실, 사회는 이들 활동에서 얻는 효용을 불법이라고 낙인찍는다. 일부 범죄의 경우 범죄자가 얻는 이득이 사회의 이득으로 간주될 수도 있지만, 이런 사회적 이득은 처벌 수준에 효과적인 제한을 설정하기에는 너무 드물고, 작고, 변덕스러워 보인다(스티글러, 1970, 527쪽).

베커와 스티글러는 20세기의 가장 위대한 경제 사상가 중 2명이다. 하지만 두 사람은 범죄자가 범죄로부터 얻는 편익을 사회적 관점에서 어떻게 평가할지에 관해 의견을 달리하였다. 그렇다면 이 의견 차이는 범죄율을 낮추는 사회 정책의 실행에 영향을 미치는가?

사회에 1만 달러의 비용을 부과하는 어떤 범죄를 생각해 보자. 우리가 이 하나의 범죄를 따로 떼어 내서 생각하면, 사회 정책의 목표에 따라 달라지기는 하지만, 범죄를 억지하기 위해 1만 달러 이상의 자원을 투입하지 않으려 할 것이다. 이제 범죄자가 이 범죄로부터 7,000달러의 편익을 얻는다고 가정하자. 이 7,000달러를 (베커와 프리드먼이 제안한 것처럼) 사회적 편익으로 계산하면, 범죄의 순 비용은 3,000달러에 불과하다. 범죄자의 편익을 계산에 넣으면 우리는 범죄의 억지에 3,000달러 이상을 투자하지 않을 것이다. 간단히 말해, 범죄 행위가 사회에 부과하는 비용을 상쇄하는 편익이 있는 경우, 범죄 억지에 더 적은 자원을 투입 하는 것이 바람직할 수 있다(스티글러는 이를 '처벌의 제한'이라고 부른다).

이 정책 결론을 받아들인다고 해도, 이를 현실에서 실행하기는 매우 어려울 것이다. 범죄 억지에 더 적은 자원을 투입하는 것을 정당화하기 위해, 강간범이나 살인범이 범죄를 통해 얻는 편익을 측정한 연구를 인용하는 정치인을 당신은 상상할 수 있는가? 또는 한술 더 떠서 범죄자의 편익이 사회에 부과하는 비용보다 크다면, 그 범죄가 사실은 장려되어야 한다고(또는 적어도 자원을 투입하여 그 범죄를 억지하지는 말아야 한다고) 주장하는 정치인을 당신은 본 적이 있는가?

예를 들어, 앞의 수치를 변경하여 범죄자가 7,000달러가 아닌 1만 2,000달러의 편익을 얻는다면 어떠한가? 기술적으로, 사회에 1만 달러의 비용을 부과하는 범죄를 저지르면 이제 2,000달러의 사회적 순 이득이 발생한다. 이는 효율적 범죄(efficient crime)의 예이다. 만일 우리가 범죄자의 편익을 사회적 후생에 포함시키면 범죄가 없을 때보다 범죄가 있을 때 사회가 더 좋아진다. 이 경우 경제학자는 이 범죄를 막기 위해 정부가 어떤 자원도 사용해서는 안된다고 주장할 수 있다. 우리가 이 논리를 받아들인다고 가정하자. 이때 문제는 어떤 범죄가 효율적이고 어떤 범죄가 효율적이지 않은지를 어떻게 알 수 있는가이다.

과속 운전자의 예로 돌아가 보자. 경찰관은 벌금 고지서를 발부하지 않게 만든 사유가 과속의 비용을 초과하는 편익을 주는지를 어떻게 결정할 수 있는가? 이 상황에서 경제적 추론이 제공할 수 있는 유용한 교훈은 경찰관이 과속으로부터 운전자가 얻는 편익의 크기를 알 필요가 없다는 것이다. 경찰관이 해서는 안되는 일은 과속을 용서해 주는 것이다. 대신, 경찰관은 과속하는 운전자를 모두 세우고 벌금 고지서를 발부해야 한다. 이 경우 누가 과속하는가? 기대처벌보다 과속을 더 높게 평가하는 운전자만 과속할 것이다. 이 경우 기대처벌은 범죄자가 지불해야 하는 범죄의 가격(price)이다. 그렇다면 이 가격은 어떻게 설정할 수 있는가?

최적 기대처벌의 결정은 여러 요인(3장에서 자세히 설명)을 포함하는 복잡한 계산이지만, 이 결정을 내리는 것이 바로 공공 정책이다. 사회가 범죄자의 편익에 가치를 부여한다면, 기대처벌 수준은 사회가 그 편익에 가치를 부여하지 않는 경우보다 낮아질 것이다. 그러나 범죄자가 범죄 행위로부터 편익을 얻는다는 것이 사실이라 하더라도 (그렇지 않다면 왜 범죄를 저지르겠는가?) 그 편익이 사회적 효용의 일부로서 계산되어야만 한다는 것은 하나의 견해에 불과하다.

무엇을 사회적 후생의 일부로 계산하고 무엇을 계산하지 않아야 할지를 결정하는 것은 주관적 문제이다. 당신이 사회 정책을 범죄자의 편익에 부분적으로 근거하여 결정하는 것이 잘못되었다고 진심으로 믿는다면, 그것은 당신의 견해이다. 범죄자의 편익이 어떤 상황에서는 계산되어야 하고 다른 상황에서는 계산되지 않아야 한다고 믿는다면, 그것 역시 당신의 견해이다. '올바른'(correct) 사회적 목표라는 것은 없다. 범죄자의 편익을 (프리드먼이 제안한 것처럼) 포함시키는 것은 사회 문제를 생각하는 하나의 방법일 뿐, 유일한 방법은 아니다. 궁극적인 문제는 이것이다. 사회적 목표가 다르게 설정되면 어떤 정책 결론이 도출되는가? 만약 당신이 범죄의 사회적 비용이 내가 생각하는 것보다 더 크다(왜냐하면 나는 범죄자의 편익도 계산한다)고 진심으로 믿는다면, 당신의 효율적 범죄 정책은 나의 효율적 범죄 정책보다 더 많은 자원을 사용할 것이다. 목표가 다르면 최적의 해결책도 달라진다.

전체적으로, 정부는 기대처벌의 설정을 통해 범죄를 줄이고자 할 때 다양한 방법을 사용할 수 있다. 경제적 관점에서 세 가지 핵심 개념은 범죄 행위가 사회에 부과하는 비용, 기대처벌 수준을 유지하기 위해 사용되는 자원, 그리고 원하는 경우, 범죄자가 범죄 행위로부터 얻는 편익이다. 이 세 가지 개념과 바람직한 기대처벌의 관계는 명확하다. 특정 범죄에 대한 바람직한 기대처벌은 범죄가 사회에 부과하는 비용이 클수록, 기대처벌 수준을 유지하기 위해 사용되는 자원의 비용이 적을수록, 범죄로부터 얻는 편익이 적을수록 높게 설정되어야 한다. 간단히 말해서, 기대처벌은 범죄 억지의 비용과 편익을 고려하여 결정되어야 한다.

예를 들어, 속도 위반 범죄를 한 번 더 생각해 보자. 우리가 과속이 부상과 인명 손실 측면에서 위험하다고 생각할수록 기대처벌은 커져야 한다. 적은 비용으로 과속 법규를 집행할 수 있는 기술 변화(적은 인력으로 과속을 단속할 수 있는 디지털카메라 등)가 발생하면 기대처벌이 커져야 한다. 그리고 일부 운전자가 타당한 이유로 제한 속도를 초과하여 운전한다면, 기대처벌은 작아져야 한다.

마지막으로, 경제적 관점에서의 범죄 억지 분석은 범죄의 과소 억지뿐만 아니라 과대 억지도 고려한다. 아무리 극악무도한 범죄라 할지라도 최적 범죄량은 0보다 클 것이다. 하지만 이것이 범죄가 '좋다'(good)고 믿는 것과 혼동되어서는 안된다. 우리는 자원이 부족한 세상에 살고 있다. 모든 범죄를 억지하기에는 비용이 너무 많이 든다. 그리고 범죄 억지를 위한 1달러의 지출은 다른 곳에서의 1달러 지출 감소를 의미한다. 따라서 범죄와의 싸움에 너무 많은 비용이 지출되는 상황도 발생할 수 있다. 우리는 이 책의 나머지 부분에서 범죄 억지에 자원이 효율적으로 사용되고 있는지를 계속 검토할 것이다.

부록: 범죄의 정의(『미국연방수사국 통일범죄 보고서』[*FBI Uniform Crime Report*], 2009)

살인 및 고의적 살해(murder and nonnegligent manslaughter): 고의에 의한(과실에 의하지 않은) 사람의 살해. 과실치사, 살인 미수, 폭행치사, 자살, 사고로 인한 사망은 제외한다. 보고서는 정당화할 수 있는 살해를 별도로 분류하고, 그 정의를 (1) 법 집행 기관에 의한 중범죄자(felon) 살해 또는 (2) 민간인에 의한 중범죄 실행 중의 중범죄자 살해로 제한한다.

강제적 강간(forcible rape): 강제적이고 여성의 의지에 반한 성교. 피해자의 나이를 불문하고, 강간 및 강간 미수가 포함된다. 법률로 규정한 범죄(강제력이 사용되지 않은 경우, 동의 연령 미만의 피해자)는 제외된다.

강도(robbery): 물리력을 행사하여 또는 물리력 행사를 위협하여 또는 폭행으로 또는(그리고) 피해자를 공포에 빠뜨려, 그 사람의 보호, 관리 또는 통제하에 있는 가치 있는 것을 빼앗거나 빼앗으려고 시도하는 행위.

가중 폭행(aggravated assault): 중대한 또는 심각한 신체적 상해를 입힐 목적으로 한 사람이 다른 사람을 불법적으로 공격하는 행위. 이 유형의 폭행은 일반적으로 무기의 사용이나 사망 또는 심각한 신체적 상해를 초래할 수 있는 수단에 의해 발생한다. 단순 폭행은 제외된다.

불법침입(burglary: breaking or entering): 중범죄 또는 절도를 저지르기 위해 구조물에 불법적으로 침입하는 행위. 강제적인 침입 시도도 포함된다.

절도(larceny theft): 타인이 점유 또는 추정 점유하고 있는 재산을 불법적으로 탈취, 운반, 연결하거나 타고 가는 행위. 물리력, 폭력 또는 사기에 의하지 않은 자전거, 자동차 부품 및 액세서리 절도, 상점 절도, 소매치기, 재산이나 물품을 훔치는 행위 등이 그 예이다. 절도 미수도 포함된다. 횡령, 사기 게임, 위조, 수표 사기 등은 제외된다. 자동차 절도도 제외된다.

자동차 절도(motor vehicle theft): 자동차의 절도 또는 절도 미수. 자동차는 자체 동력으로 추진되며 레일이 아닌 지표면 위를 달리는 것이다. 모터보트, 건설장비, 비행기, 농기계는 특별히 이 범주에서 제외된다.

참고문헌

Becker, G. S.(1968), "Crime and Punishment: An Economic Approach," *Journal of Political Economy*, 76: 169~217.

Friedman, D.(2000), *Law's Order*, Princeton, NJ: Princeton University Press.

Stigler, G. J.(1970), "The Optimum Enforcement of Laws," *Journal of Political Economy*, 78: 526~536.

The Economics of Crime

제2장

범죄와 처벌의 확실성

범죄의 경제 분석은 기대처벌의 구성 요소가 범죄율에 미치는 영향을 검토하는 것에서 출발한다. 1장에서 논의한 것처럼, 이론적 예측은 간단하다. 정부가 범죄자가 직면하는 기대처벌을 증가시키면, 범죄 행위의 비용이 증가하여 범죄가 감소한다. 그러나 이론적 예측은 이론이 실증적 증거에 의해 지지되거나 반박되기 전까지는 유의미한 정책 제언을 제공할 수 없다. 이 문제를 해결하기 위해, 합리적 범죄 모델을 검증하려는 수많은 경제적 실증 연구가 다양한 방법으로 이루어졌다. 이 장은 체포 확률 그리고 드물지만 유죄 판결 확률에 초점을 맞춘 연구를 논의한다. 이어지는 세 장은 벌금, 자유형, 사형 등 처벌의 엄격성에 논의를 집중할 것이다. 하지만 실증 연구 결과의 제시에 앞서, 실증 분석(empirical analysis)에 관한 간략한 소개가 필요하다.

1. 실증 분석 기초 지식

실증 분석의 이해를 위해, 잠시 범죄와 처벌이라는 주제에서 벗어난 간단한 예를 생각해 보자. 당신이 뉴욕주 고등학교 교사의 연봉과 뉴저지주 고등학교 교사의 연봉을 비교하기 위한 실증 연구를 수행한다고 하자. 각 주의 교사 수백 명에 대한 자료를 수집한 후, 당신은 뉴욕주의 평균 연봉이 뉴저지주의 평균 연봉보다 5,000달러 높다는 것을 발견한다. 이를 기초로 당신은 뉴욕주 고등학교 교사의 급여가 뉴저지주 고등학교 교사의 급여보다 높다는 명확해 보이는 결론을 도출한다. 하지만 정확히 무엇 때문에 이러한 연봉의 차이가 발생하는가?

현재 당신이 가지고 있는 급여 차이를 설명할 수 있는 유일한 정보는 교사가 고용된 주이다. 그러나 교사의 급여는 다른 여러 가지 요인에 따라 달라질 수 있다. 즉, 교사의 급여는 교사의 경력연수, 교사의 교육연수, 공립 또는 사립 학교 여부, 도심 또는 교외 학교 여부, 가르치는 학년, 가르치는 과목, 노조 가입 여부, 나이, 성별, 인종, 기타 여러 가지 요인에 따라 달라질 수 있다. 이 모든 다른 것들을 복합 요인(comfounding factors)이라고 한다. 아마 당신의 결과는 당신이 사용하고 있는 특정 표본에서 뉴욕주 교사의 경력연수가 뉴저지주 교사의 경력연수보다 평균적으로 더 길기 때문일 수 있다. 당신이 어떻게든 같은 경력연수를 가진 뉴욕주 교사와 뉴저지주 교사의 연봉을 비교할 수 있다고 하자. 당신은 이제 연봉 차이가 달라진 것을 발견할 것이다. 그러나 이것이 가능하다 하더라도, 당신은 여전히 급여 차이를 설명할 수 있는 다른 많은 복합 요인과 씨름해야 한다.

이제 위에서 열거한 모든 복합 요인에 관한 관련 자료를 수집할 수 있다고 가정하자. 당신은 이 자료를 사용하여 두 주 사이의 급여 차이를 더욱 엄밀하게 분석할 수 있는 회귀 분석(regression analysis)이라는 통계 기법을 활용할 수 있다. 이 방법의 핵심은 간단한 회귀 방정식을 추정하여 연구하고자 하는 효과를 분리하는 것이다. 연봉의 예에서, 당신은 이제 다른 모든 변수를 통제하여 – 따라서 이들 변수를 통제 변수(control variables)라고 한다 – 뉴욕주와 뉴저지주 교사의 연봉을 비교할 수 있다. 즉, 이 통계 기법은 자료에 포함된 모든 교사에 대해 다른 모든 변수가 같아지게 만들어, 급여 차이의 설명 요인으로서의 교사가 고용된 주에 초점을 맞추게 한다.

예를 들어, 회귀 분석을 통해 뉴욕주 교사의 급여가 뉴저지주 교사의 급여보다 높다는 것을 발견한다고 하자. 이제 당신은 이 결론이 다른 모든 조건이 동일한(all else equal) 상태에서 성립한다고 이야기할 수 있다. 즉, 급여의 차이는 회귀 분석에서 통제되고 있는 다른 변수의 차이로 설명될 수 없다. 또한 당신은 하나의 회귀 방정식으로 연구하고자 하는 다른 효과도 분리할 수 있다. 다른 모든 조건이 동일할 경우 성별이 급여에 미치는 영향, 다른 모든 조건이 동일할 경우 인종이 급여에 미치는 영향, 다른 모든 조건이 동일할 경우 경력연수가 급여에 미치는 영향 등을 결정할 수 있다. 따라서 간단한 회귀 방정식만으로도 당신은 많은 정보를 얻을 수 있다.

관심 있는 특정 변수에 대한 회귀 분석 결과를 제시할 때, 연구자들은 일반적으로 효과의 부호(sign: 양수 또는 음수), 효과의 크기(magnitude: 절대적 의미에서 크거나 작음), 그리고 가장 중요한 효과의 통계적 유의성(statistical significance: 일반적으로 효과의 크기가 '0과 다른지' 여부)에 관해 논의한다. 예를 들어, 당신은 다른 모든 변수를 통제한 후 뉴저지주가 아닌 뉴욕주에서 가르치는 것이 급여에 미치는 효과가 양(+)이라고, 즉 뉴욕주 교사의 급여가 더 높다는 것을 발견할 수 있다. 또한 급여 차이의 크기가 1,000달러라고 계산할 수 있다. 하지만 유의해야 할 점은 1,000달러는 평균 금액이므로 그 값을 중심으로 일정한 통계적 분포가 형성된다는 사실이다. 이는 뉴욕주의 평균 연봉이 뉴저지주의 평균 연봉보다 500~1,500달러 더 높다고 95% 확신한다고 말하는 것처럼 진술이 수정되어야 함을 의미한다. 이 경우, 평균의 범위에 0이 포함되지 않으므로 당신은 뉴욕주의 급여가 뉴저지의 급여보다 (통계적 의미에서) 유의하게 크다고 말할 수 있다. 만일 평균의 범위에 0이 포함되면(예를 들어, -1,000~3,000달러), 평균적 결과는 양(+)일 수 있지만 통계적으로 유의하지 않다고 판단된다.

2. 범죄에 관한 실증 연구: 예시

경제학자는 범죄와 처벌에 관한 실증 분석을 어떻게 수행하는가? 1991년에 발표된 그로거(Grogger, 1991)의 연구를 예로 들어 논의해 보자. 이 연구는 좀 오래된 연구지만, 범죄에 대한 기초적인 실증 분석 방식의 간단하지만 매우 유용한 예를 제공한다. 이 연구는 이 장과 뒷장들에서 제시되는 최신 연구의 논의 틀로 사용될 수 있다.

그로거는 미국 캘리포니아주 법무부가 관리하는 체포 기록에서 입수한 자료를 사용하여 범죄 활동의 변화를 설명하려고 시도한다. 표본은 1984년부터 1986년까지 적어도 한 번 이상 체포된 약 1만 4,000명의 개인으로 구성된다. 범죄 활동은 정확한 측정이 매우 어려운 변수인데, 이 연구는 개인이 체포된 횟수를 대리 변수(proxy)로 사용한다. 대리 변수의 중요한 특징은 측정하려는 변수와 상관되어(correlated) 있어야 한다는 것이다. 이 대리 변수의 한 가지 단점은 (연구가 정확하게 인정하고 있듯이) 범죄자의 행위뿐만 아니라 경찰의 노력에 따라 체포 횟수가 달라진다는 것이다. 이를 단서로 하면, 대리 변수로서의 체포 횟수는 범죄 행동과 양(+)의 관계에 있어야 한다.

연구는 통제 변수를 세 가지 주요 범주, 즉 억지 변수, 경제적 변수, 그리고 인구통계학적 변수로 구분하는 통상적 접근 방식을 따른다. 연구에 포함된 변수를 이용하여, 이들 각 범주의 역할을 살펴보자. 범죄 억지의 관점에서, 범죄 활동은 범죄자가 직면한 기대처벌과 음(-)의 관계가 있을 것으로 예측된다. 처벌의 확실성을 측정하는 척도인 유죄 판결 확률을 대신하여, 연구는 개인의 이전(여기서는 1986년 이전) 유죄 판결 횟수를 체포 횟수로 나눈 값으로 정의된 변수를 사용한다. 또한 처벌의 엄격성을 18세 이후 복역한 평균 수감 기간으로 정의된 변수를 사용하여 통제한다.

경제적 변수와 관련하여, 범죄 행동은 합법적인 노동 시장 기회와 음(-)의 관계가 있다고 예측된다. 즉, 범죄자가 오래 고용되어 많은 수입을 올릴수록 범죄 행동은 감소할 것이다. 연구는 1986년에 고용된 분기수로 고용 기간을 측정하고, 1986년에 신고된 소득으로 소득을 측정한다. 인구통계학적 변수와 관련하여, 범죄 행동은 소수자 지위와 양(+)의 관계가 있고, 나이와 음(-)의 관계에 있다고 예측된다. 연구는 인종(흑인 여부), 민족(히스패닉 여부), 나이(나이가 많은 집단과 적은 집단)를 반영한 변수들을 사용한다.

이상의 통제 변수(여기서 논의되지 않은 다른 변수도 포함되어 있다)를 이용하여, 연구는 몇 가지 주요 결과를 제시한다. 첫째, 유죄 판결 확률의 증가를 통한 처벌의 확실성 증가가 자유형의 형기 증가를 통한 처벌의 엄격성 증가보다 범죄 억지 효과가 크다. 둘째, 고용 변수는 범죄 활동에 통계적으로 유의한 영향을 미치지 않지만, 소득 변수는 통계적으로 유의한 영향을 미친다. 정량적으로, 연간 소득이 100달러 증가하면 평균적으로 체포 횟수가 1% 감소한다. 셋째, 흑인과 히스패닉계는 백인보다 각각 66%와 52% 정도 체포 횟수가 많으며, 나이가 많은 집단에 속한 사람은 젊은 집단에 속한 사람에 비해 체포 횟수가 14% 적다.

3. 경찰 인력과 범죄

정부가 범죄를 감소시키기 위해 시도하는 가장 확실한 방법은 경찰을 더 고용하는 것이다. 경찰은 범죄 용의자를 체포할 책임이 있을 뿐만 아니라 경찰의 존재 자체가 범죄를 억지하는 역할을 한다. 따라서 경찰이 많을수록 범죄가 줄어든다(more police less crime)는 단순한 예측은 체포 확률과 범죄율 사이의 관계에 관한 경제적 분석의 핵심이다. 그러나 이 예측을 실증 분석을 통해 정확히 검증하는 것은 쉽지 않다.

경찰과 범죄의 관계는 역인과관계(reverse causality)의 문제를 잘 보여 준다. 이 관계에 관한 실증 분석은 고용된 경찰이 많을수록 범죄가 증가한다는 결과를 제시하곤 한다. 이 결과는 얼핏 보면 범죄를 줄이기 위해 경찰을 고용하는 것이 올바른 정책이 아니라고 제시하는 것 같다. 그러나 이 같은 결과 해석은 완전히 틀린 것일 수 있다. 문제는 경찰과 범죄에 관한 2개의 동시적(simultaneous) 예측이 존재한다는 것이다. 더 많은 경찰을 고용할수록 범죄가 줄어든다. 더 많은 범죄가 발생할수록 더 많은 경찰이 고용된다. 이 두 번째 예측이 실증 분석을 복잡하게 만든다.

범죄율이 증가하는 도시에서 공통으로 관찰되는 공공 정책적 대응은 더 많은 경찰관을 고용하는 것이다. 이는 경찰과 범죄 사이에 양(+)의 상관관계를 만들어 낸다. 이 연결 고리가 간과된 실증 분석은 경찰이 많을수록 범죄가 증가한다는 사실을 발견해도 경찰이 많을수록 범죄가 감소한다는 예측이 틀렸음을 입증할 수 없다. 두 가지 상반되는 효과를 구별하여 역인과관계 문제를 적절히 해결할 수 있는 방법이 요구된다. 이를 위해서는 경찰력의 규모에 영향을 미치지만, 범죄율에는 영향을 미치지 않는 변수(이러한 특성을 갖춘 변수를 도구 변수[instrumental variable]라고 부른다 - 역자)를 찾아내야 한다.

레빗의 연구(Levitt, 1997)는 경찰 인력 증가의 억지 효과를 분리하려고 시도한 중요한 연구이다. 레빗은 59개 도시(인구 25만 명 이상, 표본 기간 1970~1992년)에서의 시장 또는 주지사 선거 연도의 경찰 채용을 조사하였다. 현직 후보가 도전자보다 유리한 점 중의 하나는 당선되면 정책을 시행하겠다고 단순히 약속하는 것이 아니라 실제로 정책을 시행할 수 있다는 것이다. 따라서 선거가 있는 해에는 현직 후보가 범죄율 증가 때문이 아니라 재선을 노리기 때문에 '강력한 범죄 정책들'(tough on crime)을 추진할 수 있다. 만일 이 정책의 일환으로 더 많은 경찰관이 채용된다면, 이는 범죄율 변화에 기인하지 않는 경찰과 범죄 사이의 연결 고리를 확립하며, 역인과관계 문제를 해결한다. 이 연구는 더 많은 경찰이 범죄율을 감소시킨다는 어느 정도의 연관성을 발견하였지만(그러나 연구의 실증 분석 방법의 결함에 관해서는 맥크레리[McCrary], 2002 참조), 연구의 핵심적 기여는 결과가 아니라 역인과관계 문제를 해결한 영리한 접근 방식에 있다. 이 연구에 뒤를 이어 역인과관계의 문제를 해결하려는 몇 가지 접근법이 속속 등장하였다.

코먼과 모칸(Corman and Mocan, 2000)은 빈도 수가 높은 자료를 활용하여 경찰과 범죄 사이의 역인과관계 문제를 해결한다. 이 연구는 분기별 또는 연간이 아닌 월별 관측 자료를 사용한다. 그 이유는 다음과 같다. 예를 들어, 정부가 (새로운 경찰관의 채용 및 교육에 걸리는 시간 때문에) 증가된 범죄율에 대응하기 위하여 경찰 인력의 규모를 늘리는 데 몇 달이 걸리는 경우, 월별 자료가 경찰 활동과 범죄의 동시 효과의 분리에 더 적합하다. 월별 자료는 단순히 범죄율이 경찰 인력의 규모에 영향을 미칠 수 있는 충분한 시간을 허용하지 않는다. 따라서 경찰 인력 규모와 범죄율 사이의 인과관계가 한 방향으로만, 즉 경찰이 많을수록 범죄가 줄어든다는 방향으로만 진행될 가능성이 높다. 이 연구에 따르면, 경찰 인력 규모가 증가하면 강도 및 불법침입 관련 범죄의 범죄율이 감소한다.

역인과관계를 다루는 또 다른 접근 방식은 지역의 범죄율과는 독립적으로

(independently) 경찰력 증강이 필요한 극단적 상황을 찾아내는 것이다. 테러 공격은 이 설정을 완벽하게 충족시킨다. 정부는 테러 공격에 대응하기 위해 테러 발생 지역에 경찰력을 강화한다. 하지만 이러한 대응은 지역의 범죄율 변화와는 아무런 관련이 없다. 따라서 경찰과 범죄의 관계는 한 방향으로 진행되며, 경찰 배치가 강화된 기간에 경찰이 많을수록 범죄가 줄어든다는 예측을 검증할 수 있다(테러 공격은 인과관계를 검증할 수 있는 자연 실험[natural experiment] 상황을 만들어 낸다 – 역자).

이 접근 방식을 사용하여 역인과관계 문제를 해결한 여러 연구가 있다. 그 중 하나인 디 텔라와 샤그로드스키(Di Tella and Schargrodsky, 2004)는 1994년에 발생한 아르헨티나의 주요 유대인 센터에 대한 테러 공격으로 많은 사람이 죽거나 다쳤던 극단적인 상황을 조사한다. 아르헨티나의 연방 정부는 테러에 대응하여 전국의 모든 유대인 건물뿐만 아니라 (보복 공격을 막기 위해) 모든 모슬렘 건물에도 경찰을 배치하였다. 3개 인근 지역(총 876개 블록)의 자동차 절도에 초점을 맞춘 이 연구에 따르면, 경찰이 배치된 후 5개월 동안, 경찰이 배치되지 않은 이전 3개월과 비교했을 때, 절도가 75% 감소하였다. 이러한 큰 감소는 극히 국지적인 현상이었다. 보호 구역에서 불과 한두 블록 떨어진 지역에서는 자동차 절도가 감소하지 않았다.

경찰이 범죄에 미치는 영향을 검토하는 위의 접근 방식의 중요한 문제점은 범죄 억지가 아닌 범죄 전치(displacement)의 가능성이다. 간단히 말해, (예를 들어) 자동차 절도가 전체적으로 감소한 것인가, 아니면 경찰이 배치된 구역에서 다른 구역으로 이동한 것인가? 이동이 발생하였다면, 경찰이 범죄를 억지한다는 증거는 상당히 약화된다. 도너휴, 호와 레이히(Donohue, Ho, and Leahy, 2014)는 아르헨티나 테러 공격을 재검토하고 경찰의 범죄 억지 효과에 관한 선행 연구의 결론을 약화시키는 결과를 제시하였다.

이 후속 연구는 (약한) 전치 효과의 증거를 발견하였지만, 이것이 억지 효과의 발견을 반박하는 주요 논거는 아니다. 연구는 두 가지 다른 점을 지적한다. 첫째, 보호 구역 내 강화된 경찰 인력은 틀림없이 다른 어느 곳에서 배치되었던 것이다. 그리고 이 배치는 갑작스럽게 이루어졌기 때문에 신규 채용에 의한 것이라고 보기 어렵다. 이는 아르헨티나의 다른 지역에서는 경찰 배치가 줄어들었고, 이에 따라 반드시 보호 구역으로부터 범죄자의 이탈 때문이 아니더라도 자동차 절도가 더 많이 발생하였을 수 있다. 둘째, 간단히 말해서, 경찰의 주차 제한으로 인해 보호 구역에서 발견되는 자동차 수가 감소하여 자동차 절도율이 감소하였을 수 있다. 이 분석은 복합 요인의 통제가 중요함을 보여 준다. 어떤 요인에 기인하는 것 같은 결과가 다른 요인을 고려하면 더 이상 유효하지 않을 수 있다. 이 연구는 테러 상황에서 경찰이 많아져 범죄가 줄어들었을 가능성을 배제하지 않고 있지만, 미묘한 분석의 차이를 보여 준다.

한편, 비슷한 연구인 드라카, 마친과 위트(Draca, Machin, and Witt, 2011)는 전치 효과로 상쇄되지 않는 경찰 억지 효과의 증거를 발견하였다. 2005년 7월 런던 중심부에서 여러 차례 성공하거나 실패한 폭탄 테러 공격이 발생하였다. 이 공격으로 인해 특히 교통 시스템의 중추 시설 등 취약한 목표물 주변에 6주 동안 경찰이 집중적으로 배치되었다. 이 연구는 경찰 배치로 인해 가장 큰 영향을 받는 범죄 유형, 즉 길거리 절도 및 폭력 범죄의 범죄율이 감소하였음을 발견하였다. 전치 효과와 관련하여, 연구는 지리적 전치 효과뿐만 아니라 시간적 전치 효과도 고려하였다. 범죄율은 같은 기간 경찰 배치가 강화되지 않은 다른 지역에서 동시에 증가하지 않았으며, 또한 경찰 배치가 강화된 지역에서 배치 강화가 종료된 후에 증가하지 않았다.

이외에도 경찰력과 범죄율의 다양한 측면을 조사한 많은 연구가 있다. 많은 연구를 검토하다 보면 경찰이 범죄를 억지한다는 가설을 지지하는 또는 반박하는 증거를 보게 된다. 그럼에도 불구하고, 억지 효과의 존재를 발견한 일련의 강력한 연구들이 존재한다. 범죄 억지에 관한 연구를 빼어나게 정리한 논문인 찰핀과 맥크레리(Chalfin and McCrary, 2017)는 다음과 같은 간결한 결론을 내리고 있다.

> 요약하면, 잠재적 범죄자를 체포하고 무력화시킬 수 있는 장소에 경찰관을 배치하면, 증강된 경찰의 존재가 범죄율을 낮출 수 있다. 또한 경찰 단속과 우범 지역 치안 활동의 높은 가시성이 범죄 억지에 큰 역할을 할 수도 있다(찰핀과 맥크레리, 2017, 23쪽).

4. 치안 기술과 범죄

앞의 연구는 경찰관 채용 또는 경찰의 증원 배치가 범죄율에 미치는 영향에 초점을 맞추었다. 범죄 억지에 영향을 미칠 수 있는 다른 요인은 경찰관이 사용하는 기술 및 장비이다. 예를 들어, 미국은 법집행지원사무소(Law Enforcement Support Office)가 주관하는 '1033 프로그램'(1033 program)으로 알려진 연방 프로그램을 1997년부터 운영하고 있다. 이 사무소는 잉여 군용 장비를 국내 치안 용도로 사용하기 위해 지역 경찰서로 이전하는 요청을 검토하고 승인하는 역할을 한다. 지역 경찰서에서 사용할 수 있는 군용 장비는 세 가지 범주로 나뉜다(해리스, 팍, 브루스와 머리[Harris, Park, Bruce, and Murray], 2017 참조). 무기(총기 및 유탄 발사기), 광학 장비(조준경 및 야간 광학 장비) 및 자동차(항공기, 트럭,

장갑차 등)가 그것이다. 지역 경찰 부서는 잉여 군용 장비를 구매하지 않지만, 운송비 일체 및 거래와 관련된 기타 비용(예를 들어, 양도 가능 물품의 검사를 위한 이동 비용 등)을 부담해야 한다.

보브와 가브릴로바(Bove and Gavrilova, 2017)는 2006년부터 2012년까지 8,000개 지역 경찰서의 17만 6,000건 이상의 군사 장비 이전에 관한 정보가 포함된 대규모 미국 국방부 자료를 활용한다. 이 연구는 몇 가지 흥미로운 결과를 제시한다. 첫째, 국내 치안 목적으로 군용 장비를 사용하면 범죄율, 특히 강도, 폭행, 자동차 절도 등 경찰의 존재에 가장 큰 영향을 받는 범죄의 범죄율이 감소한다. 연구는 정량적으로 군용 장비에 대한 지출이 10% 증가(약 5,800달러)하면 범죄로 인한 비용이 약 11만 2,000달러 감소한다는 것을 발견하였다.

둘째, 치안 활동과 관련하여, 군용 장비의 사용이 체포율을 변화시키지 않으며, 범죄율의 변화가 경찰 인력의 증가에 기인한 것도 아니다. 실제로 군용 장비의 사용 증가는 고용되는 경찰관의 수를 감소시키는 것으로 나타난다. 따라서 군용 장비와 경찰 인력은 대체재이며, 이는 집행 당국이 최적의 기대처벌을 설정할 때 고려해야 할 또 다른 측면이다.

마지막으로, 연구는 군용 장비의 사용이 경찰관의 부상이나 경찰관에 대한 공격을 증가시킨다는 증거나 사망한 범죄자 수를 증가시킨다는 증거를 찾지 못하였다. 이 마지막 결과는 특히 흥미로운데, 국내 경찰의 군용 장비 사용을 둘러싼 논란이 계속되고 있기 때문이다. 일반적 믿음은 군용 장비가 경찰, 범죄자 및 무고한 제3자 사이의 긴장을 고조시켜 폭력적인 결과를 초래할 수 있다는 것이다. 그러나 연구의 저자들은 다음과 같은 결론을 제시한다.

> 우리의 연구 결과는 추가 지출 1달러당 자본 수익률이 노동 수익률보다 훨씬 더

> 높을 수 있음을 시사한다. 물론 이는 더 많은 실증 연구가 필요한 주제이다. 종합해 보면, 우리의 연구 결과는 군용 장비가 경찰의 과도한 공격적 접근을 유발할 가능성을 지지하는 또는 반박하는 증거를 직접적으로 제공하지는 않는다. 경찰의 과도한 공격적 접근은 도시 공동체와 경찰 사이의 대치 상황으로 확대될 수 있다. 이 점은 우리의 분석에서 적절하게 포착되지 않는 사회적 비용이며, 향후 연구의 중요한 논점이다(보브와 가브릴로바, 2017, 17~18쪽).

저자들은 여기에서 사회적 후생의 적절한 목표가 무엇인지에 관한 문제를 비용-편익 분석이 다루지 않는다는 것을 정확하게 이해하고 있다. 국내 경찰용으로 사용된 군용 장비가 범죄를 효율적으로 줄일 수 있다고 하더라도, 군용 장비의 사용 자체가 많은 사람에게 (실제로 또는 오해의 소지가 있는 이유로) 불쾌감을 줄 수 있다. 이 불쾌감은 확실히 사회적 후생의 일부가 될 수 있다.

체포 확률의 다른 중요한 측면은 검거율(clearance rate), 즉 신고된 범죄 가 용의자의 체포로 마무리되는 비율이다. 직관적으로 검거율은 고용된 경찰관 수 또는 특정 지역에 배치된 경찰관 수에 따라 달라진다고 생각되지만, 블레인스 이 비달과 키르히마이어(Blanes i Vidal and Kirchmaier, 2018)는 다른 요소, 즉 범죄 현장에 대한 경찰의 대응 시간에 주목한다. 신속한 대응 시간이 체포 확률을 높일 수 있는 몇 가지 이유가 있다. 경찰이 현장에 더 일찍 도착할수록, 주변 지역에서 용의자를 발견하거나, 생생한 기억을 가진 목격자를 확보하거나, 범죄 현장의 증거를 보존할 가능성이 증가한다.

이 연구는 영국 그레이터 맨체스터(Greater Manchester) 경찰의 치안 활동 자료를 사용한다. 표본 기간은 2008년부터 2014년까지이다. 사용된 자료의 유용한 특징은 그레이터 맨체스터에서는 범죄 신고 전화를 받으면 대응 경찰관이 순찰차로 순찰 중에 출동하는 것이 아니라 대부분 경찰서에서 출동한다는 것이다. 이는 전화를 건 장소와 경찰서까지의 거리 사이의 직접적인 지리적 연관성이 발생할 수 있다는 것을 의미한다. 즉, 지리적으로 경찰서와 가까운 범죄 현장일수록 대응 시간이 더 짧아진다. 이 사실을 상당히 복잡한 통계적 방법론과 결합하여, 이 연구는 대응 시간이 검거율과 음(-)의 관계, 즉 대응 시간이 짧을수록 검거율이 증가한다는 것을 발견하였다. 이 결과는 통계적으로 매우 유의하며, 절도와 폭력 범죄 모두에서 확인되지만, 절도에서 더 강하게 나타난다. 하지만 연구는 단순히 결과 제시에 그치지 않는다.

분석의 다음 단계는 대응 시간을 개선할 수 있는 두 가지 가상의 정책 수단, 즉 1명의 대응 경찰관 추가 채용과 경찰서의 지리적 재배치를 검토하는 것이다. 이 두 가지 수단에 대한 비용-편익 분석을 수행하면서 연구는 대응 시간 개선이 범죄를 줄일 수 있는 두 가지 기본적 경로를 제시한다. 첫째 경로는 범죄자가 체포와 처벌의 위협 때문에 범죄를 저지르지 않는 억지 효과를 통해서이다. 둘째 경로는 체포되어 유죄 판결을 받은 범죄자가 수감되는 무력화 효과(incapacitation effect)를 통해서이다(범죄를 감소시키는 이 두 가지 효과의 함의는 4장에서 자세하게 논의된다). 물론, 범죄자의 무력화는 교도소의 건설과 유지에 상당한 자원이 투입될 것을 요구하며, 이 비용은 분석에서 반드시 고려되어야 한다.

과거 연구들을 바탕으로 억지와 무력화를 통한 범죄 감소의 편익을 계산 후, 연구는 추정된 편익을 두 가지 가상 정책의 실행 비용과 비교한다. 연구에 따르면, 대응 경찰관 1명을 추가로 고용하면 연간 약 4만 6,000파운드(2014년 기준)의 비용이 소요되며, 이를 통해 약 7만 8,000파운드의 편익이 발생한다. 맨체스터에 있는 모든 대응 경찰서를 연구가 추정한 최적의 위치로 이전하는 것은 경찰서당 평균 재배치 비용이 약 37만 파운드 미만일 경우 비용 효과적이다. 비록 정확한 이전 비용을 계산하기는 어렵지만, 연구에 따르면 적어도 맨체스터의 경찰서 몇 개는 재배치가 비용 효과적이다. 이런 유형의 구체적인 비용-

편의 분석은 일반적으로 부정확하고, 어쩌면 크게 부정확할 수도 있다. 중요한 것은 대응 시간 개선을 통해 처벌의 확실성을 높이는 것이 범죄를 줄이는 효과적인 방법일 수 있다는 정책 함의이다.

효율적 치안 유지의 또 다른 측면은 새로운 정보 기술(information technology: IT)의 도입이다. 가리카노와 히튼(Garicano and Heaton, 2010)은 1987년부터 2003년까지 수천 개의 미국 경찰 기관으로부터 수집한 대규모 자료를 이용한다. 자료의 시작 시점인 1987년 경찰 기관의 약 20%가 개인용 컴퓨터, 모바일 컴퓨터, 메인프레임 형태로 IT를 사용하였다. 2000년에 이르러서는 90% 이상의 기관이 IT를 사용하게 되었다. 놀랍게도 이 연구는 강화된 IT가 검거율의 증가나 범죄율의 감소로 이어지지 않는다는 사실을 발견하였다. 주요 결론 중 하나는 IT 개선은 그 자체로는 치안 생산성을 향상시키지 않는다는 것이다. 하지만 연구는 이 문제를 한층 더 깊이 파고든다.

연구는 IT 개선 그 자체보다는 보완 가설(complementarity hypothesis)로 알려진 가설을 검토한다.

> IT는 그 자체로는 별다른 영향을 미치지 않을 수 있지만, IT의 이점을 활용하는 조직 및 인적 자원 시스템과 함께 도입되면 그 영향력은 상당할 수 있다. 경찰 업무로 특정하면, 보완 가설은 컴프스탯(Compstat)에서 잘 드러난다. 이 경찰 실무 시스템은 뉴욕 경찰청에 의해 처음 도입되었고, 이후 전국으로 확산되었다. 이 시스템은 범죄에 대한 실시간 지리 정보를 일일 집단 회의, 지리적 자원 할당, 자료 집약적 치안 기술의 형태로 강력한 중간 관리자의 책임과 결합시키는 것을 목적으로 한다(가리카노와 히튼, 2010, 170쪽).

기술 지원 담당자의 고용과 기존 인력의 교육 강화와 같은 경찰 기관들의 IT 보완적 투입물 사용의 차이를 이용하여, 연구는 '현대적' 기관들(즉, 보완성을 활용하는 기관들)이 IT를 광범위하게 도입하지 않은 기관들에 비하여 범죄율 감소를 경험하였음을 발견하였다.

이러한 결과는 브라질 미나스제라이스(Minas Gerais)주의 비슷한 상황을 검토한 또 다른 연구인 소아레스와 비베이로스의 연구(Soares and Viveiros, 2017)에서도 확인되었다. 브라질은 2개의 다른 경찰 조직, 즉 군 경찰과 민간 경찰을 운영하고 있다. 전통적으로 두 경찰 조직 간에는 상호 교류가 거의 없었으나, 1990년대 들어 범죄가 급격히 증가하면서 두 경찰 조직은 새로운 정책 대응 방식을 도입하였다. 그러한 대응 중 하나는 두 경찰 기관 간의 조정을 강화하는 것이었다. 두 조직은 통합 의사 결정을 허용하였을 뿐만 아니라 뉴욕의 컴프스탯 시스템을 명시적으로 본뜬 IT 시스템을 구현하였다. 2000~2008년 기간의 표본 자료를 사용한 이 연구의 주요 결과에 따르면, 두 경찰의 공조는 재산 범죄의 23% 감소, 약간의 살인율 감소, 검거율로 측정된 경찰 생산성의 증가를 가져왔다.

5. 유죄 판결 확률과 범죄

정부가 처벌의 확실성을 변화시키는 또 다른 방법은 유죄 판결 확률을 조정하는 것이다. 거의 모든 경제학 연구가 체포 확률 및 처벌의 방법과 엄격성이 범죄율에 미치는 영향에 분석을 집중하였지만, 유죄 판결 확률이 범죄에 미치는 영향을 분석한 연구도 일부 존재한다. 1장에서 설명한 그로거(1991)의 연구와 비슷하게, 일부 연구는 회귀 분석에 명시적으로 유죄 판결 확률을 반영한 변수를 포함시킨다. 콘웰과 트럼불(Cornwell and Trumbull, 1994)은 1981년과 1987년 사이에 미국 노스캐롤라이나주의 90개 카운티에서 수집한 범죄 자료를 사용하여, 유죄 판결 확률이 증가하면 범죄율이 감소하지만, 그 효과는 크지 않음을 발견하였다.

엔토르프와 스펭글러의 연구(Entorf and Spengler, 2015)는 1977년부터 2001년까지의 표본 기간에 서독의 검찰 관행을 자세하게 조사하였다. 이 연구는 서독 정부가 표본 기간과 그 이후에 교도소 비용을 절감하기 위해 유죄 판결 확률을 줄이는 정책을 적극적으로 추구하였다는 사실을 이용하였다.

> 독일에서는 사법부의 판결 이전에 점점 많은 사건이 검사에 의해 불기소되었다. 소위 재판 전 전환(pre-trial diversion) 또는 비공식적 제재라는 폭넓은 재량권을 가진 검사는 혐의를 기각하거나 기소하지 않는 대가로 용의자에게 특정한 의무를 부과하는 방식을 통해 어떤 사건을 재판 없이 처리할지 결정한다. (공식적 그리고 비공식적) 제재를 받은 모든 범죄 피의자 중 (일반 및 소년 형법에 따라) 법원에서 정식으로 유죄 판결을 받은 범죄 피의자의 비율은 1981년 64%에서 2008년 42%로 계속 감소하였다. 검사가 사건 대부분을 처리하였으며, 법원의 판사에 의한 기각은 전체 기각 사건의 14.5%에 불과하였다(엔토르프와 스펭글러, 2015, 167~168쪽).

따라서 표본 기간의 유죄 판결 확률은 감소하였으며, 이 변화가 범죄율의 변화를 설명할 수 있는지가 연구의 주제였다.

연구는 표본 기간의 유죄 판결 확률이 독일의 범죄율에 영향을 미쳤다는 증거를 발견하였다. 재산 범죄와 폭력 범죄는 모두 유죄 판결 확률과 음(-)의 관계를 보이며, 이는 독일의 유죄 판결 확률 감소 정책이 범죄율 증가로 이어졌을 가능성이 높음을 의미한다. 또한, 연구는 처벌의 엄격성이 범죄율에 큰 영향을 미친다는 설득력 있는 증거를 찾지 못하였다. 연구에서 사용된 처벌의 엄격성 변수는 (보호관찰과 같은 비자유형 제재나 벌금이 아닌) 자유형을 선고받을 확률과 자유형의 선고 형량 두 가지이다. 분석 결과에 따르면, 자유형을 선고받을 확률은 재산 범죄와 음(-)의 관계가 있지만, 폭력 범죄와는 관계가 없다. 그리고 자유형의 선고 형량은 재산 범죄와 폭력 범죄 어느 것에도 영향을 미치지 않는 것으로 나타난다.

약간 다른 방법을 선택한 앳킨스와 루빈(Atkins and Rubin, 2003)은 유죄 판결 확률의 변화가 억지 효과와 관련이 있는지를 분석하기 위해 미국 대법원의 '맵 대 오하이오'(*Mapp v. Ohio*, 1961) 판결을 이용한다. 이 사건에서 법원은 주의 형사 재판에서 경찰이 불법적으로 (즉, 미국 수정헌법 제4조를 위반하여) 획득한 증거는 재판에서 배제된다고 판시하였다. 이 원칙이 바로 배제 원칙(exclusionary rule)이다.

합리적 범죄의 관점에서 볼 때, 배제 원칙으로 인해 검사가 피고의 유죄 판결을 받아 내기 어려워지면, 처벌의 확실성이 감소하여 범죄자의 기대처벌이 낮아진다. 대법원 판결 이전에는 48개 주 중 정확히 절반의 주가 이미 일정 형태의 배제 원칙을 채택하고 있었으며, 나머지 절반의 주는 이 원칙을 채택하지 않고 있었다. 따라서 이미 일정 형태의 배제 원칙을 채택한 주의 범죄율은 '맵 대 오하이오' 판결에 영향을 받지 않으리라 예측할 수 있다. 그러나 이 원칙을 새로 채택해야 하는 주에서는 범죄율이 높아질 수 있다.

연구 결과에 따르면, 대법원 판결에 영향받는 주에서는 범죄율이 실제 증가하였다. (다른 주에 비해) 평균적으로 범죄율은 절도가 3.9%, 자동차 절도가 4.4%, 불법침입이 6.3%, 강도가 18% 증가하였다. 교외 지역에만 초점을 맞추면 그 효과는 훨씬 더 컸다. 폭력 범죄는 27%, 재산 범죄는 20% 증가하였다. 연구는 이 결과를 형사 절차의 변화가 범죄율에 심각한 영향을 미칠 수 있다는 증거로 해석한다. 즉, 피고인의 권리를 증진시킴으로써 얻는 편익을 상쇄하는 비용이 존재한다.

전체적으로, 처벌의 확실성을 높임으로써 범죄율을 낮출 수 있다는 실증적 증거가 다수 존재하며, 대부분의 연구가 치안 유지(policing) 행위에 초점을 맞추고 있다. 하지만, 추가로 생각해 볼 것들이 있다. 특히 비전문가인 일반인들은 '명백하다'(obvious)고 생각되는 결과를 실증적으로 검증하는 것의 중요성에 의문을 제기하는 경우가 많다. 예를 들어, 특정 지역에 더 많은 경찰관이 고용되거나 배치되면 범죄가 감소한다는 것은 명백하지 않은가? 이 책 전체에서 보게 되겠지만, 명백해 보이는 결과가 실증적으로 쉽게 검증되지 않을 수 있다. 또한, 완전히 반직관적인 결과가 실증적으로 뒷받침되는 경우도 많다. 그리고 억지 효과가 존재한다는 것이 검증되더라도, 그 억지 효과가 정책 실행에 투입되는 자원 비용보다 큰지를 추가로 검토하는 것은 엄청난 의미를 지닌다. 복잡한 사회 정책 환경에서 비용-편익 분석의 결과가 분명한 경우는 매우 드물다.

경제학의 가장 열띤 논쟁 중 일부는 실증적 증거의 해석에 대한 이견에서 비롯된 것이다. 특정 가설을 뒷받침하는 상당한 증거가 발견되지만, 같은 가설을 반박하는 상당한 증거가 똑같이 발견되는 경우가 많다. 확정적(definitive) 실증 연구 같은 것은 없으며, 특정 사회 문제와 관련된 확정적 실증 증거 같은 것도 없다. 이는 뒷장에서, 특히 사형제도, 인종 프로파일링, 총기 규제와 같은 논란의 여지가 있는 주제에서 잘 드러날 것이다. 그렇다면 실증 연구들 사이의 심각한 합의 부재의 이유는 무엇인가?

실증 분석은 자료(data)를 사용해야 한다. 그런데 자료 수집이 어려울 수 있다. 자료는 부정확하게 측정되는 경우가 많으며, 특정 변수를 측정하는 방법에 관해 정당한 이견이 있을 수 있다. 더욱이 현실 세계는 연구하기에는 너무나 복잡한 대상이다. 만약 적절한 자료가 없다면 사회 문제와 관련된 상충관계에 대한 철저한 실증 분석 자체가 불가능할 수도 있다. 그리고 대부분의 실증 연구자가 이 단점을 잘 알고 있고 대처할 준비가 되어 있다. 하지만 통계 분석은 그 특성상 특정 문제에 대한 다양한 접근 방식을 허용한다. 다양한 실증 분석 방법론은 필연적으로 다양한 실증 분석 결과로 이어진다.

이 책은 범죄의 경제학에 관한 책이기 때문에, 주로 합리적 범죄 분석을 지지하는 연구들을 제시한다. 그러나 이 연구들이 결코 확정적인 것으로서 제시되지는 않으며, 합리적 범죄 가설과 모순되는 수많은 연구 또한 소개될 것이다. 이 책이 다루는 모든 사회적 문제는 모순적 결과를 산출하는 실증적 학술 연구와 관련되어 있다. 이 책의 목적은 이 실증 논쟁에서 어느 한 편을 선택하는 것이 아니라, 중요한 사회 문제에 대한 공공 정책적 대응을 면밀하게 검토하는 경제적 분석의 역할을 설명하는 것이다. 경제학은 문제에 접근하는 유일한 방법이 아니라 하나의 방법에 불과하지만, 범죄와 처벌을 분석하는 가장 중요하고 흥미로운 방법일 수 있다.

우리는 처벌의 확실성을 높이면 범죄율이 낮아진다는 것을 지지하는 실증적 증거를 제시하였지만, 처벌의 확실성과 처벌의 엄격성 사이의 상충관계를 다루지는 않았다. 예를 들어, 더 많은 경찰을 고용하여 얻는 범죄 감소의 편익이 정책 실행 비용을 상쇄하고 남는다 해도, 처벌의 엄격성 강화에 자원을 투입하는 방안이 더 효율적이지 않을까? 기대처벌을 설정할 때 확실성과 엄격성의 최적 조합은 무엇인가? 우리는 이 질문을 3장에서 다룬다.

참고문헌

Atkins, R. A. and P. H. Rubin(2003), "Effects of Criminal Procedure on Crime Rates: Mapping out the Consequences of the Exclusionary Rule," *Journal of Law and Economics*, 46: 157~179.

Blanes i Vidal, J. and T. Kirchmaier(2018), "The Effect of Police Response Time on Crime Clearance Rates," *Review of Economic Studies*, 85: 855~891.

Bove, V. and E. Gavrilova(2017), "Police Officer on the Frontline or a Soldier? The Effect of Police Militarization on Crime," *American Economic Journal: Economic Policy*, 9: 1~18.

Chalfin, A. and J. McCrary(2017), "Criminal Deterrence: A Review of the Literature," *Journal of Economic Literature*, 55: 5~48.

Corman, H. and H. N. Mocan(2000), "A Time-Series Analysis of Crime, Deterrence, and Drug Abuse in New York City," *American Economic Review*, 90: 584~604.

Cornwell, C. and W. N. Trumbull(1994), "Estimating the Economic Model of Crime with Panel Data," *Review of Economics and Statistics*, 76: 360~366.

Di Tella, R. and E. Schargrodsky(2004), "Do Police Reduce Crime? Estimates Using the Allocation of Police Forces after a Terrorist Attack," *American Economic Review*, 94: 115~133.

Donohue, J. J., D. E. Ho, and P. Leahy(2014), "Do Police Reduce Crime? A Reexamination of a Natural Experiment," *Empirical Legal Analysis*, edited by Y. Chang, London: Routledge, 125~143.

Draca, M., S. Machin, and R. Witt(2011), "Panic on the Streets of London: Police, Crime, and the July 2005 Terror Attacks," *American Economic Review*, 101: 2157~2181.

Entorf, H. and H. Spengler(2015), "Crime, Prosecutors, and the Certainty of Conviction," *European Journal of Law and Economics*, 39: 167~201.

Garicano, L. and P. Heaton(2010), "Information Technology, Organization, and Productivity in the Public Sector: Evidence from Police Departments," *Journal of*

Labor Economics, 28: 167~201.

Grogger, J.(1991), "Certainty vs. Severity of Punishment," *Economic Inquiry*, 29: 297~309.

Harris, M. C., J. Park, D. J. Bruce, and M. N. Murray(2017), "Peacekeeping Force: Effects of Providing Tactical Equipment to Local Law Enforcement," *American Economic Journal: Economic Policy*, 9: 291~313.

Levitt, S. D.(1997), "Using Electoral Cycles in Police Hiring to Estimate the Effect of Police on Crime," *American Economic Review*, 87: 270~290.

McCrary, J.(2002), "Using Electoral Cycles in Police Hiring to Estimate the Effect of Police on Crime: Comment," *American Economic Review*, 92: 1236~1243.

Soares, R. R. and L. Viveiros(2017), "Organization and Information in the Fight against Crime: The Integration of Police Forces in the State of Minas Gerais, Brazil," *Economia*, 17: 29~63.

The Economics of Crime

제3장

범죄와 처벌의 엄격성 Ⅰ: 벌금과 효율적 처벌

고속도로에서의 과속 방지를 위한 다음과 같은 새로운 접근 방식을 생각해 보자. 정부가 제한 속도 위반을 단속하는 일반 자동차와 똑같이 생긴 적은 수의 경찰 자동차를 고속도로에 배치한다. 만약 과속이 적발되면 운전자는 즉시 자동차, 소지하고 있는 돈, 기타 재산을 모두 몰수당한다. 운전자는 절대로 감옥에 수감되지 않으며, 집으로 돌아갈 방법을 찾는 것 말고는 어떤 다른 처벌도 받지 않는다. 우스꽝스럽게 들리고, 현실에서는 절대로 진지하게 고려되지 않겠지만, 이 정책의 핵심에는 탄탄한 경제적 추론이 자리 잡고 있다.

적은 수의 경찰 자동차만 사용함으로써 정부는 고속도로 과속 운전자가 직면하는 처벌의 확실성을 매우 낮게 설정한다. 속도 위반자가 가지고 있는 모든 것을 몰수함으로써 정부는 매우 높은 수준의 처벌의 엄격성을 부과한다. 다시 말해, 운전자가 고속도로에서 과속을 하면 적발될 가능성은 거의 없지만 적발되면 엄중한 처벌을 받는다. 따라서 처벌의 확실성은 낮지만, 기대처벌은 과속을 효율적으로 억지할 수 있을 정도로 크다. 효율적 억지가 적은 자원을 사용하여 합리적으로 달성된다. 이 장은 정부가 어떻게 적은 자원으로 바람직한 수준의 기대처벌을 달성할 수 있을지 생각해 본다. 경제학자의 관점에서는, 특정 목표의 달성에 투입되는 자원은 적으면 적을수록 좋다.

1. 처벌의 확실성 대 엄격성

범죄율을 낮추기 위해 정부가 사용할 수 있는 주요 정책 수단은 바로 기대처벌의 설정이다. 여기에는 두 가지 어렵고도 서로 연관된 문제가 관련되어 있다. 첫째, 정부는 기대처벌의 적절한 수준을 선택해야 하며, 이 수준은 범죄에 따라 달라질 수 있다. 둘째, 정부는 각각의 기대처벌 수준에서 처벌의 확실성과 엄격성 사이의 상충관계(trade off)를 고려해야 한다. 이 두 번째 문제는 처벌의 확실성을 설정할 때, 체포 확률과 유죄 판결 확률 사이의 상충관계 조정 문제도 포함하고 있다. 기대처벌을 설정하는 모든 가능한 방법을 자세히 검토한 후, 게리 베커(Gary Becker)는 1968년 선구적 논문(1장 참조)에서 다음과 같은 독특한 정책을 권고한다. 가능하면 벌금(fines)을 사용하라. 처벌의 확실성은 낮게 처벌의 엄격성은 높게 설정하라.

왜 가능하면 벌금을 사용하라고 하는가? 벌금의 통상적 대안인 자유형(prison sentence)을 생각해 보자. 교도소는 건설 비용이 많이 들 뿐만 아니라 유지 비용도 만만치 않다. 물론 벌금도 행정 및 집행 비용을 수반하지만, 그 비용은 교도소 운영 비용에 비해 적다. 또한 벌금 액수의 조정을 위해 필요한 것은 새로운 금액을 명기하는 것이 전부이지만, 형기를 늘리려면 자원 비용이 추가로 발생한다. 마지막으로, 벌금은 징수액에 상당하는 제도 유지 비용을 상쇄하고도 남을 수 있는 추가 수입원을 정부에게 제공한다.

따라서 당분간은 벌금이 자원 비용 관점에서 정부가 사용할 수 있는 가장 효율적인 제재 수단이라고 가정하자. 일단 정부가 원하는 기대처벌 수준을 결정하고 나면, 다음 단계는 그 기대처벌을 달성하는 처벌의 확실성과 엄격성 조합을 결정하는 것이다. 1장에서 사용한 예로 돌아가서 바람직한 기대처벌 수준이 500달러라고 가정해 보자. 앞서 살펴본 것처럼, 이 수준을 달성하는 한 가지 방법은 확실성을 50%로 설정하고 엄격성을 1,000달러로 설정하는 것이다. 하지만 500달러의 기대처벌 수준을 달성할 수 있는 무수히 많은 확실성과 엄격성 조합이 있다. 정부는 엄격성을 5,000달러로 높이고 확실성을 10%로 낮출 수 있다. 또는 엄격성을 750달러로 낮추고 확실성을 (약) 67%로 높일 수도 있다. 어떤 결정을 내리든, 정부는 처벌의 확실성과 엄격성 사이의 상충관계를 고려한다. 즉, 특정한 기대처벌 수준을 달성하는 무수한 조합에서, 처벌의 확실성과 엄격성은 서로 반대 방향으로 움직인다.

낮은 처벌의 확실성과 높은 처벌의 엄격성(제재의 유형은 벌금)을 결합하는 베커의 제안 역시 자원 비용에 근거를 두고 있다. 처벌의 확실성을 높이려면 경찰과 검찰의 노력을 증가시키기 위해 더 많은 자원이 투입되어야 한다. 그러나 앞에서 언급한 것처럼, 벌금 인상에 필요한 것은 더 큰 금액을 명기하는 것뿐이다. 물론 벌금이 증가하면 벌금 징수에 필요한 집행 비용도 증가하겠지만, 확실성을 높이는 데 드는 자원 비용이 엄격성을 높이는 데 드는 자원 비용보다는 클 것이다. 따라서 예에 제시된 500달러의 기대처벌을 유지하는 세 가지 확실성과 엄격성의 조합 중 가장 적은 자원 비용이 드는 조합은 10%의 확실성과 결합된 5,000달러의 벌금이다.

기대처벌의 설정에 필요한 자원 비용을 최대한 낮게 유지하는 것이 진정한 목표라면, 이 주장을 논리적 극단까지 밀어붙일 수 있다. 처벌의 확실성을 매우 낮게 설정하고 처벌의 엄격성을 매우 높게 설정하는 것은 어떨까? 예를 들어, 5만 달러의 벌금과 1%의 확실성을 결합하면 기대처벌은 500달러가 되며, 10%의 확실성을 유지하는 것보다 1%의 확실성을 유지하는 것이 훨씬 적은 자원을 사용한다. 그리고 여기서 멈출 필요가 없다. 정부는 확실성을 0.5%(200분의 1), 엄격성을 10만 달러로 설정할 수 있다. 또한 확실성을 0.1%(1,000분의 1), 엄격성을 50만 달러 등으로 설정할 수 있다. 이 경제적 예측은 매우 강력하지만, 곧 의문이 발생한다. 현실에서는 이런 기대처벌 구조가 관찰되지 않는다.

경제 이론의 예측이 현실 세계에서 관찰되지 않거나 드물게 관찰되는 경우는 적지 않다. 폭력 범죄를 저지른 범죄자를 벌금으로 처벌하는 것은 벌금액에 관계없이 사회적으로 받아들여지기 힘들다. 그러나 쉽게 실행할 수 있는 상황에서도 높은 벌금과 낮은 처벌의 확실성 조합을 찾아볼 수 없다는 사실은 궁금증을 자아낸다. 예를 들어, 제한 속도를 초과한 운전자는 벌금으로 처벌된다. 과속에 대한 벌금 평균액은 보통 수백 달러이다. 벌금 평균액을 수천 달러로 인상하기는 너무나 쉽다. 이렇게 하면 기대처벌 수준이 높아지고 과속이 줄어들 뿐만 아니라, 처벌의 확실성을 높이기 위해 추가 자원을 투입할 필요도 없다. 실제로, 벌금 평균액이 증가하면 정부가 도로에 더 적은 수의 경찰관을 배치하는 등 체포에 더 적은 자원을 투입하더라도 기대처벌은 증가할 수 있다.

범죄 억지에 대한 베커의 기본 접근 방식을 실용적 가치가 부족하다고 비판할 수 있다. 그러나 이 접근 방식은 정책 조언을 위한 청사진이 아니라, 원칙이 언제 가장 잘 적용될 수 있으며, 언제 실패할 가능성이 높은지를 검토하는 출발점으로서의 의미를 지닌다. 우리가 처벌의 확실성에 자원을 거의 투입하지 않은 채 높은 벌금만 부과되는 사례를 거의 찾아볼 수 없다면, 그 이유를 이해하는 것이 중요하다. 경제학자들은 베커의 모형을 다듬는 방안을 계속 고민해 왔다. 효율적이고 효과적인 제재 수단으로서의 벌금의 본질을 재검토하는 것은 분석의 좋은 출발점이 될 것이다.

2. 벌금의 문제점

높은 벌금의 가장 뚜렷한 문제점은 대부분 사람이 벌금을 지불하지 못한다는 것이다. 사람들이 2만 달러의 벌금을 납부할 능력이 없다면, 더 큰 금액의 벌금을 설정해도 억지 효과는 증가하지 않는다. 그리고 처벌의 확실성이 낮아

기대처벌이 매우 낮더라도(예를 들어, 1%의 확률로 2만 달러의 벌금이 부과될 경우 기대처벌은 200달러에 불과하다), 벌금 자체는 여전히 사후에 징수되어야만 한다. 하지만 이 문제는 처벌의 확실성을 낮게 그리고 벌금을 높게 설정한다는 발상의 사소한 수정을 의미할 뿐이다. 정부는 실제로 지불 가능한 수준의 높은 벌금을 설정하고, 바람직한 기대처벌 수준에 필요한 만큼 처벌의 확실성을 적절하게 조정할 수 있다.

또한 정부는 처벌의 확실성을 매우 낮게 유지하고 벌금을 가능한 한 높게 설정하여, 자유형 등의 대안적 제재와 함께 처벌의 엄격성을 높일 수 있다. 이 방법은 처벌의 확실성을 높이는 자원 비용이 수감 비용에 비해 상대적으로 큰 경우 효율적일 수 있다. 실제로 벌금과 자유형이 대체적 수단으로 사용된다는 증거가 있다. 월포겔(Waldfogel, 1995)은 사기죄를 저지른 범죄자들을 조사하여, 벌금액이 피고의 지불 능력을 직접적으로 반영하여 설정되며, 벌금이 자유형과 병존하여 비교적 효율적으로 사용되고 있다는 것을 발견하였다. 평균적으로, 형기가 1개월 감경될 때마다 벌금이 1,500달러에서 2,000달러 증가한다. 이는 금전적 제재가 배타적으로 또는 과도하게 사용되는 것이 아니라 수감으로 인한 자원 비용을 줄이기 위한 목적으로 한계적으로 사용되고 있음을 시사한다.

범죄 억지를 위한 과도한 벌금의 부과가 비효율적일 수 있는 몇 가지 이유가 있다. 가혹한 제재를 사용하면, 제재를 회피하려고 노력하는 범죄자의 체포가 더 어려워질 수 있다. 따라서 정부가 체포에 더 많은 자원을 투입해야 한다. 또한 교통량이 많은 거리에서의 과속 자동차 추격전에서 보듯이, 체포를 회피하려는 범죄자가 큰 피해를 발생시킬 수 있다. 더 이상 잃을 것이 없다고 생각하는 범죄자의 추가 범죄는 잘 억지되지 않는다. 그러나 이 문제는 벌금에 특수한 문제라기보다는 지나치게 엄격한 처벌에 특수한 문제이다. 물론 이는 매우 심각한 문제일 수 있다.

범죄자에게 자유형 대신 벌금을 부과하면 정부는 수감 시설에 투입되는 자원 비용을 절약할 뿐만 아니라 재정 수입도 거둔다. 위에서 언급하였듯이, 벌금은 자체적으로 재원이 조달되는 제도로 설계될 수 있으며, 정부에 수입원을 제공할 수 있다. 또한 마약 관련 체포와 같은 일부 경우에는 정부가 범죄 혐의자의 재산을 몰수하는 자산 압수 권한을 행사할 수 있다. 이는 『콜럼버스(오하이오) 디스패치』(*Columbus*[*Ohio*] *Dispatch*, 2005. 8. 6)에 보도된 사례에서 볼 수 있듯이 정부에 수십만 달러에 달하는 이득을 줄 수 있다.

> 콜럼버스의 한 마약 딜러는 5년의 자유형을 선고받았다. 연방 정부와 주 및 지역 법 집행 기관은 그의 현금 84만 190달러와 많은 재산, 즉 자동차 3대, 견인 트럭 1대, 전지형 만능 자동차(ATV) 3대, 존 디어 트랙터 1대, 고속 보트 1대, 웨이브 러너 1대, 트레일러 3대를 얻었다. 법 집행 기관은 재산 대부분을 매각하고 수익금과 현금을 서로 나누었다. 1984년에 제정된 법에 따라 연방 법 집행 기관은 음란물, 화이트칼라 또는 마약 범죄에 사용된 재산을 압수할 수 있을 뿐 아니라, 불법적인 수익과 더러운 돈으로 구입한 재산도 압수할 수 있다. 소유자가 범죄로 기소되지 않아도 법원의 명령을 통해 자산이 압수될 수 있다. "범죄로 얻은 이득을 몰수하면 범죄의 유인이 줄어든다"라고 미국 법무부 대변인 프레드 앨버슨(Fred Alverson)은 말하였다.

거액의 벌금과 자산몰수가 범죄율을 낮추는 억지 효과를 제공하는 것은 사실이지만, 정부에게 특정 범죄를 과대 억지하는 잘못된 유인을 제공할 수도 있다.

예를 들어, 우리는 자신의 관할권을 가로지르는 고속도로에서 이른바 '속도 함정'(speed trap)을 설치하여 유명해진 작은 마을에 관해 자주 듣게 된다. 벌금은 수입을 창출하기 때문에 마을은 과속 법규를 엄격하게 집행하여 위반자를 많이 적발하려는 유인을 가질 수 있다. 하지만 이것이 왜 문제인가? 과속을 한 운전자에게 벌금 고지서가 성실하게 발부되면, 과속한 사람만 처벌받지 않는가?

과도한 과속 적발의 문제점은 재정 수입을 얻으려는 경찰이 과속 단속에 너무 많은 자원을 투입할 수 있다는 것이다. 처벌의 엄격성을 높게 설정하는 이유는 처벌의 확실성을 낮게 설정하여 자원을 절약하기 위한 것임을 기억하라. 그러나 정부가 재정적 이득을 얻는다면, 정부는 높은 엄격성과 높은 확실성 조합을 사용할 유인을 갖게 된다. 또한, 자원이 정부에게 금전적 이득을 가져다주지 않는 다른 범죄로부터 이전되어, 다른 범죄에 대한 과소 억지가 발생할 수 있다. 마지막으로, 경찰의 재정적 이득은 죄를 지은 사람뿐만 아니라 무고한 사람에게도 벌금을 부과하는 부패 행동의 유인을 제공할 수 있다. 이 문제는 특히 재산을 몰수당한 사람이 국가를 상대로 소송을 제기해야만 재산을 되찾을 수 있는 경우에 더 심각할 것이다. 따라서 과도한 금전적 제재를 허용하지 않는 것이 더 효율적인 범죄 억지 정책일 수 있다.

낮은 확실성과 결합된 높은 벌금을 반대하는 또 다른 주장이 있다. 합리적 범죄자가 두 요소의 구성이 아니라 단지 기대처벌 수준에만 관심을 둔다면, 확실성과 엄격성의 선택은 각각의 자원 비용에 근거해야 한다. 앞서 살펴본 것처럼, 벌금의 집행에 상대적으로 비용이 적게 들고, 높은 수준의 체포 확률 유지에 많은 자원이 필요하다면, 낮은 처벌의 확실성과 높은 처벌의 엄격성을 결합하는 것이 효율적일 수 있다. 그러나 범죄자는 기대처벌의 수준에만 관심이 있는 것이 아니라, 구성 요소의 크기에도 관심이 있을 수 있다.

금전적 벌금 사건에서 체포 확률, (체포된 경우) 유죄 판결 확률, 처벌의 엄격성이라는 기대처벌의 세 가지 구성 요소를 생각해 보자. 특정 범죄에 대한 체포 확률이 40%, 유죄 판결 확률이 80%, 벌금이 10만 달러라고 가정하자. 기대처벌은 (40%)×(80%)×(100,000달러) = 32,000달러이다. 범죄자가 3만 2,000달러라는 기대처벌 수준에만 관심이 있다면, 적어도 억지 목적에서는 세 가지 요소가 어떻게 구성되든 상관없다. 그러나 범죄자가 개별 구성 요소에 관심이 있다면 어떠한가?

예를 들어, 우리가 체포 확률을 50%로 높이고, 유죄 판결 확률을 그대로 유지하며, 처벌의 엄격성을 8만 달러로 낮추어도 기대처벌은 여전히 (50%)×(80%)×(80,000달러) = 32,000달러이다. 그러나 범죄자가 엄격성의 변화보다 체포 확률의 변화에 더 민감하다면, 이 새로운 조합이 더 큰 억지 효과를 가져올 수 있다. 마찬가지로, 체포 확률을 50%로 올리고, 유죄 판결 확률을 64%로 낮추며, 엄격성을 10만 달러로 유지해도 기대처벌은 원래 조합과 같은 (50%)×(64%)×(100,000달러)=32,000달러로 유지된다. 그러나 범죄자가 유죄 판결 확률의 변화보다 체포 확률에 더 민감하다면, 이 바뀐 조합이 원래 조합보다 억지 효과가 클 수 있다.

그로거(Grogger, 1991, 2장에서 논의됨)에 따르면, 범죄자는 처벌의 엄격성의 변화보다는 처벌의 확실성의 변화에 더 민감하게 반응하는 것으로 나타난다. 아마 유죄 판결 확률이나 처벌의 엄격성보다는 범죄자가 즉각적으로 경험하는 체포 확률이 범죄자에게 더 큰 영향을 미치는 것 같다. 체포는 일반적으로 몇 주, 몇 달, 때로는 몇 년이 걸릴 수 있는 일련의 형사사법 절차의 출발점이다. 또한, 뒤에서 설명하겠지만, 체포가 범죄자에게 사회적 낙인 효과를 부과한다면 그 자체로 징벌적일 수 있다.

이 결과의 정책적 함의는 크다. 체포 확률이 높은 낮은 기대처벌이 체포 확률이 낮은 높은 기대처벌보다 억지 효과가 더 클 수 있다. 만약 이것이 사실이라면, 기대처벌의 어떤 구성 요소에 범죄자들이 가장 민감하게 반응하는지를 반영하여 자원을 유죄 판결이나 엄격성에서 체포로 이전하는 것이 효율적일 수 있다. 이제 정부는 기대처벌을 설정할 때 복잡한 문제에 직면하게 된다. 최적의 기대처벌을 선택한 후 가능한 적은 자원으로 이를 유지하는 것은 문제의 일부일 뿐이다. 만일 어떤 확실성과 엄격성의 조합이 더 큰 억지 편익을 산출한다면, 그 조합으로 같은 수준의 기대처벌을 유지하기 위해 더 많은 자원을 투입해야 할 수도 있다.

3. 벌금과 부유한 범죄자

앞에서 언급한 것처럼, 벌금 사용의 한 가지 문제점은 최적 벌금액이 많은 범죄자가 내기 어려울 정도로 높을 수 있다는 것이다. 따라서 자유형 같은 대안적 제재를 통해 또는 처벌의 확실성 증가를 통해 기대처벌을 높여야 한다. 이 두 가지 '수정' 방안은 모두 희소한 자원을 사용해야 하므로, 낮은 처벌의 확실성과 높은 처벌의 엄격성을 선호하는 베커의 주장과 배치된다. 그리고 범죄자가 고액의 벌금을 낼 여유가 있다고 해도, 지나치게 높은 벌금은 범죄자를 파산시켜 국가의 부담이 되거나 추가 범죄를 저지를 유인을 제공할 수 있다.

이런 벌금의 문제점에 착안한 일부 학자들은 부유층이 극단적인 경제적 어려움을 겪지 않고 벌금을 낼 수 있는 가장 좋은 위치에 있으므로, 벌금이 부유층에게 가장 적절한 처벌이라고 주장한다. 하지만 이는 형사사법 제도가 부유층과 빈곤층을 다르게 취급한다는 (흔히 표출되는) 비판을 불러일으킨다. 또한 부유한 범죄자가 벌금만 부과받고 자유형으로 처벌받지 않으면, 이것이 체포되면 벌금을 내면 그만이라고 생각하는 부유한 범죄자의 범죄를 부추길 것이라는 우려도 있다. 사람들은 자유형이 더 가혹한 형벌이며, 따라서 억지 효과가 더 크다고 생각한다.

그러나 경제적 관점에서 볼 때 벌금과 자유형은 억지 효과가 같다. 어떤 처벌을 선택하든지, 핵심은 정부가 다양한 수단을 고려하여 바람직한 기대처벌을 설정하는 것이다. '화이트칼라' 범죄자가 관련된 횡령죄를 생각해 보자. 만약 범죄자가 1만 달러를 횡령하려고 한다면, 범죄를 억지하기 위해 바람직한 기대처벌은 1만 달러 이상이어야 한다. 1만 달러 미만의 벌금은 처벌의 확실성이 100%라고 하더라도 범죄를 억지하지 못한다. 벌금이 정확히 1만 달러인 경우, 100%의 확실성이 있어야만 범죄자가 그 금액을 횡령할 경제적 유인이 없다. 처벌의 확실성이 100% 미만으로 떨어지면, 최적 벌금은 1만 달러 이상으로 인상되어야 한다. 따라서 부유한 범죄자가 범죄를 저지르고 체포되었을 때 거액의 벌금을 낼 '여유'가 있을 수 있지만, 애초에 부유한 범죄자가 범죄를 저지르지 못하도록 하기에 충분한 큰 벌금액을 설정할 수 있다. 범죄를 억지하는 자유형을 선고할 수도 있으나, 자유형을 선고하면 집행에 많은 자원 비용이 든다.

화이트칼라 범죄 억지를 위해 벌금을 사용하는 것과 관련된 더 심각한 문제는 적어도 역사적으로는 처벌의 확실성과 무관하게 벌금이 너무 낮은 수준으로 설정되어 왔다는 것이다. 1991년, 미국 양형위원회(U.S. Sentencing Commission)는 기업 범죄자에게 부과되는 벌금액을 크게 늘리고, 양형 결정에서의 판사의 재량권을 줄이기 위해 양형 지침을 확립하였다. 알렉산더, 알렌과 코헨(Alexander, Arlen, and Cohen, 1999)은 1988년과 1996년 사이 상장 기업에 부과된 형량을 조사하여, 양형 지침이 제정된 후 기업에 부과된 벌금이 크게 증가한 것을 발견하였다. 연구자들이 조사한 일련의 사건에서, 양형 지침이 시행되기 이

전의 평균 벌금은 약 190만 달러였다. 양형 지침이 시행된 이후, 평균 벌금은 1,900만 달러로 10배 증가하였다. 그러나 파커와 앳킨스(Parker and Atkins, 1999)는 다른 사건들을 조사하여, 양형 지침이 기껏해야 기업 범죄자에게 부과되는 벌금에 미미한 영향을 미쳤을 뿐임을 발견하였다. 이 연구에 따르면, 비록 일부 범죄자에게 큰 벌금이 부과되었으나, 양형 지침은 '기업 범죄에 대한 강경한' 입장을 선전하는 정치적 전략의 성격이 강하였다.

모든 우려를 종합해 보면, 이론적으로 벌금은 화이트칼라 범죄의 억지에 사용될 수 있다. 벌금이 억지에 충분할 정도의 높은 수준으로 책정되지 않은 경우, 처벌의 엄격성을 높이기 위해 자유형이 사용될 수도 있지만, 정부가 적절한 수준의 벌금을 설정하면 자원 비용이 감소한다. 이 경제적 추론은 화이트칼라 범죄자들이 체포되어 유죄 판결을 받았을 때 직면하는 제재 이상의 것, 즉 범죄자임이 밝혀지면 평판(reputation)이 손실된다는 사실 때문에 수정되어야 한다. 그리고 이 평판 손실은 낮은 벌금의 단점을 보완하는 충분한 억지 효과를 제공할 수 있다.

범죄자의 평판은 범죄자가 형사사법 체계로 진입하는 순간 손상될 수 있다. 횡령 혐의를 받고 체포된 회계사를 예로 들어 보자. 체포 자체만으로도 회계사의 직업적 지위는 바로 손상된다. 수감되지 않더라도 재판을 기다리는 동안 자신이 선택한 분야에서 계속 일할 수 없을 것이다. 회계사는 재판을 준비하기 위해 상당한 법적 비용을 부담해야 한다. 만일 유죄 판결을 받으면 전문 자격증을 잃고 벌금 및(또는) 자유형의 제재를 받으므로 상황이 더욱 악화된다. 그리고 수감되면 전과자로, 특히 출소 후 취업과 관련하여 전과자에 따라다니는 부정적인 낙인을 가지고 사회에 복귀해야 한다. 그러나 회계사가 무죄 판결을 받고 공식적 제재를 받지 않는다고 해도 회계사의 평판이 회복되지 않을 가능성이 여전히 존재한다. 요컨대, 형사사법 제도는 정부의 직접 통제를 벗어난 방식으로 매우 징벌적일 수 있다.

화이트칼라 범죄에 대한 형사 유죄 판결의 추가 처벌 효과를 측정하려고 시도한 여러 실증 연구가 있다. 롯(Lott, 1992)은 횡령죄나 사기죄를 저질러 감옥에서 복역한 전과자의 유죄 판결 전 수입과 유죄 판결 후 수입의 차이를 조사하였다. 합법적 소득의 가장 큰 감소는 가장 부유한 범죄자에게서 발생하며, 범죄자의 소득이 조금만 높아져도 궁극적으로 부담하는 금전적 손해가 크게 증가한다. 월포겔(1994)은 사기 또는 절도로 유죄 판결을 받은 범죄자의 고용 및 소득에 미치는 부정적 효과의 지속성을 검토한 뒤, 부정적 영향이 최대 몇 년 동안 지속될 수 있음을 발견하였다.

카포프, 리와 마틴(Karpoff, Lee, and Martin, 2008)의 매우 세심한 연구는 1976년부터 2006년까지 미국 증권거래위원회(Securities and Exchange Commission)와 법무부가 수행한 금융 허위 공시에 대한 모든 강제 조치가 포함된 자료를 수집하였다. 이 자료는 2,206명의 개인이 관련된 총 788건의 조치로 구성되어 있다. 이 연구는 특정 개인이 받은 다양한 징벌을 파악할 수 있다. 징벌 결과는 현재 직장에서의 실직, 유사한 직장을 구할 수 없음, 주식 보유에 따른 재산 손실, 증권거래위원회의 징벌적 벌금, 법무부의 형사 고발 등을 포함한다. 분석 결과는 매우 놀랍다. 확인된 범죄자의 93% 이상이 직장을 잃었다. 30% 이상이 증권거래위원회에 의해 상장 기업의 임원이나 이사로 취업하는 것이 금지되었다. 평균 주식 가치 손실은 1,500만 달러가 넘었고, 증권거래위원회가 부과한 평균 벌금은 거의 600만 달러에 달하였다. 마지막으로, 조사 대상자의 28%는 형사 고발을 당하였으며, 그중 유죄를 인정하거나 유죄 판결을 받은 사람들은 평균 4.3년의 자유형을 선고받았다.

억지의 관점에서 이들 연구의 중요한 함의는 여러 형태의 처벌이 있다는 것이다. 정부에 의한 범죄의 처벌뿐만 아니라, 징벌적 효과가 있는 시장의 힘과 평판 효과도 존재한다. 정부가 화이트칼라 범죄자를 과소 처벌하는 것처럼 보인다고 해서 반드시 화이트칼라 범죄자가 과소 억지되고 있다는 것은 아니다. 실제로 기대처벌의 결정과 관련된 자원 비용을 생각하면, 정부가 처벌의 확실성과 처벌의 엄격성에 더 적은 자원을 투입하고 다른 형태의 처벌을 이용하여 부족한 부분을 메우는 것이 효율적일 수 있다. 그리고 여기에서 한 걸음 더 나아가, 정부가 자유형보다 훨씬 적은 자원을 사용하며 가난한 피고인이 쉽게 '감당'할 수 있는 비전통적인 제재를 도입하는 것이 효율적일 수 있다. 이제 이런 성격의 제재를 살펴보자.

4. 망신 주기 처벌

가장 일반적인 처벌 방식은 벌금과 자유형이다. 하지만, 다른 처벌 방식도 있다. 그중 하나가 망신 주기 처벌(shaming punishment)이다. 예를 들어, 1980년대 중반 미국 오리건주 링컨(Lincoln) 카운티의 지방 검찰과 법원은 유죄 판결을 받은 비폭력 불법침입 범죄자들에게 자신에 대한 처벌을 결정할 수 있는 선택권을 부여하였다. 범죄자들은 자유형 또는 지역 신문에 자신의 사진을 보여 주고 자신의 범죄를 설명하는 전면 광고를 게재하는 것 중 하나를 선택할 수 있었다. 보도에 따르면, 범죄자들은 신문 광고를 거의 선택하지 않았으며(월스트리트저널[*Wall Street Journal*], 1987. 4. 2), 이는 실험이 매우 성공적이지는 않았음을 의미한다. 그러나 경제적 관점에서, 우리는 실험은 결국 성공적이었다고 달리 해석할 수 있다.

범죄자들에게 계속 선택권을 주거나 실험을 포기하는 대신, 링컨 카운티는 범죄자들에게 신문 광고의 게재를 강제할 수도 있다. 이 독특한 제재를 억지 관점에서 생각해 보자. 범죄자들이 광고를 선택하지 않았다는 사실은 적어도 그들에게 광고가 감옥에서 보내는 시간보다 더 가혹한 제재임을 의미한다. 이 제재를 자원 비용의 관점에서 생각해 보자. 범죄자들이 아닌 정부가 광고 비용을 낸다 해도, 광고 비용은 자유형의 비용보다 훨씬 적을 것이다.

다음 예에서 볼 수 있듯이 망신 주기 처벌은 다양한 형태로 이루어지고 있다(다인스와 휘트머[Dynes and Whitmer], 2013 참조).

> 한 절도범은 공공장소에 나갈 때 시끄러운 탭 신발을 신으라는 명령을 받았다.
> 유죄 판결을 받은 어떤 성범죄자는 자기 집과 자동차에 '위험한 성범죄자'라고 적힌 표지판을 붙이라는 명령을 받았다.
> 한 피고인은 보호관찰 기간 공공장소에서 항상 앞면에는 '내 기록에 식스팩 2개를 더하면 4년', 뒷면에는 '나는 절도죄로 중범죄 보호관찰 중'이라고 쓴 티셔츠를 입으라는 명령을 받았다.
> 유아의 머리카락을 자른 혐의로 청소년 법정에 서게 된 10대가 안된 소녀의 어머니는 딸의 꽁지머리를 잘라 딸의 사회봉사명령 제재를 150시간 줄일 수 있는 선택권이 주어졌다. 소녀의 어머니는 꽁지머리를 자르기로 하였다.

이는 법원이 명령한 많은 망신 주기 처벌 사례 중 일부에 불과하다.

만일 망신 주기 처벌이 저비용으로 높은 억지 효과를 발휘하는 제재 수단이라면, 망신 주기 처벌은 앞에서 지적한 벌금의 단점 없이 벌금의 편익을 제공하는 처벌 수단이다. 예를 들어, 저소득층 범죄자도 전형적인 망신 주기 처벌을 '감당'할 수 있다. 또한 벌금과는 달리, 정부는 망신 주기 처벌을 통해 개인적 이득을 거의 얻지 못한다. 그러나 특정 형태의 망신 주기 처벌의 억지 가치는 측정하기가 매우 어렵다. 과연 개인의 평판은 얼마나 중요할까? 당신은 '나는 우편물을 훔쳤습니다. 이것이 나의 처벌입니다.'라고 적힌 팻말을 들고 우체국 앞에 서 있는 것(실제 처벌 사례이다)의 억지 효과가 매우 크다고 생각하지만, 다른 사람들은 이 처벌이 특히 벌금이나 자유형과 같은 다른 형태의 제재와 비교하여 너무 약하다고 생각할 수 있다.

망신 주기 처벌은 효율적 처벌 이외의 사회적 목적을 생각하면 특히 논쟁의 여지가 많다. 처음에 망신 주기 처벌을 옹호한 법학자 카한(Kahan, 1996)은 그 후 다음과 같은 최종 주장을 펼치며 자신의 주장을 부분적으로 철회하였다.

> 나는 처벌이 정치적으로 받아들여지려면 권위 있는 도덕적 비난을 표현해야 한다고 강조하였다. 이는 사실이지만, 불완전하다. 사회 구성원들도 처벌이 – 그리고 본질적으로 그 문제에 관한 모든 법이 – 선호하는 삶의 방식을 만들어 내는 핵심 가치를 확인하기를 기대한다. 도덕적 비난을 전달할 수 있는 동등한 힘을 가진 처벌 방식들은 이상적 사회의 본질에 관한 매우 상반된 메시지를 전달할 수 있다. 나는 망신 주기 처벌의 진정한 문제점은 그것이 매우 당파적이라는 점에 있다고 생각한다. 사회가 어떤 처벌을 선택하게 되면, 사회는 편을 가르고, 개인성과 평등성보다는 공동체에서의 지위와 사회적 차별화에 중점을 둔 규범을 준수하는 사람들과 자신을 일치시킨다. 아이러니하게도, 자유형의 옳은 점은 적어도 정치 경제학적 관점에서 볼 때 강건하게 다원주의적이라는 점이다. 자유형은 다양한 세계관을 가진 사람 모두가 동시에 자신의 가치에 대한 확신을 찾을 수 있는 풍부하고 다양한 의미를 지니고 있다(카한, 2006, 2076쪽).

이는 망신 주기 처벌보다 자유형이 우월하다는 설득력 있는 변론이지만, 효율적 처벌 이론의 범위를 벗어난 논점에 근거하고 있다.

앞 장에서 주장하였듯이, 사회적 목표가 다르면 공공 정책적 해결 방안도

달라진다. 이는 망신 주기 처벌이 '옳다' 대 '그르다' 또는 '좋다' 대 '나쁘다'의 문제가 아니다. 하지만 망신 주기 처벌은 경제학의 영역에서 실용적 이유로 비판받을 수 있다.

> 특히 망신 주기 처벌은 창의적 대안처럼 보일 수 있으며, 추상적으로 매력적인 처벌로 보이지만, 실제로 개인을 억지하고 갱생한다는 효과가 입증되지는 않았다. 또한 망신 주기 처벌은 범죄자에게 큰 심리적 피해를 줄 실질적 위험이 있으며, 이는 개인이 다시 범죄를 저지르지 않도록 장려하기 위해 사법제도가 만들어 온 개선을 부정한다(랜디스[Landis], 2017).

요컨대, 망신 주기 처벌이 범죄를 억지하는가는 실증적 문제이다. 이 방향의 연구는 거의 찾아보기 힘들지만, 망신 주기 처벌이 어떻게 특정 사회 문제를 완화하는 것이 아니라 악화시킬 수 있는지에 관한 놀라운 예를 제공하는 연구가 있다.

5. 성범죄자 등록법과 고지법

1994년 7월 29일, 7살 소녀 메건 칸카(Megan Kanka)가 미국 뉴저지주 해밀턴(Hamilton)에서 강간당하고 살해당하였다. 범인은 33세의 제스 티멘데콰스(Jesse Timmendequas)라는 남성이었다. 그는 최근 메건의 동네로 이사 와서, 길 건너편 집에 살고 있었다. 칸카의 가족은 몰랐지만, 티멘데콰스는 어린 소녀들을 폭행한 혐의로 복역한 적이 있는 상습 성범죄자였다. 메건의 부모는 티멘데콰스의 과거 전과를 알았더라면 메건이 그와 접촉하지 않도록 보호할 수 있었을 것이라고 주장하였다. 메건의 사망 직후, 칸카의 가족들은 성범죄자가 이웃으로 이

사 오면 이 사실을 이웃에게 고지하는 법을 제정하기 위한 캠페인을 시작하였다. 3개월 만에 뉴저지주에서 비공식적으로 '메건법'(Megan's Law)이라고 불리는 첫 번째 법이 통과되었으며, 얼마 지나지 않아 연방법도 통과되었다.

메건법에 따르면, 미국의 주는 성범죄자가 이사 오면 이 사실을 이웃 사람들에게 고지해야 한다. 고지의 정확한 성격은 주마다 다르지만, 시간이 지남에 따라 덜 심각한 수준에서 더 심각한 수준으로 진화하였다. 덜 심각한 형태의 고지는 서면 요청을 통한 공개적 접근 또는 경찰서 방문을 통한 접근이다. 성범죄자의 이름이나 자기 주소를 이용하여 인터넷을 통해 성범죄자가 가까이 살고 있는지 확인하는 것은 심각한 형태의 고지이다. 마지막으로, 가장 심각한 형태의 적극적 고지는 정부가 신문 광고, 가구 방문 또는 우편 발송 등을 통해 성범죄자의 정보를 제공하는 것이다.

고지의 역할은 성범죄자의 재범을 줄이기 위해 주민들의 도움을 끌어내는 것이다. 정보를 잘 알고 있는 주민들은 자녀가 고지된 성범죄자와 접촉하지 않게 할 수 있으며, 성범죄자의 행동을 감시할 수도 있다. 고지는 지역사회의 치안 활동을 강화하는 하나의 수단이다. 이와는 대조적으로, (연방 고지법보다 몇 년 앞선) 연방 성범죄자 등록법은 주가 유죄 판결을 받은 성범죄자의 이론적으로는 법 집행 목적에만 사용하는 등록 명부를 관리할 것을 요구한다. 성범죄자 등록법은 법 집행 노력을 강화하기 위한 것이다. 출소와 동시에 성범죄자는 집행 당국에 나이, 인종 및 기타 인구학적 특성, 거주지, 직장 또는 학교의 위치, 범죄 이력에 관한 정보 등을 제공해야 한다. 등록은 경찰의 감시 강화와 잠재적 용의자의 정보 확보를 통해 체포 확률을 제고하여 범죄자의 재범을 막기 위한 것이다.

등록법과 고지법은 모두 알려진 성범죄자의 행동에 영향을 미쳐 재범을 막기 위한 정책이지만, 이 법들은 성범죄자로 등록되어 성범죄자로 공개적으로 알려지는 것을 원하지 않는 초범을 억지하는 역할도 할 수도 있다. 과연 이들 법은 성범죄자의 재범을 방지하는 동시에 초범을 억지하는 편익을 제공하는가? 프레스콧과 로코프(Prescott and Rockoff, 2011)는 등록과 고지가 성범죄자의 범죄 행위에 미치는 효과를 분리하여 이 질문에 답하려고 시도한다.

등록법과 관련하여, 이 연구는 등록이 초범인 성범죄자를 억지한다는 증거를 찾지 못하였다. 이 결과에 대한 직관적 해석은 초범은 공식적인 성범죄자 등록법이 없더라도 항상 시스템 어딘가에 등록된다는 것이다. 범죄의 종류와 관계없이, 범죄자의 체포, 유죄 판결, 처벌은 법 집행 기관에 알려진다. 사실상 성범죄자 등록법은 이런 의미에서 매우 중복적이다. 그러나 연구는 재범 감소 측면에서는 등록법의 편익이 존재한다는 것을 발견하였다. 석방된 성범죄자는 정부에 등록해야 하므로 항상 정부가 자신이 누구인지, 어디에 살고 있는지 알고 있다는 점을 인식한다. 따라서 성범죄자는 다시 범죄를 저지르려 할 때, 체포될 확률이 상당히 높다는 것을 알고 있다. 이러한 기대처벌의 증가는 반복 범죄를 억지할 수 있다.

고지법과 관련하여, 이 연구는 고지가 현재 성범죄자로 등록되지 않은 개인에 대한 억지 효과가 있다는 것을 발견하였다. 이 결과에 대한 직관적 해석은 성범죄자 고지법이 매우 엄격하므로, 처음 성범죄를 기도하는 범죄자가 적용될 미래의 고지법을 피하고 싶을 수 있다는 것이다. 튝스버리(Tewksbury, 2005)는 성범죄자 고지가 얼마나 가혹할 수 있는지에 대한 증거를 제공한다. 미국 켄터키주에 등록된 성범죄자 121명의 설문조사 자료를 사용하여, 이 연구는 다음과 같은 구체적인 부정적 경험을 한 범죄자의 비율을 제시한다. 그 비율은 실직(42.7%), 직장에서 승진 탈락(23.1%), 거주지 상실 또는 거부(45.3%), 공공장소에서 무례한 대우를 받음(39.3%), 퇴사 요청을 받음(11.1%), 등록 사실을 알게 된 친구를 잃음(11.1%), 직접 괴롭힘을 당함(47%), 폭행당함(16.2%), 괴롭힘 또는 협박 전화를 받음(28.2%) 등이다.

이 결과는 망신 주기 처벌의 경제적 편익을 보여 준다. 망신 주기 처벌은 매우 가혹하고 범죄 행위를 효과적으로 억지할 수 있으며, (특히 자유형과 같은 제재에 비교하여) 실행에 필요한 자원이 매우 적다는 장점이 있다. 따라서 성범죄자 고지법은 범죄를 억지하기 위한 베커의 기본 접근, 즉 적정 억지를 달성하기 위해 가능한 적은 자원을 사용한다는 접근과 잘 부합한다. 그러나 프레스콧과 로코프는 법의 심각한 잠재적 단점도 지적한다. 즉, 이 법은 실제로 성범죄자의 재범률을 높일 수 있다. 석방된 성범죄자가 계속 범죄를 저지르도록 유도하는 것은 바로 고지법의 가혹함이다. 유죄 판결을 받은 성범죄자가 과거 범죄 경력에 대한 대중의 인식으로 인해 사회에 동화되지 못하면, 현재 또는 미래의 범죄를 자제할 이유가 줄어들 수 있다.

연구는 등록법과 고지법이 모두 성범죄를 감소시킴을 발견하였지만, 이 결과는 자세히 뜯어볼 필요가 있다. 등록은 재범 억지에 더 효과적이며, 고지는 초범 억지에 더 효과적이다. 그러나 고지는 물론 법이 의도한 목표는 아니지만 재범을 증가시킬 수도 있다. 이 연구 결과가 시사하는 정책적 함의는 초범 억지와 재범 감소를 동시에 달성할 수 있는 성범죄자 처벌 방법이 신중하게 검토되어야 한다는 것이다. 고지법은 메건 칸카와 같은 피해자를 보호한다는 애초의 취지에도 불구하고, 이 두 가지 목표를 동시에 달성하지 못하는 것 같다.

교도소의 건설 및 유지와 비교하면, 벌금과 망신 주기 처벌은 자원을 적게 사용한다. 그러나 사회는 특히 폭력 범죄자에 대한 일반적 제재 수단으로 자유형에 의존하고 있다. 많은 비용이 들지만, 자유형은 벌금이나 다른 비전형적인 제재 수단을 능가하는 중요한 편익을 제공한다. 그것은 범죄자를 무력화(incapacitate)시킬 수 있다는 것이다. 사회는 재범 가능성이 높은 범죄자의 무력화에 큰 가치를 부여할 수 있다. 하지만 무력화는 자유형의 한 측면일 뿐이다. 자유형의 위협은 범죄를 억지(deter)할 수 있다. 4장은 자유형의 매우 다른 두 가지 범죄 감소 효과를 논의한다.

참고문헌

Alexander, C. R., J. Arlen, and M. A. Cohen(1999), "Regulating Corporate Criminal Sanctions: Federal Guidelines and the Sentencing of Public Firms," *Journal of Law and Economics*, 42: 393~422.

Becker, G. S.(1968), "Crime and Punishment: An Economic Approach," *Journal of Political Economy*, 76: 169~217.

Dynes, M. L. and H. E. Whitmer(2013), "The Scarlet Letter of the Law: A Place for Shaming Punishments in Arizona," *Phoenix Law Review*, 6: 513~555.

Grogger, J.(1991), "Certainty vs. Severity of Punishment," *Economic Inquiry*, 29: 297~309.

Kahan, D. M.(1996), "What Do Alternative Sanctions Mean?" *University of Chicago Law Review*, 63: 591~653.

______(2006), "What's Really Wrong with Shaming Sanctions," *Texas Law Review*, 84: 2075~2095.

Karpoff, J. M., D. S. Lee, and G. S. Martin(2008), "The Consequences to Managers for Financial Misrepresentation," *Journal of Financial Economics*, 88: 193~215.

Landis, K.(2017), "Determinate Sentencing and the Rise of Alternative Sanctions: Does Shame Meet the Goals of Sentencing Reform?" *Washington University Journal of Law and Policy*, 55: 243~263.

Lott, J. R., Jr.(1992), "Do We Punish High Income Criminals Too Heavily?" *Economic Inquiry*, 30: 583~608.

Parker, I. S. and R. A. Atkins(1999), "Did the Corporate Sentencing Guidelines Matter? Some Preliminary Empirical Observations," *Journal of Law and Economics*, 42: 423~453.

Prescott, J. J. and J. E. Rockoff(2011), "Do Sex Offender Registration and Notification Laws Affect Criminal Behavior?" *Journal of Law and Economics*, 54: 161~206.

Tewksbury, R.(2005), "Collateral Consequences of Sex Offender Registration," *Journal of Contemporary Criminal Justice*, 21: 67~81.

Waldfogel, J.(1994), "Does Conviction Have a Persistent Effect on Income and Employment?" *International Review of Law and Economics*, 14: 103~119.

______(1995), "Are Fines and Prison Terms Used Efficiently? Evidence on Federal Fraud Offenders," *Journal of Law and Economics*, 107~139.

The
Economics
of Crime

제4장

범죄와 처벌의 엄격성 Ⅱ: 자유형

미국에는 피고인에 대한 몇 개의 수감 관할권이 있다. 수감자는 연방(즉, 국가), 주(지역) 또는 지방(시, 카운티) 정부의 통제를 받을 수 있다. 2015년 말 미국에는 총 220만 명의 수감자가 있었으며, 이 중 약 21만 5,000명이 연방 교도소, 130만 명이 주 교도소, 70만 명이 지방 교도소에 수감되어 있었다. 달리 표현하면, 미국 성인 인구 10만 명당 582명이 수감되어 있었다. 2015년 말 주립 교도소 수감자의 54.5%는 폭력 범죄(강간, 살인, 고의적 살인, 강도, 폭행 등), 18%는 재산 범죄(불법침입, 절도, 자동차 절도 및 사기), 15.2%는 마약 범죄, 11.6%는 공공질서 위반 범죄(무기 소지, 음주 운전, 법정에서의 범죄, 주류법 위반 등)로 수감되었다. 2015년 말 연방 교도소 수감자의 7.7%는 폭력 범죄, 6.1%는 재산 범죄, 47.5%는 마약 범죄, 38.2%는 이민법 위반을 포함한 공공질서 위반 범죄로 수감되었다(법무통계청, 『재소자보고서 2016』[Bureau of Justice Statistics, *Prisoners in 2016*]).

교도소 시스템을 구축하고 유지하려면 상당한 자원이 필요하다. 최근 와그너와 라뷔(Wagner and Rabuy, 2017)의 보고서에 따르면 공공 교정 기관(교도소, 구치소, 가석방, 보호관찰 포함)의 연간 비용은 807억 달러에 달한다. 이 비용을 상쇄하는 교도소의 가장 분명한 직접적 편익은 범죄자를 무력화시키는 것이다. 수감된 범죄자는 더 이상 범죄를 저지르지 못하므로, 자유형은 범죄율 감소에 직접 영향을 미친다. 자유형은 또한 억지 효과를 통해 범죄를 감소시킬 수 있다. 하지만 수감의 위협은 범죄를 억지할 수도 있지만, 그렇지 않을 수도 있다. 즉, 자유형의 범죄 억지 효과는 실증 분석을 통해서만 검증될 수 있다. 그렇다면 공공 정책의 관점에서, 무력화 효과(incapacitation effect)가 교도소 건설과 유지에 투입되는 막대한 비용을 정당화할 수 있음에도 불구하고, 우리는 왜 훨씬 모호한 억지 효과(deterrent effect)에 주의를 기울여야 하는가?

무력화 효과와는 별개로 자유형의 억지 효과를 고려해야 하는 (적어도) 두 가지 중요한 이유가 있다. 첫째, 억지 효과가 있다면 교도소 시스템 유지의 편익이 증가한다. 자유형은 사회가 유죄 판결을 받은 범죄자에게 부과하는 제재이며, 가능한 많은 편익이 식별되어야 교도소의 순 사회적 가치에 대한 비용-편익 분석이 훨씬 더 명확해질 수 있다. 둘째, 그리고 어쩌면 더 중요한 것은, 자유형의 목표가 범죄자를 무력화시키는 것인지 아니면 범죄를 억지하는 것인지에 따라 최적 수감 기간이 달라진다는 것이다(샤벨[Shavell], 1987 참조).

1. 억지 대 무력화

잠시 자유형의 유일한 역할이 범죄자들을 무력화시키는 것이며 억지 효과는 전혀 없다고 가정해 보자. 이 상황에서 정부는 어떻게 최적 수감 기간을 결정해야 하는가? 정부는 수감자를 석방할 적절한 시기가 언제인지 판단해야 한다. 그러나 이 판단이 몇 가지 특이한 결과를 초래할 수 있다. 예를 들어, 운전 중 매우 부주의하게 휴대폰으로 문자를 보내다 자동차에 의한 살인(vehicular homicide)을 저지른 A를 예로 들어 보자. A는 얼마나 오랫동안 교도소에 수감되어야 하는가? 무력화의 관점에서 A는 수감되지 말아야 할 수도 있다.

A를 교도소에 수감시키는 주요 비용은 수감에 투입되는 자원이다. 얼마가 되든, 이 비용이 무력화의 편익과 비교하는 기준이 된다. 과연 편익은 얼마인가? 만약 우리가 A가 다시는 이런 범죄를 저지르지 않는다고 판단한다면, 편익은 얼마인가? 우리는 A의 운전면허를 영구적으로 취소할 수도 있다. 또는 우리는 A가 다시는 휴대전화를 소지하지 않을 것이라고 확신할 수도 있다. 우리가 A가 두 번 다시 자동차에 의한 살인을 저지르지 않을 것이라고 확신한다고

하자. 이 경우 A를 무력화시킬 가치가 있는가? A를 교도소에 수감시키면 비용이 발생하지만, 범죄 억지의 측면에서 비용을 상쇄할 수 있는 편익은 없다. 따라서 무력화 측면에서 최적 형량은 0이 될 수 있다.

이제 자동차를 훔친 B를 생각해 보자. B는 교도소에 수감되지 않으면 항상 자동차를 훔친다고 가정하자. 자동차 절도가 자동차에 의한 살인만큼 심각한 범죄가 아닌 것은 사실이지만, B는 교도소에 수감되지 않으면 사회에 상당한 범죄 비용을 부과할 수 있다. B의 최적 수감 기간은 매우 길 수 있다. 즉, B의 범죄를 감소시킨다는 더 큰 편익이 무력화의 비용을 정당화한다.

이러한 추론의 한 가지 함의는 무력화의 관점에서는 처벌의 엄격성이 범죄의 심각성과 직접적 관련이 없을 수 있다는 것이다. 즉, 여기서 중요한 것은 이미 저지른 범죄가 아니라 앞으로 저지를 범죄이다. 그렇다면 무력화의 목적에서 수감 기간은 어떻게 결정되어야 하는가? 수감자가 출소 후 다시 범죄를 저지를 가능성이 없어질 때가 언제인지를 판단하는 것이 중요하다. 가석방 개념과 유사하게, 몇 가지 일반적 원칙이 적용될 수 있다. 범죄 행위로 돌아갈 가능성이 가장 낮은 수감자는 노약자나 병약자, 또는 수감 중에 교육을 받고 직무 기술을 습득한 수감자일 수 있다. 어떤 요인을 고려하든, 재범 예측이 얼마나 어렵든 이것이 바로 무력화 목표에 부합하는 최적 수감 기간을 결정하기 위해 요구되는 작업이다.

그러나 억지 관점에서의 최적 수감 기간은 완전히 다른 방식으로 결정되어야 한다. 자동차에 의한 살인을 저지른 A를 생각해 보자. 이 범죄를 억지하려면 가혹한 형량의 위협이 필요할 수 있다. 하지만 A가 유죄 판결을 받은 후 무력화의 관점에서 최적 형량이 결정되어 곧 석방된다고 하자. 위협의 구속력이 없다고 판명되면, 억지 효과는 크게 감소할 것이다. 또한 수감자가 40세가

되면 더 이상 무력화의 편익이 크지 않기 때문에 석방될 가능성이 매우 높다는 것이 알려지면 어떻게 될 것인가? 30세 범죄자가 특정 범죄를 저지르고 최적 억지 형량인 20년형을 선고받은 경우, 실제 형량은 10년에 불과하게 된다. 범죄자가 향후 무력화 비용이 고려된 감형을 예상하는 경우, 자유형의 억지 효과는 감소한다.

자유형의 무력화 효과와 억지 효과 사이의 또 다른 중요한 차이점은 처벌의 확실성과 처벌의 엄격성 사이의 상충관계와 관련된다. 억지의 경우, 경제 분석은 범죄 행위에 영향을 미치는 기대처벌의 세 요소(체포 확률, 유죄 판결 확률, 제재의 엄격성)를 모두 고려한다. 또한 이 개별 구성 요소들은 서로를 상쇄할 수 있으므로 범죄를 억지하기 위해 어떻게 자원을 최선의 방식으로 사용할지를 결정할 때 미묘한 정책 판단의 여지가 있다. 무력화의 경우, 정부는 여전히 처벌의 확실성 수준을 결정하지만, 수감 기간은 주로 범죄자가 출소 후 사회에 어떤 피해를 끼칠지, 그리고 범죄자를 계속 교도소에 수감하는 비용이 얼마인지에 따라 결정된다. 따라서 처벌의 엄격성은 처벌의 확실성과 음(-)의 관계를 보이지 않을 것이다.

결국, 범죄자의 무력화 또는 범죄 억지를 위한 수감 기간을 설정할 때 정책 함의의 차이가 발생하기 때문에, 자유형이 범죄율에 미치는 영향을 조사할 때는 두 가지 효과를 구분하는 것이 중요하다. 범죄 억지 효과가 존재하는지를 확인하려면 연구자는 반드시 억지 효과를 무력화 효과에서 분리해 낼 수 있는 무언가를 자료에서 찾아내야 한다. 이를 시도한 많은 연구가 다양한 방법론을 사용하여 진행되었다. 이제 그중 몇 가지를 살펴보자.

1) 형량 강화

형량 강화법(sentence enhancement laws)은 특정 범죄에 대한 형기를 갑자기 변화시킨다. 예를 들어, 어떤 폭력 범죄에 대한 현재의 형기가 10년인 경우, 형량 강화법이 시행되면 즉시 형기가 15년으로 변경될 수 있다. 이러한 법률 제정 방식의 특성은 형량 증가에 따른 무력화 효과로부터 억지 효과를 분리할 수 있게 해 준다.

특정 범죄와 관련된 형기의 갑작스러운 변화는 단기에서는 무력화 효과보다는 억지 효과와 관련성이 높다. 10년 형기를 선고받다가 이제 15년 형기를 선고받을 수 있게 된 범죄자는 여전히 적어도 원래의 10년 형기는 선고받게 된다. 따라서 무력화 효과는 5년의 추가 형기가 시작될 때까지는 변함이 없다. 이는 범죄율의 즉각적 변화는 형량 강화의 억지 효과에 기인한 것임이 확실하다는 것을 의미한다. 물론 장기에서는 억지 효과와 무력화 효과 모두가 범죄율을 감소시킬 수 있다.

케슬러와 레빗(Kessler and Levitt, 1999)은 1982년 제정된 캘리포니아주의 형량 강화법이 범죄율에 미치는 영향을 조사하였다. 이 법은 심각한 중범죄로 유죄 판결을 받았던 사건마다 5년씩 형량을 높이거나, 모든 범죄에 대하여 이전에 복역하였던 기간마다 1년씩 형량을 높이고, 둘 중 더 긴 것을 적용한다. 또한 개정된 법은 법원이 피고인의 기록을 최대 지난 10년 동안만 고려할 수 있도록 한 기간 제한을 폐지하고, 판사가 기본 형기와 강화된 형기를 겹쳐서 복역시키는 것을 금지하였으며, 강화된 형기를 순차적으로 복역시킬 것을 요구하였다. 전체적으로 이 법은 엄격하게 형량을 강화하였다.

일반적으로 범죄율에 영향을 미칠 수 있는 복합 요인을 통제하기 위해 이 연구는 형량 강화의 대상이 되는 범죄(살인, 강간, 강도, 총기를 사용한 가중 폭행, 주거 침입)와 형량 강화의 대상이 아닌 범죄(총기를 사용하지 않는 가중 폭행, 비주거 침입, 자동차 절도, 절도)를 비교한다. 강화된 형량 기준이 적용된 첫해에, 법 적용 대상인 범죄의 범죄율은 법 적용 대상이 아닌 범죄의 범죄율과 비교하여 감소한 것으로 나타났다. 연구는 이 단기 효과가 자유형의 범죄 억지 효과에 기인한다고 설명한다.

2) 청소년에서 성인으로

많은 법률과 규제가 미성년자를 성인과 다르게 취급한다. 주류 구매나 운전면허 취득과 같은 성인에게는 합법적인 활동이 미성년자에게는 합법적이지 않다. 살인 및 기타 폭력 범죄는 두 집단 모두에서 불법이지만, 정부는 범죄자를 나이에 따라 매우 다르게 처벌한다. 일반적으로 동일한 범죄를 저질렀을 경우, 청소년은 성인보다 형사사법 제도에서 관대한 대우를 받을 가능성이 높다. 이 같은 처벌의 차이가 자유형의 범죄 억지 효과를 확인하는 데 이용될 수 있다.

레빗(Levitt, 1998a)은 1978~1993년까지 기간의 15~17세 청소년의 범죄를 조사하였다. 연구가 포괄하는 시기는 청소년과 성인에 의한 폭력 범죄가 급격히 증가(각각 107%와 52%)한 미국 역사상 가장 폭력적인 시기였다. 이 기간에 범죄 1건당 처벌률(폭력 범죄 건수 1건당 수감자 수로 측정)은 성인의 경우 60% 증가한 반면, 청소년의 경우 20% 감소하였다. 이 연구가 제기하는 질문은 다음과 같다. 청소년에 대한 처벌이 성인과 같은 정도로 강화되었다면, 청소년의 폭력 범죄율은 얼마나 증가하였을까? 대답은 청소년 폭력 범죄율은 107%가 아닌 74%만 증가한다는 것이다. 연구 결과에 따르면 청소년도 합리적 범죄 행위 모형에서 예측하는 것처럼 기대처벌의 변화에 반응한다.

표본 기간 그리고 연구에 사용된 자료에 의하면, 청소년에 대한 처벌의 가상적 증가가 범죄율 감소로 이어지지는 않는다. 대신, 범죄율의 증가율이 감소한다. 그럼에도 불구하고, 이는 범죄 감소의 의미 있는 척도이다. 일정 기간을 조사하여 범죄율이 처벌 강화와 동시에 증가하였음을 관찰하고 범죄자들이 처벌 강화에 반응하지 않는다고 결론짓는 것은 잘못이다. 중요한 논점은 처벌이 강화되지 않았다면 범죄율이 더 높았을 수도 있다는 것이다.

청소년이 기대처벌의 변화에 반응한다는 것을 입증하는 것은 분석의 시작에 불과하다. 다음 단계는 자유형의 억지 효과를 무력화 효과와 구분하는 것이다. 연구는 성년 연령, 즉 청소년에서 성인으로 신분이 바뀌는 나이에 도달한 청소년에 대해 두 효과를 분리할 수 있었다. 성년 연령은 주마다 다르며, 일반적으로 15세에서 17세 사이이다. 또한 각각의 주는 예외를 가지고 있으며, 청소년 범죄자가 성인의 처벌을 받을 수도 있다. 연구의 목적상 중요한 변인(variation)은 각각의 주가 청소년보다 성인을 얼마나 엄격하게 처벌하는가이다.

연구는 지난 1년간 성인이 된 범죄자 집단의 범죄율이 성인과 청소년의 처벌 차이가 크지 않은 주보다는 성인이 청소년보다 엄격한 처벌을 받는 주에서 현저하게 감소함을 발견하였다. 이는 형량 강화의 아이디어와 매우 유사하다. 일부 주의 청소년은 인생의 어느 시점에 도달하면 특정 범죄에 대해 그들이 받는 처벌에 상당한 변화를 겪을 수 있다. 단기적으로 이러한 처벌 강화는 무력화 효과가 아닌 억지 효과를 통해 범죄를 감소시킨다.

연구는 처벌 강화가 청소년 범죄율을 낮추는 효과적 억지 방법이라고 결론을 내린다. 물론 이러한 연구 결과가 청소년을 성인과 똑같이 처벌해야 한다는 것을 의미하지는 않는다. 단지 처벌 강화가 효과적 수단이 될 수 있다는 것을 시사한다. 우리는 청소년 범죄라는 사회 문제를 다룰 때 다른 많은 것들을 고려한다.

3) 교도소 생활의 질

동일한 자유형을 선고받은 2명의 범죄자를 생각해 보자. 가정에 의해, 이 두 범죄자는 무력화 효과를 통해 구별될 수 없다. 그들이 무력화되는 기간은 같다. 그러나 두 범죄자의 형기를 차별화할 수 있는 다른 요인이 있다면, 연구자들은 그런 요인을 사용하여 억지 효과를 확인할 수 있다. 그런 요인 중 하나가 교도소 생활의 질(quality of prison life)이다. 만약 동일한 기간의 두 형기를 교도소 환경이 얼마나 가혹한지에 따라 구분할 수 있다면, 두 형기가 범죄율에 미치는 영향이 다를 수 있다. 이 경우의 간단한 예측은 억지 효과에 의해 교도소 환경이 열악할수록 범죄율 감소 효과가 크다는 것이다.

교도소 내 삶의 질에 영향을 미치는 요인에는 여러 가지가 있다. 교도소의 생활 조건은 어떠한가? 수감자 밀도가 지나치게 높은가? 수감자 사이에 폭력이 자주 발생하는가? 운동기구, 텔레비전, 컴퓨터, 도서관 이용, 직업 훈련, 교육 등과 같은 활동이 가능한가? 카츠, 레빗과 슈스토로비치(Katz, Levitt, and Shustorovich, 2003)는 교도소 생활의 질을 측정하는 척도로 수감자의 (사형 집행 이외의) 모든 원인으로 인한 사망률을 사용한다. 연구의 표본 기간인 1950년부터 1990년까지 수감자 1,000명당 연평균 사망자 수는 3.10명이었다. 표본 기간 전체에 걸친 사망 원인에 대한 자세한 세분화는 제공되지 않았지만, 이 연구를 대표하는 연도인 1997년 자료에 따르면, 교도소 사망자의 약 77%는 질병, 5%는 자살, 3%는 사고 또는 다른 수감자에 의한 살해, 1%는 원인 불명, 나머지는 사형 집행으로 인한 사망이었다.

수감자 사망률이 교도소 생활의 질을 반영하는 완벽한 척도는 아니다. 자연적 원인에 의한 수감자의 사망은 나쁜 교도소 생활의 질과 거의 관련이 없다. 하지만 수감자 사망률은 부적절한 건강 관리, 자살, 살인과 같은 교도소 생활의 여러 불쾌한 측면과 상관되어(correlated) 있을 가능성이 높다. 수감자 사망률이 교도소 생활의 질을 적절히 반영한다면, 이 변수는 교도소 생활의 질이 범죄율에 미치는 효과를 측정하는 데 사용될 수 있다. 억지 효과가 존재하기 위해서는 범죄자들이 교도소의 조건을 어느 정도 알고 있어야만 한다. 이는 까다롭지 않은 조건이다. 많은 범죄자가 교도소에 복역하였거나 교도소에 복역한 적이 있는 다른 범죄자들과 친분이 있다. 범죄자들은 교도소의 조건, 특히 자신이 체포되면 수감될 지방 교도소의 조건을 잘 알고 있다.

연구의 주요 결과는 수감자 사망률과 범죄율이 음(-)의 관계에 있다는 것이다. 이 결과는 폭력 범죄와 재산 범죄 모두에서 나타났다. 만일 수감자 사망률이 교도소 생활의 질의 적절한 대리 변수라면, 교도소 생활의 질이 낮으면 범죄율도 낮을 것이다. 이 결과는 범죄 억지의 중요한 정책 수단 중 하나가 수감자를 위한 교도소 생활의 질을 향상시키는 조치를 의도적으로 걷어 내는 것일 수 있음을 시사한다. 그러나 연구가 지적하듯이, 교도소 생활의 질에 관한 사회적 우려도 억지만큼이나 중요하다. 열악한 교도소 환경은 억지 효과를 높일 수 있지만, 이는 교도소 시스템의 적절한 사회적 목표가 무엇인지에 대한 어려운 질문을 제기한다.

4) 범죄 간 대체

레빗의 흥미로운 연구(1998b)는 세 가지 핵심 가정을 기반으로 억지 효과 및 무력화 효과의 상대적 중요성을 구분하고 측정하려고 시도한다. 첫째, 전형적인 범죄자는 다중 범죄자(multiple offender)이다. 전형적 범죄자가 평생 한 번만 범죄를 저지른다면, 무력화 효과는 범죄 이전에 범죄자를 수감하지 않는 한 범죄율을 낮추지 못한다. 따라서 무력화 효과를 측정하려는 모든 연구는 수감 중이거나 (아직 수감되지 않았지만) 수감될 예정인 다중 범죄자를 대상으로 해야 한다. 둘째, 전형적 범죄자는 다양한 유형의 범죄를 저지른다. 예를 들어, 범죄자는 자동차 절도죄를 저지를 뿐만 아니라 가끔 불법침입죄도 저질러야 한다.

이 처음 두 가지 가정은 실제 증거에 의해 잘 뒷받침되는 것으로 보인다. 이 연구는 수감자가 가장 최근에 체포되기 전 한 해 동안 저지른 (마약과 관련이 없는) 범죄의 평균 건수가 12건에서 15건 사이라는 수감자 설문조사에 근거한 증거를 인용한다. 이는 확실히 다중 범죄 행위를 나타내는 것이다. 여러 유형의 범죄를 저지른다는 가정에 관해서는 많은 범죄자가 한 가지 유형의 범죄에만 특화되어 있지 않다는 증거가 있다. 예를 들어, 석방된 살인범 20명 중 1명만이 출소 후 다음번에 살인죄로 체포된다. 출소한 강도와 자동차 절도범의 경우, 관련 비율은 약 3명 중 1명이다. 불법침입범과 절도범의 경우, 관련 비율은 약 2명 중 1명이다.

셋째, 범죄들은 서로 대체재(substitutes)이다. 이 가정이 명시적으로 의미하는 것은 어떤 한 특정 범죄에 대해 기대처벌이 증가하면 범죄자는 해당 범죄 대신 다른 범죄를 저지른다는 것이다. 바로 이 범죄 간 대체의 존재 여부로 억지 효과와 무력화 효과가 구분될 수 있다.

억지 효과에 따르면, 어떤 범죄에 대한 기대처벌이 증가하면 그 범죄가 감소하고 다른 대체 범죄가 증가한다. 예를 들어, 불법침입에 대한 기대처벌이 일정한 상태에서 자동차 절도에 대한 기대처벌이 증가하면, 자동차 절도범은 불법침입으로 범죄를 대체할 수 있다. 반면 무력화 효과에 따르면, 한 범죄에 대한 기대처벌이 증가하면 해당 범죄가 감소하지만, 무력화로 범죄자가 더 이상 범죄를 저지르지 못하므로 대체 범죄 또한 감소한다.

이 연구는 일곱 가지 범죄 범주를 조사하여 범죄 억지 효과와 무력화 효과의 정도를 파악한다. 가장 덜 심각하지만 가장 흔한(전체 범죄의 90%를 차지) 범죄인 가중 폭행, 불법침입, 절도, 자동차 절도의 경우, 억지 효과가 무력화 효과보다 중요한 것으로 나타난다. 강간과 강도는 그 반대이다. 마지막으로 살인의 경우 어느 효과도 중요하지 않은 것으로 보인다. 연구는 자유형의 억지 효과가 존재하며, 무력화 효과와 구분될 수 있다고 결론짓는다.

5) 이탈리아의 집단사면법

2000년대 초, 이탈리아는 심각한 교도소 과밀화 문제에 직면하였다. 이 문제를 완화하기 위해 2006년 7월 이탈리아 의회는 집단사면법안(Collective Clemency Bill)을 통과시켰다. 이 법은 교도소 과밀화 문제에 대한 놀라운 해결책을 제시하였다. 2006년 8월 1일, 무려 이탈리아 교도소 수감자의 40%가 석방되었다.

법은 2006년 5월 이전 범죄를 저지른 수감자의 형량은 3년씩 감형하는 방식으로 실행되었다. 모든 수감자가 석방될 자격이 있는 것은 아니었다. 조직범죄, 테러, 납치, 중범죄에 해당되는 성범죄 등과 같은 심각한 범죄로 유죄 판결을 받은 수감자들은 형이 감형되지 않았다. 그러나 2만 명에 가까운 수감자가 석방되면서, 이제 연구자들은 자유형의 잠재적인 범죄 억지 효과에 관한 질문을 해결할 수 있는 대규모의 독특한 자료를 확보할 수 있게 되었다. 이탈리아의 한 연구자 집단이 이 자료의 이점을 활용하여 2개의 개별 연구를 수행하였다.

드라고, 갈비아티와 베르토바의 첫 번째 연구(Drago, Galbiati, and Vertova, 2009)는 석방 후 5년 이내에 새로운 범죄를 저질러 유죄 판결을 받은 범죄자들의 형량에 내재되어 있는 차이를 이용하였다. 범죄자가 새로운 범죄로 어떤 형을 선고받건, 석방 당시 남아 있던 형기가 새로운 형기에 추가된다. 예를 들어, 석방 당시 복역 기간이 12개월 남은 범죄자가 있다고 가정해 보자. 이 범죄자가 새로운 범죄를 저질러 30개월을 선고받으면 총 42개월을 복역해야 한다. 특히 이 정책의 매우 유용한 특징은 동일한 범죄를 저질러도 범죄자가 받게 될 형량에 자연스러운 차이가 발생한다는 것이다.

석방된 다른 범죄자가 앞의 범죄자와 완전히 동일한 새로운 범죄를 저질렀다고 가정해 보자. 앞의 범죄자와 똑같은 범죄를 저질렀으므로 이 범죄자는 30개월의 동일한 형을 선고받게 된다. 하지만 사면법에 의해 석방되었을 때 범죄자의 복역 기간은 3개월밖에 남지 않았었다. 따라서 두 번째 범죄자의 새로운 범죄에 대한 형량은 첫 번째 범죄자의 42개월과는 대조적으로 33개월이다. 이제 범죄자들이 석방된 이후 동일한 범죄를 저지른 경우, 개별 범죄자들은 30개월에 1~36개월이 추가된 형을 선고받게 된다(애초에 잔여 형기가 3년 이하인 범죄자만 석방되었다).

사면법의 결과로 같은 범죄를 저질러 유죄 판결을 받은 범죄자들이 다른 형을 선고받는다. 이것이 자유형의 범죄 억지 효과 분석에 필요한 형량의 차이를 발생시킨다. 연구의 주요 결과는 형량의 증가가 범죄 억지 효과를 제공한다는 것이다. 정량적으로, 이 연구는 새로운 범죄에 대한 형량이 1개월 증가하면 해당 범죄의 발생 확률이 약 1.3% 감소함을 발견하였다. 이는 형량 1개월 증가의 효과로서는 꽤 큰 효과이다.

드라고, 갈비아티와 베르토바의 두 번째 연구(2011)는 다른 질문을 던진다. 가혹한 감옥 환경이 재범률을 증가시키는가 아니면 감소시키는가? 만일 교도소 조건이 범죄를 억지한다면, 영향을 받을 가능성이 가장 높은 범죄자는 실제로 복역하고 그 조건을 직접 알고 있는 범죄자들이다. 이탈리아의 사면법은 바로 이런 유형의 범죄자들을 석방하였다. 방금 출소한 교도소 환경에 대한 지식이 석방 후에 계속 범죄를 저지를 가능성에 어떤 영향을 미칠까? 이 질문에 대한 대답은 이론적으로는 모호하다. 이전 수감자가 수감 환경이 지나치게 가혹하다고 생각하면, 향후 수감 생활을 하지 않기 위해 추가 범죄를 저지르지 않을 것이다. 다른 한편으로, 가혹한 조건은 수감자의 '경화'(hardening)로 이어져, 미래의 범죄자가 될 가능성을 높일 수 있다.

사면법에 따라 석방된 수감자는 매우 많았으며, 관련된 교도소도 총 198개나 되었다. 이 때문에 다양한 정도의 가혹한 교도소 조건에 노출된 많은 수감자의 석방 이후 범죄 행동을 조사하는 연구가 가능하였다. 교도소 환경의 가혹함은 측정하기 어렵지만, 이 연구에서는 네 가지 척도로 측정을 시도하였다.

첫 번째 척도는 과밀도이다. 교도소가 혼잡할수록 생활 조건이 불쾌하다. 두 번째 척도는 수감자가 수감되어 있는 동안 (모든 원인으로) 교도소에서 사망한 수감자 수이다(앞에서 언급된 카츠, 레빗과 슈스토로비치, 2003 참조). 세 번째 척도는 교도소가 위치한 지방의 주요 도시로부터 교도소까지의 거리이다. 이 변수는 수감자의 격리 정도를 포착한다. 여기에서의 발상은 교도소가 주요 도시에서 멀리 떨어져 있을수록 교도소에서 직업 훈련이나 교육 등의 활동을 돕는 자원봉사자의 비용이 증가하고, 교도소 환경에 대한 언론의 관심이 적으며, 방문객의 교도소 방문이 어렵다는 것이다. 네 번째 척도는 세 번째 척도와 관련된 것으로, 교도소에 도움을 주고 있는 실제 자원봉사자의 수이다. 자원봉사자가 많을수록 재소자들이 다른 사회 구성원으로부터 덜 고립된다.

이 척도들은 교도소의 가혹함을 완벽하게 설명하지는 못하지만, 가혹함과 어느 정도 관련성이 있다. 이 연구는 교도소의 가혹함과 고립성이 (사용된 네 가지 척도 모두에서) 석방 이후 범죄 행위의 증가로 이어진다는 것을 발견하였다. 따라서 감옥의 가혹함이 석방 후 범죄 행동에 미치는 영향은 이론적으로 모호하지만, 연구는 감옥의 가혹함이 재범률을 증가시킨다는 증거를 제시한다. 연구 결과의 정책적 함의는 재범을 줄이려면 교도소 생활의 '경화' 효과에 세심한 주의를 기울여야 한다는 것이다.

2. 무력화 효과의 측정

자유형의 억지 효과에 관한 실증 연구의 주요 목표는 과연 억지 효과가 존재하는지를 검증하는 것이다. 억지 효과가 양적으로 얼마나 큰지도 중요하지만, 이는 부차적인 관심사이다. 반면에 무력화 효과의 존재는 보통 명백한 것으로 간주된다. 죄수들이 매일 밤 탈출하여 범죄를 저지르지 않는 한, 무력화된 범죄자의 범죄율은 0이다. 하지만 양적인 관점에서 볼 때, 무력화 효과의 크기는 교도소 시스템 구축과 유지의 주요 편익을 구성하기 때문에 중요하다. 공공 정책의 관점에서 핵심적 질문은 이것이다. 얼마나 많은 범죄가 수감된 범죄자에 의해 저질러지지 않고 있는가?

이 반사실적 질문에 어떻게 대답해야 하는가? 이탈리아의 사면법을 다시 생각해 보자. 수천 명의 이탈리아 수감자들이 갑자기 석방되었다. 만약 우리가 석방 후 그들의 행동을 추적하여 그들이 얼마나 많은 범죄를 저지르는지를 관찰하면 어떨까? 이렇게 하면 그들이 여전히 무력화된 상태였다면 저지르지 않았을 범죄의 수를 측정할 수 있다. 그러나 이는 무력화 효과의 완벽한 측정은 아니다. 당시 이탈리아 교도소에 복역 중이던 최악의 범죄자들은 석방되지 않았음을 기억하라. 가장 높은 재범률과 범죄율을 보일 것으로 예상되는 범죄자는 바로 이 석방되지 않는 최악의 범죄자들이다.

이상적으로는, 대표적 또는 평균적 범죄자의 행동을 측정할 수 있는 방법이 사용되어야 한다. 당신이 범죄자들에게 무작위로(randomly) 단기형 또는 장기형을 배정할 수 있다고 가정하자. 무작위로 형량을 배정하므로 당신은 범죄 경력에 근거하여 범죄자를 구분하지 않는다. 그런 다음 단기형을 배정받은 '운이 좋은' 범죄자의 출소 후 행동을 추적하면, 장기형을 배정받은 '운이 나쁜' 범죄자의 석방 후 행동을 추측할 수 있다. 가정에 의해 두 범죄자 집단은 평균적으로 특성이 동일하므로, 석방된 집단이 얼마나 많은 범죄를 저질렀는지 관찰하면 수감된 집단이 저지르지 않은 범죄의 수를 비교적 정확히 추정할 수 있다(이러한 분석 방법을 무작위 실험[randomized experiment]이라고 한다. 이 방법은 실험 대상을 처치집단[treatment group]과 통제집단[control group]으로 무작위로 배정하고 처치 효과를 분석하여 인과관계를 추론한다 - 역자). 물론 이 같은 이상적 연구의 재현에 필요한 조건이 현실 세계에는 존재하지 않는다. 그러나 오언스(Owens, 2009)는 미국 메릴랜드주의 양형 지침 변경을 이용하여 이상적 설정을 모방한 영리한 연구 방법을 설계한다.

미국 메릴랜드주(및 다른 많은 주와 연방 정부)는 유죄 판결을 받은 범죄자의 형량을 결정하기 위해 양형 지침을 사용한다. 양형 지침은 범죄의 심각성(범죄 점수)과 범죄자의 범죄 이력(범죄자 점수)이라는 두 가지 주요 기준에 기초하고 있다. 범죄자 점수를 계산할 때 고려되는 요소는 다음 네 가지이다. 성인 범죄 이력, 청소년 범죄 이력, 가석방 위반 기록, 현재 형사사법 제도와의 관계(수감, 보호관찰 중 등)가 그것이다. 2001년 7월 1일, 메릴랜드주는 지침을 크게 변경하였다.

7월 1일 이전까지는, 범죄자가 26세가 되면 범죄자의 청소년 기록이 범죄 이력에서 제외되었다. 그러나 7월 1일 이후에는, 더 젊은 나이인 23세가 되면 청소년 기록이 범죄 이력에서 제외된다. 이 같은 지침의 변경은 형량을 감소시키는 방향으로 작용한다. 23세에서 26세 사이의 유죄 판결을 받은 범죄자는 네 가지 요소 중 하나가 빠지므로 범죄자 점수가 낮아진다. 이 변경은 감옥의 무력화 효과 검토에 적합한 환경을 제공한다.

양형 지침 변경의 이유는 메릴랜드주의 양형 지침이 다른 주의 양형 지침과 일치하지 않는다는 이유 때문이었다. 따라서 범죄율의 변화 때문에 지침이 변경된 것이 아니었다. 이는 범죄율이 기대처벌의 변화로 연결되는 역인과관계 문제를 배제하여, 연구의 초점을 형량 변화가 범죄율에 미치는 영향에 맞출 수 있게 한다. 또한 양형 지침 변경 사실이 잘 알려지지 않아 범죄 억지 효과가 크지 않았다. 예를 들어, 개혁이 처음 고려되던 1998년과 2004년 사이 메릴랜드주의 주요 신문과 지역 신문에는 지침 변경에 대한 언급이 전혀 없었다. 범죄자들이 지침 변경에 관해 잘 알지 못하였다면, 지침 변경이 범죄에 영향을 미치는 경로는 주로 무력화 효과를 통해서일 것이다.

지침 변경을 이용하여, 이 연구는 형을 선고받은 시점에 따라 '운이 좋은 범죄자' 집단과 '운이 나쁜 범죄자' 집단을 구분한다. 2001년 7월 1일 이후, 23

세, 24세, 25세인 범죄자에게는 운 좋게도 범죄자 점수를 낮추는 지침이 적용된다. 연구는 그들이 운이 나빠 지침 변경 이전에 형을 선고받았다면 받았을 형량을 계산한다. 운이 좋았던 범죄자들이 석방된 후 저지른 범죄는 그들이 운이 나빠 계속 교도소에 복역하고 있었다면 발생하지 않았을 범죄이다. 사실상, 형량 지침의 갑작스러운 변화는 특정 연령대의 범죄자에게 무작위적인 영향을 미쳤으며, 이를 이용하면 정확한 무력화 효과의 분석이 가능하다.

연구는 몇 가지 정량적 결과를 제시한다. 운이 좋아 석방된 범죄자들은 연평균 2.8회 체포되었으며, 그들이 운이 나빠 무력화되었다면 약 1.5건의 심각한 범죄가 발생하지 않았을 것이다. 놀랍지 않지만, 무력화 효과는 범죄를 감소시킨다. 또는 연구의 맥락에서, 무력화 효과의 부재는 범죄를 증가시킨다. 연구의 핵심 쟁점은 이어지는 분석이다. 무력화 효과로 인한 범죄의 감소는 무력화 비용을 정당화할 만큼 충분한가?

연구는 평균 비용(average costs)이 아니라 수감자 1명의 추가 수감에 드는 한계 비용(marginal costs)에 초점을 맞춘다. 평균 비용에는 교도소의 건설과 유지에 드는 모든 비용이 포함된다. 이 평균 비용 중 상당 부분은 범죄자 1명이 더 수용된다 해도 변하지 않는다. 예를 들어, 수감자가 1명 더 늘어난다고 해서 교도소를 증축하거나 관리 직원을 추가로 고용할 필요는 없다. 따라서 범죄 감소라는 무력화의 한계 편익과 직접적으로 비교될 수 있는 것은 한계 비용이다. 연구는 한계 비용과 한계 편익의 범위를 추정하여 제시한다. 대부분 시나리오에서 한계 편익이 한계 비용보다 크다. 요컨대, 비록 하나의 연구에 불과하지만, 무력화 효과로 인해 적어도 최소 이상의 사회적 순이익이 발생한다.

3. 삼진아웃법

우리가 억지 효과와 무력화 효과의 차이를 정확하게 이해하면 다양한 형량 정책을 면밀하게 분석할 수 있다. 그중 하나가 1994년 3월 미국 캘리포니아주에서 제정된 삼진아웃법(three-strikes law)이다. 삼진아웃법은 상습 범죄자에 초점을 맞추어 추가 범죄에 대한 형량을 대폭 강화하는 법이다. 범죄자가 첫 번째 스트라이크를 당하려면 (살인, 강간, 미성년자 대상 마약 판매와 기타 몇 가지) 심각한 범죄를 저질러야 한다. 이 법의 중요한 측면은 모든 범죄가 첫 번째 스트라이크에 해당되지는 않지만, 첫 번째 스트라이크에 해당되지 않는 거의 모든 범죄가 두 번째 스트라이크에 해당될 수 있다는 것이다. 두 번째 스트라이크에 대한 처벌은 현재 형량의 두 배이다. 그리고 세 번째 스트라이크의 경우, 범죄와 관계없이 25년 이상의 형 또는 종신형이 부과된다. 이 엄격한 형량은 때로는 부당해 보일 수 있으며, 결국 그 가혹성 때문에 미국 대법원이 캘리포니아주 삼진아웃법의 위헌성을 심판하였다.

대법원이 심판한 사건은 소매 가격 399달러 상당의 골프채 3개를 훔친 남성에 관한 것이다. 그는 여러 건의 크고 작은 중범죄를 저지른 전과가 있었기 때문에 이 범죄는 세 번째 스트라이크로 인정되었다. 그는 유죄 판결을 받고 25년형을 선고받았다. 대법원은 이 경미한 범죄에 대한 처벌이 '잔인하고 비정상적'(cruel and unusal)이어서 미국 수정헌법 제8조를 위반하였는지 검토하였다. 대법원은 5 대 4의 결정으로 이 사건 및 유사한 사건에서 캘리포니아주가 삼진아웃법을 적용할 수 있다고 결정하였다.

미국 대법원의 결정이 내려진 후 심각한 비판이 이어졌다. 이는 경미한 범죄에 대해 이렇게 가혹한 형량을 선고하는 것이 터무니없어 보였기 때문이었다. 그렇다면 경제적 추론은 엄격한 삼진아웃법을 어떻게 평가하는가? 일반적으로 앞에서 주장한 것처럼 최적 형기는 억지 목적과 무력화 목적에 따라 달라질 수 있다. 그러나 상습 범죄자의 경우 긴 형이 두 가지 관점에서 모두 합리적일 수 있다. 상습 범죄자를 억지하기 어려울수록 신뢰할 만한 위협을 주기 위해 더 긴 형이 필요하다. 그리고 상습 범죄자가 억지될 수 없다면, 무력화 관점에서 긴 형이 적절하다. 왜냐하면 이런 유형의 범죄자는 출소 후에도 계속 범죄를 저지를 것으로 예상되기 때문이다. 상습 범죄자를 25년에서 종신까지 무력화시키는 것이 효율적인가 아니면 향후 (불가피할 것으로 여겨지는) 수많은 체포, 유죄 판결, 투옥을 반복하는 것이 효율적인가?

삼진아웃법의 장점과 상관없이, 엄격한 자유형을 부과하려면 상당히 많은 자원이 투입되어야 한다. 이 비용 지출은 정당화되는가? 다수의 경제학 연구가 이 문제를 분석하였다. 첫 번째 연구인 마벨과 무디(Marvell and Moody, 2001)는 삼진아웃법이 범죄를 감소시킨다는 증거를 찾지 못하였지만, 이 법이 살인율을 높인다는 사실을 발견하였다. 두 번의 스트라이크를 먹은 합리적 범죄자는 다음번에 저지르는 범죄의 심각성과 관계없이 매우 긴 형을 선고받는다. 이는 범죄자에게 심각한 범죄를 저지를 유인과 특히 처벌의 확실성을 낮추기 위해 (예를 들어, 증인을 살해하는 등) 폭력적 범죄를 저지를 유인을 제공하는 경향이 있다. 이 연구는 1990년대 삼진아웃법을 시행한 24개 주와 시행하지 않은 26개 주의 살인율을 비교하여 정량적 결과를 제시한다. 삼진아웃법은 살인율의 23~29% 장기적 증가와 연관되어 있으며, 연간 약 110억 달러의 사회적 비용을 발생시킨다.

두 번째 연구인 아이엥거(Iyengar, 2011)는 삼진아웃법이 범죄 행위에 미치는 영향을 분리할 수 있는 현명한 분석 방법을 제시한다. 밥과 조라는 2명의 범죄자를 생각해 보자. 두 범죄자 모두 절도와 불법침입이라는 두 가지 범죄를 저질렀다. 하지만 두 범죄자의 차이점은 밥은 먼저 절도를 저지른 다음 불법침입을 저질렀고, 조는 먼저 불법침입을 저지른 후 절도를 저질렀다는 것이다. 두 범죄의 순서가 중요한가? 삼진아웃법이 없다면 순서는 중요하지 않다. 밥과 조는 모두 비슷한 범죄 경력이 있으며, 동일한 세 번째 범죄를 저지르면 비슷한 형을 받을 것이다. 그러나 삼진아웃법에서는 순서가 중요할 수 있다.

밥의 경우 절도는 첫 번째 스트라이크에 해당되지 않고, 불법침입이 첫 번째 스트라이크에 해당된다. 조의 경우 불법침입이 첫 번째 스트라이크에 해당되고, 절도가 두 번째 스트라이크로 분류된다. 두 사람이 동일한 세 번째 범죄를 저질렀다면 밥은 해당 범죄에 대한 형량을 두 번째 스트라이크로 선고받게 되지만, 조는 세 번째 스트라이크로 형량을 선고받는다. 따라서 비슷한 범죄 이력을 가진 2명의 범죄자가 다른 형을 선고받게 된다. 이러한 형량의 차이를 이용하여, 이 연구는 캘리포니아주 삼진아웃법 제정 전후의 범죄 이력이 같지만, 범죄의 순서가 다른 범죄자 쌍(pairs)을 비교하여 이 법이 범죄 행동에 미친 효과를 분석한다.

연구에 따르면, 삼진아웃법은 캘리포니아주에서 두 번째 스트라이크 대상 범죄자의 범죄 행위를 20%, 세 번째 스트라이크 대상 범죄자의 범죄 행위를 28% 감소시켰다. 연구는 또한 (앞의 연구와 유사하게) 세 번째 스트라이크에 직면한 범죄자들이 심각하고 폭력적인 범죄를 저지르는 경향이 있음을 발견하였다. 그러나 비폭력 범죄와 폭력 범죄에 대한 삼진아웃법의 영향이 반영된 비용-편익 분석에 따르면, 이 법으로 연간 2억 달러의 범죄로 인해 발생하는 비용이 절감되지만, 연간 5억 달러의 교도소 비용이 지출된다.

세 번째 연구인 헬란드와 타바록(Helland and Tabarrok, 2007)도 연간 약 3만

1,000건의 범죄가 감소한다는 캘리포니아주 삼진아웃법의 범죄 억지 효과를 발견하였다. 이 연구에 따르면 범죄 1건당 3만 4,000달러의 비용이 절감된다. 이 법에 의해 형을 선고받은 수감자 수가 증가하고 평균 형기가 16.6년으로 증가한다고 가정하면, 방지된 범죄 1건당 수감 비용의 추정치는 14만 8,000달러이다. 따라서 삼진아웃법에 의해 방지된 범죄 1건당 수감 비용은 편익의 4배를 초과한다.

4. 교도소 민영화

많은 사회 정책 논쟁의 공통 쟁점 중 하나는 자원 통제에서의 민간 대 사회의 역할이다. 사적 시장과 사회화된 시장 중 어느 것이 의료 서비스 제공, 학교 교육, 고속도로 건설 등에 더 적합한가? 민영화(privatization)에 찬성하는 간결한 주장은 사회적 제도에 비해 민간 기업이 자원을 더 효율적으로 사용하여 서비스를 제공한다는 것이다. 민간 기업의 목표는 이윤을 극대화하는 것이며, 이를 위해서는 (주어진 서비스 수준에서) 비용 최소화가 필요하다. 민간 기업의 투자 결정은 대부분 금전적 수익을 기준으로 이루어진다. 사회적 제도에서는 정치인이 다른 사회적, 정치적 목표를 가질 수 있다. 정치인은 자기 행동의 비용을 직접 부담하지 않는다. 납세자가 그 비용을 부담한다. 따라서 비용 최소화는 사회적 제도에서 가장 중요한 관심사가 아닐 수 있다.

민영화에 대한 일반적 비판은 민간 기업이 이윤을 높이기 위해 비용을 절감하고 질 낮은 서비스를 제공할 수 있다는 것이다. 그리고 민간 기업이 방만하지 않거나 방만할 수 없다 하더라도, 민간 기업이 정당한 사회적 목적을 간과하여 사회적 후생이 줄어들 수도 있다. 예를 들어, 모든 어린이에게 교육을 제공하는 것이 건전한 사회 정책인가, 아니면 부모가 사립학교에 보낼 여유가 있는 아이들에게만 교육을 제공하는 것이 건전한 사회 정책인가? 의료 서비스는 모든 사람에게 제공되어야 하는가, 아니면 서비스와 보험료를 감당할 수 있는 사람에게만 제공되어야 하는가? 정확히 무엇이 '좋은' 교육 또는 '좋은' 의료 서비스를 구성하는가? 이 질문에 대한 답은 특히 주관적 정책 목표에 따라 달라진다. 따라서 답하기가 쉽지 않다. 그럼에도 불구하고 이 문제는 중요한 사회 정책적 문제이다.

사적 목표와 사회적 목표 사이에 간극이 있더라도, 국가가 사회적 목표를 달성을 위해 민간 기업을 참여시킬 수 있다. 민간 기업에 적절한 사회적 목표를 부여하기 위해 필요한 것은 운영의 기본 규칙을 제시하는 잘 규정된 계약이다. 잘 규정된 계약을 통해 국가는 민간 기업이 제공할 수 있는 비용 측면의 효율성을 활용할 수 있을 뿐만 아니라 민간 기업의 이익과 관련이 적은 다른 목표도 유지할 수 있다. 그러나 두 가지 실질적 장애물이 남아 있다. 완벽하게 규정된 계약을 협상하는 것은 불가능하지는 않더라도 어렵다. 그리고 완벽하게 규정된 계약이 있더라도 계약을 집행하기 어려울 수 있다(하트, 슐라이퍼와 비쉬니 [Hart, Shleifer, and Vishny], 1996 참조).

교도소 운영은 사적 이해와 사회적 이해 사이의 잠재적 긴장을 잘 보여준다. 미국에는 민영 교도소가 적지 않으며 점점 보편화되고 있다. 2005년에 2,236개의 성인 교정 시설 중 102개는 연방, 1,719개는 주, 415개는 민간이 운영하였다. 불과 5년 전인 2000년에는 민영 교도소가 264개에 불과하였으며, 1995년에는 단지 110개였다. 2000년과 2005년 사이의 거의 모든 교도소 증가는 민영 교도소의 건설에 기인한다. 2005년 10만 5,451명의 수감자가 민영 교도소에 수감되었으며, 이는 전체 교도소 인구의 거의 7%를 차지한다(법무통계국, 『주 및 연방 교정시설 총조사』[Bureau of Justice Statistics, *Census of State and Federal Correctional Facilities*], 2005).

이론적으로 교도소 관련 서비스는 민간 또는 공공에 의해 쉽게 제공될 수 있다. 이 서비스는 질서, 편의 및 갱생의 세 가지 주요 범주로 나뉜다. 질서에는 보안, 탈옥 방지, 수감자 징계 등의 서비스가 포함된다. 편의에는 음식 준비, 건강 관리, 도서관, 오락 활동 등이 포함된다. 갱생에는 직업 훈련 및 기타 교육 활동 등이 포함된다. 이들 서비스의 품질은 미국교정협회(American Correctional Association: ACA)에서 발행한 모범 사례 표준에 의해 정의될 수 있다. 인증을 유지하고자 하는 교도소는 400개 이상의 표준 중 과반수를 준수해야 한다. 따라서 주 정부가 민영 교도소와 계약을 체결하고자 하는 경우, 교도소가 널리 공표되고 잘 정의된 표준을 준수하도록 계약에 그 내용을 자세하게 규정할 수 있다. 그리고 서비스의 여러 측면에서, 이런 계약이 민영 교도소의 적절한 기준 유지에 필요한 유인을 제공하고 있는 것으로 보인다.

그러나 일부 교도소 서비스의 경우, 계약만으로는 불충분할 수 있다. 민간의 교도소 서비스 제공과 관련하여 우려되는 두 영역은 강제력의 사용과 운영 인력의 질이다. 교도소 수감자의 통제에 때로 강제력이 필요하다는 것은 분명하다. 주어진 상황에서 어느 수준의 강제력이 사용되어야 하는가? 일반 규정을 수감자의 특정 일탈 행위에 적용하는 것은 쉽지 않다. 또한 민영 교도소가 유능하지 않은 직원을 고용하거나 직원에게 질 낮은 훈련 기회를 제공함으로써 비용을 절감한다면, 교도소 운영 인력은 강제력의 사용에 과도하게 의존하지 않고 갈등을 해결할 수 있는 역량을 갖추지 못할 것이다. 계약을 통해 민간 교도소가 적절한 자질의 직원을 고용하거나 직원 행동을 수용할 수 있는 범위 내로 제어하지 못한다면, 민영화의 근거는 약화된다. 아마도 이것이 민영 교도소가 최소 보안, 청소년 교정, 사회복귀 시설에 주로 한정되고 있는 이유일 것이다(2005년 415개의 민영 교도소 중 364개가 최소 보안 교도소였다(법무통계국, 『주 및 연방 교정시설 총조사』[Bureau of Justice Statistics, *Census of State and Federal Correctional Facilities*], 2005). 최대 보안 기관은 일반적으로 주 또는 연방 집행 당국의 통제하에 있다.

민영 교도소는 제공하는 서비스의 질적 측면에서 심각한 단점을 가지고 있을 수 있지만, 경제적 관점에서는 자원을 효율적으로 사용하여 서비스를 제공한다. 너무나 비용 효율적이라는 이유로 민영 교도소에 반대하는 경제학자를 상상하기는 힘들지만, 일부 학자는 정확하게 이 이유로 민영화에 반대한다. 일부는 민영 교도소가 비용 효율적이면, 너무 많은 교도소가 건설될 수 있다고 주장한다. 그러나 너무 많다는 것이 의미하는 것은 무엇인가? 예를 들어, 현재 마약 거래와 관련된 범죄자들이 많은 교도소 공간을 차지하고 있다. 사회 일각의 사람들은 마약을 비범죄화해야 한다고 생각하거나 마약 사용자가 엄격한 처벌을 받아서는 안된다고 생각한다. 이 관점에서 보면, 민영 교도소의 건설 및 유지 비용이 상대적으로 적으면, 마약 사용자를 투옥하는 것이 정치적으로 유리하게 되고, 따라서 너무 많은 교도소가 건설될 수 있다. 더욱이 자원 비용이 적게 드는 모든 처벌은 정부에 의해 과다 사용될 수 있다(프리드먼[Friedman], 1999 참조). 이는 중요한 질문으로 이어진다. 정부는 범죄자에 대한 제재를 결정할 때 무엇에 관심을 두는가? 이 관심은 사회의 다른 사람들이 갖는 관심과 양립 가능한가?

5. 제재의 가혹성

1994년 싱가포르에 거주하던 18세 미국인 남성 마이클 페이(Michael Pay)는 자동차 파손 혐의로 유죄 판결을 받았다. 그는 자유형 4개월, 미화 약 2,200달러에 해당하는 벌금과 등나무 막대기로 엉덩이를 여섯 차례 매질 당하는 태형을 선고받았다. 자유형과 벌금뿐이었다면 누구도 관심을 두지 않았을 것이나, 태형 때문에 이 사건은 미국 여론의 큰 관심을 받았다. 다른 사람도 아닌 미국 대통령 빌 클린턴(Bill Clinton)은 페이가 태형을 받지 않게 해달라고 요청하였고, 다른 유명한 정치인들도 이 요청에 동참하였다. 신문들은 태형을 반대하는 사설을 게재하였고, (비록 싱가포르의 제재 선택권을 지지하거나 태형이 적절한 처벌이라고 생각한 사람도 있었지만) 많은 미국 시민이 지나치게 가혹한 제재라고 생각하고 경악하였다. 싱가포르 정부는 이런 호소에 반응하여 태형을 여섯 대에서 네 대로 줄였다.

경제적 관점에서 볼 때, 태형과 같은 제재는 상당한 편익을 제공한다. 태형은 형의 부과 비용이 매우 낮은 처벌이다. 또 다른 (정량화하기 어려운) 이점은 태형이 억지 효과를 통해 범죄를 감소시킬 수 있다는 것이다. 이 관점을 가진 사람들은 마이클 페이의 처벌과 관련된 소동에 의문을 제기할 뿐만 아니라, 왜 태형이 특히 미국에서 보편적인 설득력을 갖지 못하는지 의아해할 것이다. 범죄를 억지할 수 있는 저비용 제재는 합리적 범죄 분석의 모든 것이다. 3장에서 논의된 것처럼, 기대처벌에 관한 베커(1968)의 선구적 경제 분석이 낮은 처벌의 확실성과 큰 금전적 제재의 조합을 제안한 이유가 바로 이것이다.

그러나 벌금이나 재산 몰수 등 비용이 적게 드는 처벌에는 문제가 수반될 수 있다는 점을 기억하라. 정부가 제재의 억지 가치에 관심을 둔다고 하더라도 자기 이익을 추구하는 방식으로 행동할 수 있으며, 금전적 이득을 위해 특정 범죄를 과대 억지할 수도 있다. 이는 비효율적 자원 사용으로 이어진다. 하지만 정부가 태형과 같이 신체적으로 가혹한 제재를 매우 낮은 확률로 사용하는 것은 어떨까? 정부가 잔혹한 개인이 아닌 이상, 범죄자를 매질하여 얻을 수 있는 이득은 없다. 특히 태형이 자유형과 비교하여 상대적으로 자원이 적게 든다면, 왜 신체적으로 가혹한 제재가 자주 사용되지 않는가?

신체적으로 가혹한 제재가 사용되지 않는 이유에 관한 가장 간단한 설명은 아마 사회 구성원 대다수가 이런 형태의 처벌을 선호하지 않기 때문이라는 것이다. 이것이 미국에서 잔인하고 비정상적인 처벌을 금지하는 헌법적 보호가 있는 이유이며, 마이클 페이의 태형에 대한 대중의 강한 반대 여론이 일어났던 이유이다. 하지만 특정 형태의 처벌이 지나치게 가혹한지는 누가 결정하는가? 정치인? 대중? 국제기구? 가혹한 제재를 받는 범죄자가 결정하는 것이 맞지 않을까? 범죄자에게 '가혹함'이란 개념은 완전히 다른 의미를 지닐 수 있다.

마이클 페이의 입장에서 생각해 보자. 단 시나리오에 약간의 가상적 변화를 준다. 당신이 교도소에서 원래 형기보다 12개월을 더 복역하면, 여섯 대의 태형을 피할 수 있는 선택권이 주어진다. 당신은 어느 쪽을 선호하는가? 만일 당신이 태형을 선택한다고 하자. 만일 제안이 싱가포르 교도소에서 6개월을 더 복역하는 것으로 바뀌면, 당신은 어떤 선택을 할 것인가? 3개월이라면? 한 달이면? 이것이 시사하는 점은 두 제재의 엄격성을 같게 만드는 형기가 존재한다는 것이다. 그 형기와 비교하면, 태형은 범죄자에게 잔인하고 비정상적인 것으로 보이지 않을 수 있다. 태형을 억지 효과가 똑같은 자유형과 동일시할 수 있다면, 태형은 자유형보다 적은 비용으로 같은 수준의 억지 효과를 제공한다.

물론 태형과 같은 처벌이 충분한 억지 효과를 제공하지 못한다면, 자유형과 같은 큰 비용이 드는 제재가 바람직할 수 있다. 반면, 태형은 보호관찰이나 벌금과 같은 다른 형태의 처벌보다는 큰 억지 효과를 제공할 것이다. 여기서 중요한 점은 많은 사람이 지나치게 가혹하다고 믿는 태형과 같은 형벌을 평가할 때, '가혹함'은 범죄자의 관점에서 그리고 다른 형태의 처벌과 비교하여 판단되어야 한다는 것이다. 요컨대, 사회는 잔인해 보이는 태형을 좋아하지 않을 수 있지만, 태형이 적은 비용으로 달성하는 억지 가치는 태형의 특수한 문제를 상쇄할 수 있다.

그러나 이는 우리를 사회적 목표의 결정이라는 난제로 다시 이끈다. 처벌을 오로지 억지 관점에서 판단할 때 얻을 수 있는 장점이 있다. 그 장점은 정부가 사회 전반의 인식을 고려하지 않고 다양한 방식으로 설정된 기대처벌의 비용과 편익을 비교할 수 있다는 것이다. 이 경우 유일한 관심사는 기대처벌의 최적 수준을 결정하고 체포 확률, 유죄 판결 확률, 제재의 방법과 엄격성에 자원을 효율적으로 배분하는 방법을 찾아내는 것이다. 다만 문제는 정부가 오로지 효율적 억지에만 관심이 있는 것은 아니며, 만일 그렇다 하더라도 사회 전체가 여러 형태의 처벌에 대해 어떻게 느끼는지도 매우 중요하게 고려되어야 한다는 것이다.

많은 사람이 망신 주기 처벌은 너무 약하고, 태형과 같은 물리적 제재는 너무 가혹하며, 벌금은 가난한 범죄자보다 부유한 범죄자에게 불공평하게 유리하다고 느낄 수 있다. 그리고 자유형이 (3장에서 카한이 제안한 것처럼) 다양한 사람들에게 가장 보편적으로 받아들여질 수 있는 제재라 하더라도, 우리는 (과밀화 및 열악한 생활 환경 등) 교도소 제도의 여러 문제에 대한 불만이 적지 않다는 점에도 유의해야 한다. 자원이 적게 드는 망신 주기, 벌금, 태형과 같은 제재와 비교하면, 자유형은 교도소의 건설 및 유지를 위해 상당한 자원 비용을 요구한다. 하지만 자유형은 다른 제재가 제공하지 못하는 중요한 장점을 가지고 있다. 자유형은 범죄자를 무력화시켜 재범을 줄일 수 있다. 그러나 무력화는 색다른 문제를 제기한다. 부유한 피고인과 가난한 피고인에게 동일한 자유형을 선고하는 것은 부유한 피고인에게 더 엄격한 제재를 가하는 것인가?

6. 동일한 자유형의 불평등성

형사사법 제도에 대한 흔한 비판 중 하나는 부유한 피고인과 가난한 피고인이 동등하게 대우받지 못한다는 것이다. 형량이 범죄자의 재산이 아니라 범죄의 성격에 따라 결정된다고 가정하면, 동일한 범죄로 유죄가 선고된 부유한 피고인과 가난한 피고인은 동일한 형량을 선고받을 것이다. 그러나 부유한 피고인은 더 효과적인 변호를 받을 수 있으므로 유죄 판결 확률을 낮출 수 있다. 따라서 부유한 피고인은 같은 범죄를 저지른 가난한 피고인보다 더 낮은 기대처벌에 직면한다. 다시 말해, 부유한 피고인이 정의를 전복시킬 수 있다. 만일 이것이 사실이고 사회적 문제라고 생각되는 경우, 이 문제의 해결 방안이 강구될 수 있다.

첫째는 부유한 피고인이 법적 방어에 지출할 수 있는 금액에 제한을 두어 유죄 판결을 받을 확률을 높이는 것이다. 둘째는 만약 부유층의 지출에 제한을 두지 않는다면 가난한 사람보다 긴 형을 선고하는 것이다. 이는 낮은 처벌의 확실성을 처벌의 엄격성 강화로 보완하는 방법이다. 셋째는 가난한 사람들에게 더 많은 자원을 투입하여 강력한 방어 수단을 제공하고 유죄 판결 확률을 낮추는 것이다. 이 마지막 방법은 가난한 피고인의 방어에 더 많은 자원이 배분될 것을 요구하며, 형사사법의 목표를 추구하기 위해 공공 자원을 가장 잘 사용하는 방법이 무엇인가 하는 다른 문제를 제기한다.

반면 동일한 형량이 가난한 피고인보다 부유한 피고인에게 더 엄격한 제재를 가하는 것으로 인식된다면, 부유한 피고인의 낮은 유죄 판결 확률은 크게 우려할 만한 것이 아니다. 이 경우, 낮은 유죄 판결 확률은 더 엄격한 제재에 의해 (어느 정도) 상쇄된다. 동일한 형량이 가난한 피고인보다 부유한 피고인에게 더 엄격한 제재로 인식되는 이유는 무엇인가? 이 이상해 보이는 논쟁의 핵심은 기회비용(opportunity cost)의 개념과 관련이 있다. 기회비용은 포기한 대안을 고려한다. 예를 들어, 이 책을 읽는 것의 기회비용은 이 책을 읽지 않았을 때 당신이 하였을 일이다. 당신은 잠을 자거나, 식사하거나, 영화를 보거나, 다른 책을 읽었을 것이다. 포기한 가장 좋은 대안이 이 책을 읽는 비용의 일부를 구성한다.

수감자들이 상당한 기회비용을 치르고 있다는 것은 의심할 여지가 없다. 여기서 가장 중요한 것은 합법적 소득의 상실이다. 수감자가 수용되지 않았다면 벌었을 소득이 높을수록 수감의 기회비용이 증가한다. 동일한 자유형이 가난한 피고인보다 부유한 피고인에게 더 엄격하다는 주장은 부유한 피고인의 수감의 기회비용이 더 높다는 주장에 기초하고 있다. 소득 상실만 고려한다면, 이 주장은 타당할 수 있다. 하지만 가족 및 친구와 함께하는 시간의 상실, 여가 활동의 불가능 등과 같은 다른 수감의 기회비용도 많다. 따라서 가난한 피고인도 수감으로 인해 상당한 기회비용에 직면할 수 있다. 그러나 경제 분석은 주로 상실된 소득 기회에 초점을 맞춘다.

어떤 범죄에 대해 특정 수준의 기대처벌을 설정하는 것이 최적이라고 하자. 그리고 부유한 피고인의 형량의 기회비용이 가난한 피고인의 기회비용보다 크다고 하자. 그렇다면 부유한 피고인의 유죄 판결 확률은 낮게 설정되어야 한다. 모든 피고인에게 동일한 형량을 선고하면, 모든 사람이 동일한 (그리고 최적의) 기대처벌에 직면하지 못한다. 예를 들어, 유죄 판결 확률이 같은 경우, 부유한 피고인을 최적 처벌하는 형량이 설정되면 가난한 피고인은 과소 억지된다. 그리고 가난한 피고인을 최적 처벌하는 형량이 설정되면, 부유한 피고인은 과다 억지된다. 그리고 만일 평균적인 피고인을 최적 처벌하는 형량이 설정되면, 부유한 피고인은 과다 억지되고, 가난한 피고인은 과소 억지된다. 따라서 부유한 피고인이 형사사법 제도를 '전복'할 수 있도록 허용하는 것이 실제로는 모든 부의 계층의 기대처벌을 동일하게 만든다(롯[Lott], 1987. 또한 가루파와 그레이블[Garoupa and Gravelle], 2003 참조).

대안적으로 (부유한 피고인이 유죄 판결 확률을 낮추는 것을 제한한다고 가정하고) 부유한 피고인의 형량을 낮춤으로써 그들의 무력화에 적은 자원을 투입하는 것도 합리적일 수 있다. 그러나 이 대안의 정확한 실행은 매우 어려울 수 있다. 기회비용은 본질적으로 매우 주관적이므로, 이를 기준으로 한 형량 결정은 어려운 작업이다. 또한 모든 피고인이 동일한 범죄에 대해 동일한 형량을 선고받는다 하더라도, 각각의 피고인은 자신의 방어에 얼마나 많은 자원을 투입할지 스스로 결정할 수 있다. 유념해야 할 점은 부유한 피고인이 유죄 판결 확률을 낮추려고 할 수 있지만, 검사도 이에 맞서 부유한 피고인의 재판에 투입되는 자원의 양을 늘릴 수 있다는 것이다. 과연 검찰은 부유한 피고인을 상대하기 위해 자원을 얼마나 더 투입할 수 있을까?

양식 있는 검찰의 목표가 범죄를 저지른 혐의로 기소된 다른 유형의 피고인에 대한 유죄 판결 확률을 동일하게 만드는 것일 수 있다. 이는 큰 비용을 들여 방어하는 피고인의 재판에 더 많은 자원이 투입되어야 한다는 것을 의미한다. 하지만 이 접근 방식에는 몇 가지 문제가 있다(굿맨과 포터[Goodman and

Porter], 2002 참조). 첫째, 부유한 피고인은 검찰보다 비용 지출의 유연성이 훨씬 높다. 검찰 예산이 어느 정도까지 증가할 수 있지만, 부유한 피고인은 검찰보다 더 큰 비용을 지출할 수 있으며, 따라서 가난한 피고인보다 유죄 판결 확률이 낮을 수 있다. 둘째, 비록 검찰이 부유한 피고인과 같은 수준의 자원을 투입할 수 있다고 해도 추가로 투입되는 자원을 체포 확률의 증가와 같은 기대처벌을 결정하는 다른 측면에 사용하는 것이 더욱 효율적일 수 있다. 셋째, 만약 많은 자원이 가난한 피고인을 기소하는 것에서 부유한 피고인을 기소하는 것으로 이동하면, 가난한 피고인의 유죄 판결 확률이 너무 낮아진다. 즉, 가난한 피고인이 과소 억지된다. 실제로 이 마지막 요인 때문에 부유한 피고인의 존재 자체가 가난한 피고인에게 도움이 된다고 믿는 일부 학자들도 있다.

여기서 주장하는 것은 부유한 사람이 가난한 사람보다 덜 엄격한 처벌을 받아야 한다는 것이 아니다. 동일한 범죄를 저지른 서로 다른 피고인들의 기대처벌을 동일한 수준으로 유지하는 것이 바람직한 목표라면, 모든 피고인에게 동일한 유죄 판결 확률과 동일한 형량을 부과해서는 이 목표가 달성되지 못한다는 것이다. 자유형이 부유한 피고인에게 더 큰 비용을 부과하는 경우, 부유한 피고인의 유죄 판결 확률을 낮추어야 여러 소득 집단의 기대처벌이 동일하게 유지될 수 있다. 또한 부유한 피고인이 자신의 방어를 위해 추가 자원을 투입하는 것 역시 그들에게 부과되는 제재의 일부분이라는 점도 언급되어야 한다. 3장에서 논의하였듯이, 처벌은 정부가 부과하는 제재보다 훨씬 광범위한 개념이다.

종합하면, 합리적 범죄의 관점에서 처벌을 분석하는 것은 문제에 접근하는 유일한 방법이 아니라 한 가지 방법일 뿐이다. 사회적 후생은 당연히 자원의 효율적 사용을 넘어서는 수많은 요소와 관련되어 있다. 그러나 효율성은 고려해야 할 사회적 후생의 중요한 측면이며, 분명 범죄 감소를 위해 설계된 사회 정책에 관한 논쟁을 더욱 풍부하게 만들 수 있다. 지금까지 논의된 제재들은 모두 논쟁적이었다. 5장에서는 (여지가 있지만) 모든 제재 중 가장 논쟁적인 사형제도를 다룬다.

참고문헌

Becker, G. S.(1968), "Crime and Punishment: An Economic Approach," *Journal of Political Economy*, 76: 169~217.

Drago, F., R. Galbiati, and P. Vertova(2009), "The Deterrent Effects of Prison: Evidence from a Natural Experiment," *Journal of Political Economy*, 117: 257~280.

______(2011), "Prison Conditions and Recidivism," *American Law and Economics Review*, 13: 103~130.

Friedman, D.(1999), "Why Not Hang Them All? The Virtues of Inefficient Punishment," *Journal of Political Economy*, 107: S259~S269.

Garoupa, N. and H. Gravelle(2003), "Efficient Deterrence Does Not Require that the Wealthy Be Able to Buy Justice," *Journal of Institutional and Theoretical Economics*, 159: 545~552.

Goodman, J. C. and P. Porter(2002), "Is the Criminal Justice System Just?" *International Review of Law and Economics*, 22: 25~39.

Hart, O., A. Shleifer, and R. W. Vishny(1996), "The Proper Scope of Government: Theory and an Application to Prisons," *Quarterly Journal of Economics*, 112: 1127~1161.

Helland, E. and A. Tabarrok(2007), "Does Three Strikes Deter? A Nonparametric Estimation," *Journal of Human Resources*, 42: 309~330.

Iyengar, R.(2011), "Who's the Fairest in the Land? Analysis of Judge and Jury Death Penalty Decisions," *Journal of Law and Economics*, 54: 693~722.

Katz, L., S. D. Levitt, and E. Shustorovich(2003), "Prison Conditions, Capital Punishment, and Deterrence," *American Law and Economics Review*, 5: 318~343.

Kessler, D. and S. D. Levitt(1999), "Using Sentence Enhancements to Distinguish between Deterrence and Incapacitation," *Journal of Law and Economics*, 42: 343~363.

Levitt, S. D.(1998a), "Juvenile Crime and Punishment," *Journal of Political Economy*, 106: 1156~1185.

______(1998b), "Why Do Increased Arrest Rates Appear to Reduce Crime: Deterrence,

Incapacitation, or Measurement Error?" *Economic Inquiry*, 36: 353~372.

Lott, J. R., Jr.(1987), "Should the Wealthy Be Able to 'Buy Justice'?" *Journal of Political Economy*, 95: 1307~1316.

Marvell, T. B. and C. E. Moody(2001), "The Lethal Effects of the Three-Strikes Laws," *Journal of Legal Studies*, 30: 89~106.

Owens, E. G.(2009), "More Time, Less Crime? Estimating the Incapacitative Effect of Sentence Enhancements," *Journal of Law and Economics*, 52: 551~579.

Shavell, S.(1987), "A Model of Optimal Incapacitation," *AEA Papers and Proceedings*, 77: 107~110.

Wagner, P. and B. Rabuy(2017), *Following the Money of Mass Incarceration*, Prison Policy Initiative Report, January 25.

The Economics of Crime

제5장

범죄와 처벌의 엄격성 Ⅲ: 사형제도

2016년 말 기준 미국의 사형수는 총 2,814명이다. 캘리포니아주가 742명으로 가장 많고, 플로리다주가 382명, 텍사스주가 244명으로 그 뒤를 이었다. 전체 사형수 중 55.4%는 백인, 42.3%는 흑인, 2.3%는 '기타'(아메리칸 인디언, 아시아계 포함)로 분류된다. 히스패닉은 백인 또는 흑인으로 분류되지만, 별도의 집단으로 간주되면 사형수의 14.3%를 차지한다. 성별로는 사형수의 98.2%가 남성이다. 2016년 총 20명의 사형수에 대한 사형 집행이 이루어졌다(2005년에는 60명). 사형 집행 건수는 조지아주가 가장 많았고(9명), 텍사스주가 두 번째로 많았다(7명). 그 밖에 다른 3개 주(앨라배마, 플로리다, 미주리)만이 사형을 집행하였다. 2016년 현재 사형제도가 없는 주는 16개 주와 컬럼비아 특별구이다(법무통계국, 『사형』[Bureau of Justice Statistics, *Capital Punishment*], 2016).

당신이 경제학이 왜 가끔 '우울한 과학'(dismal science)이라고 불리는지 궁금하다면, 사형제도의 억지 효과에 관한 경제학 연구를 꼼꼼히 읽어 보면 그 이유를 알 수 있다. 사형제도의 범죄 억지 효과를 정리한 다음의 두 연구가 내린 결론을 비교해 보자.

> 최근의 실증 연구에 따르면 사형은 예외 없이 범죄를 억지한다. 미국 50개 모든 주의 수십년 기간의 정보를 결합한 대규모 자료를 활용한 연구에 따르면, 평균적으로 1건의 추가적 사형 집행은 여러 건의 살인을 억지한다(셰퍼드[Shepherd], 2005).

> 미국 자료는 사형이 범죄 억지 또는 반억지 효과가 있는지에 관해 명확하게 말해 주지 않는다. 한 가지 분명한 결론은 사형 집행 정책이 살인율의 연도별 변화에 거의 영향을 미치지 않는다는 것이다. 사형 집행이 살인율을 높이는지 또는 낮추는지는 여전히 매우 불확실하다(도너휴와 울퍼스[Donohue and Wolfers], 2005).

사형제도의 억지 효과를 실증적으로 검증하기 위해 많은 노력을 기울여 온 경제학자들의 연구에서 인용한 이 두 인용문은 (전부가 아니라면) 대부분의 경제학 논쟁에서 발견되는 공통적 문제를 간결하게 요약한다. 즉, 실증 연구는 문제를 확정적으로 해결하지 못한다. 경제학자들이 동일한 기존 연구들을 검토하고 억지 효과의 존재에 관해 "연구들은 예외 없이 보여 준다"와 "매우 불확실하다"고 결론짓는 큰 차이를 달리 어떻게 설명할 수 있는가?

이 같은 상반된 실증적 견해는 종종 경제학을 부정적 시각으로 바라보게 만든다. 주요 사회 정책 문제에 관해 경제학자들 사이에 합의가 존재할 수 있는가? 중요한 점은 실증적 불일치가 경제학자들이 사형제도의 살인 억지 효과를 평가하는 경제적 추론 방식과는 무관하다는 것이다. 합리적 범죄 모형에서 사형제도의 억지 효과에 관한 근본적인 이론적 토대는 널리 수용되고 있다. 즉, 경제학자들은 사형이 살인죄에 대한 기대처벌을 증가시키면 살인이 감소한다고 예측한다. 그러나 이 이론적 예측조차도 두 가지 가능성으로 이어질 수 있다. 사형은 기대처벌을 증가시킬 수도 있고, 감소시킬 수도 있다.

사형이 기대처벌을 증가시킬 수 있는 가장 명백한 이유는 범죄자들이 사형을 다른 어떤 처벌보다 엄격한 제재로 인식할 수 있기 때문이다. 그러나 이것이 항상 타당한 것은 아니다. 만약 어떤 살인자가 가석방 기회가 없는 종신형보다 사형을 선호한다면 어떠한가? 이 범죄자에게 사형은 처벌의 엄격성을 실제로 감소시킨다. 또한 사형이 기대처벌에 미치는 영향은 사형이 처벌의 확실성에 미치는 영향을 통해서도 결정된다.

기대처벌의 핵심 요소인 유죄 판결 확률을 생각해 보자. 사형 사건의 배심원은 잘못된 유죄 판결이 잘못된 사형 집행으로 이어지는 것을 걱정한다. 따라서 배심원단은 유죄 입증에 합리적 의심을 넘어서는(beyond a reasonable doubt) 엄격한 증거 기준을 검찰에게 부과할 것이다. 또한, 사형에 직면한 피고인은 덜 엄격한 제재에 직면한 피고인보다 강력하게 자신을 방어하려 할 것이다. 이 두 가지 요소는 유죄 판결 확률을 낮추고 사형의 기대처벌을 줄일 수 있다. 물론 일부 살인자는 즉각적인 열정 범죄에서와 같이 기대처벌의 변화에 반응하지 않을 수 있다.

이상의 이유와 다른 이유로 인해 경제학자들이 수용하는 탄탄한 경제적 추론조차도 확정적이지 않은 이론적 예측으로 이어지는 경우가 많다. 사형이 살인을 억지하는지의 문제는 실증적으로 해결되어야 한다. 그리고 2장에서 논의한 것처럼, 연구 결과에 대한 합의의 부재를 만들어 내는 것은 실증 분석 방법론의 차이이다. 이는 이어지는 논의에서 분명히 드러날 것이다.

1. 사형은 살인을 억지하는가?

사형제도의 범죄 억지 효과를 실증적으로 입증하려는 연구들은 대부분 소위 생명과 생명의 상충관계(life-life trade-off)를 추정한다. 이 상충관계는 유죄 판결을 받고 실제로 사형이 집행된 살인자 1명당 구해진 생명의 수 또는 억지된 살인의 수를 나타낸다. 대표적 연구 중 하나인 데즈바흐시, 루빈과 셰퍼드(Dezhbakhsh, Rubin, Shepherd, 2003)는 1977년부터 1996년까지의 자료를 사용하여 생명과 생명의 상충관계가 평균 18(오차 범위는 ±10)임을 발견하였다. 따라서 이 연구는 (여기서 언급되지 않은 다른 여러 연구와 함께) 실증적으로 검증되는 사형의 억지 효과가 존재한다는 결론을 내린다.

사형제도의 억지 효과를 뒷받침하는 실증적 증거가 존재하는 것은 사실이지만, 그러한 증거를 발견한 연구들은 심각한 비판적 검토를 받았다. 도너휴와 울퍼스(2005)는 이전 연구들이 사용한 자료를 사용하여 결과의 강건성(robustness)을 검토하였다. 이전 연구의 결과들은 실증 모형의 작은 변화에 영향을 받지 않는가? 이 연구는 이전 연구 결과들이 모형의 변화에 강건하지 않다고 강하게 결론지었으며, 사형제도의 억지 효과에 대한 실증적 입증의 신뢰 수준에 의문을 제기하였다. 기존 연구에 대한 이 비판적 검토는 국가연구위원회(National Research Council) 보고서에 의해 최신화되었다.

> 위원회는 사형제도가 살인에 미치는 영향에 대한 지금까지의 연구는 사형이 살인을 감소시키는지, 증가시키는지, 또는 영향을 미치지 않는지에 관한 정보를 제공하지 못한다고 결론지었다. 따라서 위원회는 사형제도가 살인에 미치는 효과에 관한 판단을 요구하는 심의에 이 연구들을 사용하지 말 것을 권고한다(국가연구위원회 보고서, 2012, 2쪽).

따라서 모든 연구가 예외 없이 사형제도의 살인 억지 효과를 입증한다는 것은(특히 2005년 이후 수행된 연구를 고려하면) 받아들이기 매우 어려운 주장이다.

이들 비판적 검토는 사형의 억지 효과가 없다고 주장하는 것이 아니다. 현재의 실증적 증거로는 억지 효과가 존재하는지를 결정할 수 없다고 주장하는 것이다. 사형제도의 억지 효과에 관한 실증 연구의 널리 알려진 한 가지 심각한 문제는 이용 가능한 자료의 '빈약함'(thinness)이다. 1930년부터 2005년 사이 미국에서 총 4,863건의 사형이 집행되었다(연평균 약 64건). 1968년부터 1976년 사이에는 국가적 유예가 시행되고 있었기 때문에 단 1건의 사형도 집행되지 않았다. 유예가 해제된 후 1977년부터 2005년까지 1,004건의 사형이 집행되었지만(연평균 약 35건), 살인은 50만 건 이상 발생하였다(법무통계국[Bureau of Justice Statistics],

2005). 따라서 살인 사건에서 사형이 선고되는 경우는 많지 않으며, 선고되더라도 철저하게 집행되지 않는다. 레빗(Levitt, 2004)에 따르면, 유죄 판결을 받은 살인범이 사형 집행될 확률은 약 200분의 1이다.

사형제도의 범죄 억지 효과를 실증적으로 입증하기 어렵기 때문에 우리는 억지 효과가 없다는 주장에도 신중해야 한다. 사형제도의 단점은 사형제도 자체에 있는 것이 아니라 사형제도가 현실 세계에서 구현되는 방식 때문일 수 있다. 사형제도가 확실하고 신속하게 시행되면, 억지 효과가 뚜렷하게 입증될 수도 있다. 실제로 이러한 주장을 뒷받침하는 증거가 있다. 셰퍼드(2004)에 따르면, 평균적으로 사형수의 사형 집행까지의 대기 기간이 2.75년 단축될 때마다 1건의 추가 살인이 억지된다. 또 다른 연구인 셰퍼드(2005)에 따르면, 평균적으로 한 주에서 9건 이상의 사형이 집행되면 억지 효과가 발생한다. 사형 집행 횟수가 9회 미만이면 억지 효과가 발견되지 않는다. 이런 결과의 강건성에 대해서는 항상 의문이 제기되지만, 궁극적인 요점은 확실하다. 사형제도의 운영 방식을 바꾸면, 억지 효과가 분명해질 수도 있다.

사형수에 대한 사형 집행이 드물기 때문에, 일부 연구는 자료의 빈약함을 극복하고 사형제도의 억지 효과를 측정할 수 있는 독특한 연구 방법을 찾으려고 한다. 그중 하나인 할마르손(Hjalmarsson, 2009)은 도시 수준(city-level)의 일간(daily) 살인율 자료를 살펴봄으로써 사형제도의 억지 효과를 매우 국지적으로 분석한다. 이렇게 고도로 세분화된 시간적 및 지리적 자료를 사용하면, 사형 집행과 살인율 간의 관계가 잘 드러나지 않는 집계 자료를 사용할 때의 문제점이 극복될 수 있다. 예를 들어, 1건의 사형 집행이 단기적으로 또는 특정 도시에서 살인을 억지하지만, 사형 집행 건수와 살인 발생률이 연간 그리고 주 수준(state-level)으로 집계되면 이 관계가 드러나지 않을 수 있다.

이 연구는 미국 텍사스주의 세 도시인 댈러스, 휴스턴, 샌안토니오의 사형 집행률과 살인율을 조사하였다. 텍사스주의 도시에 초점을 맞춘 이유는 텍사스주의 사형 집행률이 전국의 사형 집행률을 초과하기 때문이다. 텍사스주의 1,000명당 사형 선고 건수는 (연구 당시의) 전국 평균의 거의 2배에 달한다. 또한 매년 텍사스주에서는 전국 평균보다 7배나 많은 사형수가 복역 중에 처형된다. 따라서 텍사스주 자료는 일반적으로 국지적 관점에서 사형제도의 억지 효과를 조사하기에 가장 좋은 자료이다.

연구는 사형이 범죄를 억지하는 효과가 있으려면, 잠재적 살인범이 사형이 집행될 수 있음을 어느 정도 알고 있어야 한다고 주장한다. 그러나 범죄자가 완벽한 지식을 가질 필요는 없으며, 사형이 집행될 수 있다는 인식이 어떤 사건에 의해 영향을 받기만 하면 된다. 예를 들어, 실제로 사형이 집행되었다는 언론 보도는 범죄 억지 측면에서 범죄자의 심리 상태에 즉각적인 영향을 미칠 수 있다. 연구의 주요 가설은 얼마나 강한지는 확정하기 어렵지만 이 효과가 사형 집행 직후 며칠 동안 가장 크고, 언론 보도가 많을수록 크며, 국지적으로 뚜렷하게 나타난다는 것이다.

연구의 표본 기간인 1999년부터 2004년까지 텍사스주에서는 총 172건의 사형이 집행되었다. 관심 대상 세 도시의 주요 일간지는 이들 사형 집행 중 일부를 보도하였다. 『댈러스 모닝 뉴스』(*Dallas Morning News*)는 전체 사형 집행 건수의 65%, 댈러스에서 또는 댈러스 출신으로 사형을 선고받은 범죄자의 사형 집행 건수의 83%를 보도하였다. 『휴스턴 크로니클』(*Huston Chronicle*)은 전체 사형 집행 건수의 35%, 지역 사형 집행 건수의 76%를 다루었다. 그리고 『샌안토니오 익스프레스』(*San Antonio Express*)는 전체 사형 집행 건수의 30%, 그리고 지역 사형 집행 건수의 100%를 보도하였다. 따라서 이 세 신문은 주보다는 지역의 사형 집행을 일관되게 더 많이 보도하였다.

사형 집행 전 3일, 집행 당일, 그리고 집행 후 3일까지 총 7일간의 기간을 설정하여, 연구는 사형 집행이 특정 도시의 일간 살인율에 미치는 억지 효과를 조사하였다. 연구의 주요 결론은 댈러스, 휴스턴, 샌안토니오의 지역 살인율은 텍사스주 전체의 사형 집행이나 지역의 사형 집행에 영향을 받지 않는다는 것이다. 또한 지역 언론의 사형 집행 보도도 살인율에 영향을 미치지 않는 것으로 나타난다. 요컨대, 사형제도의 억지 효과에 관한 주요 연구 가설이 이용 가능한 자료에 의해 지지되지 않는다.

프레이크와 하딩(Frakes and Harding, 2009)은 완전히 다른 접근 방식을 사용하여 사형제도의 범죄 억지 효과에 관한 증거를 발견하였다. 일반적으로 사형제도가 살인율에 미치는 영향을 측정하려는 많은 연구가 사형을 집행하는 주와 그렇지 않은 주를 비교한다. 반면, 이 연구는 사형 사건의 적격 요건이 한 주 안에서 어떻게 변하는지 그리고 이 변화가 살인율에 어떤 영향을 미칠 수 있는지 살펴본다. 연구가 가장 관심을 둔 적격 확대는 아동 살해에 대한 적격 확대이다.

언뜻 보기에 사형제도가 있는 주에서는 아동 살인범이 사형 적격자에 해당될 것 같다. 아동 살해범을 사형에 처할 수 있는 적격 요건이 존재하는 것은 사실이지만, 이 요건이 아동 살해를 특별히 겨냥한 것은 아니다.

> 사형 유예 기간 이후부터 … (모든 주에 걸쳐) 어느 정도 일관되게 다음과 같은 특정한 요건들이 나타났다. 여기에는 (i) 경찰관 또는 공무원 살인, (ii) 이전에 중범죄 유죄 판결을 받은 자에 의해 저질러진 살인, (iii) 파괴적 수단을 사용하여 고의로 1명 이상의 사람에게 큰 사망 위험을 초래한 자에 의한 살인, (iv) 중범죄(일반적으로 강도, 강간, 불법침입, 방화) 살인, (v) 금전적 이득을 목적으로 저지

른 살인, (vi) 체포를 회피하기 위해 저지른 살인이 포함된다. 그 외에도 초기의 사형제도 법률에서는 다양한 요건이 발견된다. 수감 중에 저지른 살인, 법적 절차의 증인 살인, 특히 가혹하거나 잔혹한 행동이 관련된 살인(예, 고문)이 그것이다(프레이크와 하딩, 2009, 460쪽).

최초 법률 이후 몇 년 동안, 여러 주가 다른 요건들을 포함하기 위해 적격 대상을 확대하였다. 가장 공통적인 확대(16개 주에서 발견됨)는 아동 살해범에 대한 사형 적격성의 부여이다. 그리고 연구의 표본 기간인 1977년부터 2004년까지 전체 살인 사건의 5%가 15세 미만의 피해자를 대상으로 저질러졌기 때문에, 적격 확대의 아동 살인 억지 효과를 검증할 수 있는 합리적 규모의 자료 확보가 가능하다.

연구의 주요 결과는 아동 살해범에 대한 사형 적격성 확대가 아동 살인의 20% 감소 또는 (평균적으로) 주당 아동 살인 건수의 약 4건 감소와 관련이 있다는 것이다. 연구는 이 억지 효과가 두 가지 다른 요인에서 비롯된다고 주장한다. 첫째, 아동 살해 적격 확대가 더 많은 사형 선고 그리고 특히 더 많은 사형 집행으로 이어지면, 모든 연구가 측정하려고 하는 전통적인 생명과 생명의 상충관계가 발생한다. 그러나 이 요인이 아동 살인율에 미치는 영향은 미미하다. 이 연구는 두 번째 요인이 훨씬 더 중요하다고 주장한다. 아동 살해 사건에 대한 사형 선고 적격 확대는 유죄 협상(plea bargaining)을 통해 범죄자에게 엄격한 형을 부과할 수 있는 큰 지렛대를 검찰에게 제공한다.

사형이 유죄 협상에서 검찰의 지위를 강화한다는 생각은 이전에 쿠지엠코(Kuziemko, 2006)도 검토하였다. 미국 뉴욕주는 1995년 사형을 부활시켰다. 많은 검사가 부활을 환영하였지만, 다른 검사들은 사형 적격 사건에서의 사형 구형을 공개적으로 거부하였다. 검사들의 행동 차이를 이용하여, 이 연구는 2개의 다른 기소 방침에서 사형이 유죄 협상에 미치는 영향을 조사하였다. 연구가 발견한 한 가지 결과는 기소된 특정 범죄에 대한 검찰의 사형 구형 위협은 더 엄격한 형량은 물론 더 많은 유죄 인정을 끌어낸다는 것이다. 사형으로 인해 엄격해진 형량이 사형에는 미치지 못하지만 잠재적 범죄자가 직면하는 기대처벌을 높임으로써 억지 효과를 증가시킨다.

사형제도의 범죄 억지 효과를 검증하려는 대부분의 실증 연구는 미국 자료를 사용하고 있다. 그러나 다른 나라의 자료를 사용한 몇 가지 흥미로운 연구도 있다. 그러한 연구 중 하나인 오설리반(O'Sullivan, 2018)은 호주 자료를 사용하여 사형제도의 범죄 억지 효과를 검토한다. 호주에서는 사형이 폐지되었지만, 마지막 사형 집행일과 공식적인 폐지 시기는 주마다 다르다. 예를 들어, 퀸즐랜드(Queensland)에서는 1913년에 마지막 사형 집행이 이루어졌고, 1922년에 공식적으로 사형이 폐지되었다. 서호주(West Australia)에서는 1964년에 마지막 사형 집행이 이루어졌고, 공식적으로 1984년에 사형이 폐지되었다. 이 연구는 억지 효과를 실증적으로 확인하기 위해, (인구통계학적 및 형사사법 변수를 통제하고) 이러한 사형 폐지율의 변화가 살인율의 변화와 관계가 있는지 분석한다.

연구는 호주에서 사형제도가 시행되는 방식이 미국과 차이가 있다는 증거를 제시한다. 미국에서는 (1970년대에 사형 유예가 해제된 후), 살인 사건 500건당 약 1건의 사형이 집행되었다. 반면 호주에서는 살인 사건 100건당 1건의 사형이 집행되었다. 또한 미국에서는 사형수의 사형 집행 전 평균 대기 기간이 약 11년이지만, 호주의 사형 집행은 범죄가 발생한 연도 또는 늦어도 다음 해에 일상적으로 이루어졌다. 위에서 논의한 것처럼(셰퍼드, 2004 및 2005 참조), 사형제도의 억지 효과에 대한 증거 부족이 사형 집행의 문제에 기인한다면, 호주 자료는 이 문제를 다소 완화한다. 부분적으로 이런 요인 때문일 수 있지만, 연구는 호주에서 사형제도가 역사적으로 일정 기간 살인 억지 효과를 가지고 있었다는 증거를 발견하였다.

이 연구는 억지 효과의 증거를 발견하였으나, 호주 자료에서 발견된 억지 효과의 크기는 미국 자료에서 발견된 효과보다 '작다'고 보고한다(물론 이 비교는 억지 효과를 발견하지 못한 미국 연구들은 무시한 것이다). 연구는 호주의 억지 효과가 미국보다 작은 이유에 대한 흥미로운 (그리고 약간 소름 끼치는) 관점을 제시한다.

> 호주의 억지 효과가 미국보다 작은 이유는 무엇인가? 미국의 독극물 주사에 의한 고통스럽고 느린 죽음은 호주의 교수형에 의한 즉각적인 죽음보다 큰 억지 효과가 있기 때문에 미국의 억지 효과가 크다. 미국에서는 독극물 주사가 가장 일반적인 사형 집행 방법이며 수감자가 사망하기까지 오랜 시간이 걸릴 수 있다. 반면 호주에서 사용되는 교수형은 즉각적이다. 호주는 죄수가 교수대에서 떨어지면 척수가 갑자기 절단되어 사망하게 되는 낙하 거리가 긴 교수형을 사용한다(오설리반, 2018, 17쪽).

사형 집행 방법이 사형제도의 억지 효과에 영향을 미칠 수 있다는 생각은 범죄와 처벌에 대한 경제적 접근 방식에 잘 부합되며, 선행 연구인 에켈룬드, 잭슨, 레슬러와 톨리슨(Ekelund, Jackson, Ressler, Tollison, 2006)이 약간 다른 맥락에서 다루었다. 이 연구는 사형이 연쇄 살인(multiple murders)을 저지른 범죄자에게 미치는 영향을 조사한다. 연구 결과에 따르면, 첫 번째 살인에는 억지 효과가 존재하지만, 그 이후의 살인에는 억지 효과가 존재하지 않는다. 그 이유는 범죄자가 만약 첫 번째 살인에 대해 사형에 직면하면, 추가 살인을 해도 처벌의 엄격성이 증가하지 않기 때문이다. 따라서 정책적 검토 사항은 각각의 추가 살인에 대한 처벌의 엄격성에 어느 정도 차등을 두어야 연속적 살인이 억지되는가이다.

예를 들어, 첫 번째 살인은 독극물 주사로 처벌하고, 두 번째 살인은 전기의자(훨씬 더 가혹한 처형 방법)로 처벌할 수 있다고 하자. 두 살인 모두에 대해 범죄자가 사형을 선고받지만, 두 번째 살인에 대한 처벌의 증가는 범죄자에게 두 번째 범죄를 저지르기 전 생각거리를 줄 수 있다. 심지어 살인자를 일정 기간 수감하고 그다음 사형시키는 방법, 수감의 엄격성(예를 들면, '힘든'[hard] 수감과 '쉬운'[soft] 수감)에 차이를 두는 방법, 다양한 사형 집행 방법 등의 여러 제재가 함께 부과될 수도 있다. 물론, 정부는 처벌의 엄격성에 차이를 두지 않고도 처벌의 확실성을 조절하여 연쇄 살인을 억지할 수 있다. (1장의) 옛날 서부의 은행 강도들이 고려해야 하였던 것처럼, 단일 살인범보다 연쇄 살인범의 체포 확률과 유죄 판결 확률이 높다면, 두 유형의 살인은 처벌의 엄격성은 같지만 기대처벌은 다르다.

짐링, 페이건과 존슨(Zimring, Fagan, and Johnson, 2010)은 국제 자료를 사용하여 인구통계학적 특성은 유사하나 매우 다른 사형제도를 가진 싱가포르와 홍콩 두 도시의 사형제도와 살인율을 비교하였다. 1990년대 초반 이후 기간 싱가포르는 세계에서 사형 집행률이 가장 높은 나라 중 하나이다. 싱가포르에서 사형이 얼마나 자주 집행되었는지를 보여 주기 위해, 이 연구는 싱가포르의 사형 집행률을 미국에서 가장 높은 사형 집행률을 보인 텍사스주 휴스턴을 포함한 비슷한 크기의 미국 대도시 지역의 사형 집행률과 비교한다. (사형 유예가 해제된) 1976년부터 2004년까지 휴스턴에서는 총 73건의 사형이 집행되었다. 싱가포르에서는 1994년에만 76명이 처형되었고, 1995년 73명, 1996년 50명, 1997년부터 2007년까지 총 201명이 처형되었다(그러나 2000년대 중반 사형 집행률이 급격히 감소하였다). 또한 호주와 마찬가지로 유죄 판결에서 사형 집행까지 걸리는 시간이 비교적 짧다. 싱가포르의 사형 집행은 일반적으로 유죄 판결 후 18개월 이내에 이루어진다. 따라서 싱가포르 자료는 사형 억지 효과의 실증 분석에 활용할 수 있는 가장 좋은 자료이다.

반면 홍콩은 1993년에 공식적으로 사형제도를 폐지하였으며, 1967년 이후 사형이 전혀 집행되지 않았다. 홍콩과 싱가포르의 사형 집행 정책의 큰 차이를 이용하여, 이 연구는 매우 다른 정책을 지닌 두 도시의 살인율 비교를 통해 사형제도가 살인율에 미치는 영향을 분석한다. 연구는 극명한 결론을 제시한다.

> 1973년 이후 35년 동안 이들 두 도시의 살인율 수준과 추세는 놀라울 정도로 유사하다. 싱가포르에서의 사형 집행 급증이나 최근의 급격한 감소는 살인율에 별다른 영향을 미치지 않았다. 싱가포르의 공격적인 사형제도 정책은 미국처럼 사형 집행률이 낮은 환경에서 시계열의 통계적 외삽(statistical extrapolation)을 통해 생성된 미국 실증주의자들의 과장된 주장에 대한 비판적 검증을 제공한다. 싱가포르의 경험은 미국의 주장을 아주 어처구니없는 것으로 만든다(짐링, 페이건과 존슨, 2010, 27쪽).

그렇다면 이 결론적 논평, 특히 마지막 문장은 이 절을 시작한 질문인 사형제도가 살인을 억지하는가에 대한 대답이 "아니오"임을 의미하는가?

억지 효과를 발견한 실증 연구들이 존재하므로 사형이 확실히 살인을 억지하지 않는다고 단정하기는 어렵다. 반면 앞서 논의한 것처럼, 이 연구들은 동료학자들에 의해 매우 철저하게 재검토되었으며, 억지 효과가 발견되지 않는다는 상당한 증거도 존재한다. 일반적으로 억지 효과를 찾지 못한 연구들도 억지 효과를 발견한 연구와 유사한 자료 및 방법론적 한계를 가지고 있다. 그리고 싱가포르 자료가 아무리 강력하다고 해도 이 연구 결과를 억지 효과가 존재하지 않는다는 증명으로 해석할 수는 없다. 이런 실증적 환경에서는 '증명'(proof)이라는 단어가 적용되지 않는다.

그렇다면 경제학자들이 억지 효과의 실증적 검증에 그토록 많은 관심을 기울이는 이유는 무엇인가? 만약 존재한다면, 억지 효과는 사형제도의 중요한 편익이 될 수 있다. 억지 효과는 경제적 관점에서 볼 때 불완전하지만 정량화될 수 있는 효과이기도 하다. 경제학자들은 이런 유형의 편익을 정량화하는 작업에 잘 훈련되어 있고, 매우 익숙하다. 경제학자들은 추구할 가치가 있다고 생각되는 새로운 방법론적 접근을 계속 시도할 것이다.

물론 사형제도의 다른 편익도 있다. 그러나 그런 편익은 일반적으로 경제학적 분석에 적합하지 않다. 예를 들어, 사형제도의 편익으로 자주 언급되는 두 가지 개념은 정의와 복수이다. 어떤 사람들은 정의를 실현하기 위해 생명을 빼앗은 것의 대가로 생명을 빼앗아야 한다고 주장한다. 즉, 범죄에 상응하는 처벌을 해야 한다는 것이다. 복수의 관점에서, 피해자의 가족과 친지들은 보복이 이루어져야 만족할 수 있다. 이 두 가지 주장은 모두 유죄 판결을 받은 살인범에게 사형을 집행하면 일부 개인이 편익을 얻을 수 있다는 점에서 사회적 후생과 관련된다. 그러나 이런 편익은 일반적으로 정량화하기가 불가능하지는 않더라도 매우 어렵다.

위에서 인용한 도너휴와 울퍼스(2005)의 결론이 사형제도의 억지 효과에 관한 증거의 현재 상태를 가장 잘 표현한 것 같다. "사형 집행이 살인율을 높이는지 또는 낮추는지는 여전히 매우 불확실하다." 그러나 범죄 억지 효과가 발견되지 않더라도, 다른 편익을 고려하면 사형제도는 충분히 정당화될 수 있다. 반면 억지 효과가 발견되더라도, 사형제도가 비용-편익 관점에서 정당화되려면 몇 가지 비용이 검토되어야 한다. 이제 사형제도의 사회적 비용에 관해 논의해 보자.

2. 잘못된 유죄 판결과 잘못된 사형 집행

당신이 사형제도 찬반 논쟁의 어느 편에 서 있든, 무고한 피고인의 잘못된 처형이 혐오스러운 것은 부인할 수 없는 사실이다. 사실, 많은 사람이 생각하는 사형제도 폐지의 가장 강력한 근거는 사형제도가 없다면 억울한 사형 집행이 절대 발생하지 않는다는 것이다. 이는 명백한 사실이지만, 사형제도의 비용과 편익 비교라는 포괄적인 경제적 문제를 간과한다. 하지만 당분간 사형제도의 다른 비용과 편익은 무시하고 잘못된 유죄 판결과 잘못된 사형 집행에만 집중해 보자. 잘못된 유죄 판결과 잘못된 사형 집행에 관한 경제학 연구는 많지 않지만, 경제학이 다룰 수 있는 몇 가지 중요한 문제가 있다.

사형은 미국 형사사법 시스템에서 가장 엄격한 제재로 간주된다. 그러나 사형제도의 허용이 억울한 유죄 판결 비율을 감소시킬 수 있다. 배심원단이 합리적 의심의 여지 없이 피고인이 유죄라고 판단하려면, 제시된 증거가 각 배심원에 의해 그 기준을 넘어서는 것으로 인식되어야 한다. 합리적 의심의 기준은 처벌의 엄격성에 따라 달라질 수 있다. 예를 들어, 배심원은 최대 처벌이 종신형인 사건보다 사형인 사건에서 더 높은 수준의 합리적 의심 기준을 충족시키는 증거를 검찰에게 요구할 수 있다. 특정 범죄에 대한 제재가 너무 엄격하다고 인식되면, 배심원은 유죄 평결을 내리기에 앞서 더 많은 증거를 요구한다. 따라서 사형은 유죄 판결 확률을 낮출 수 있으며, 이는 억울한 유죄 판결이 줄어든다는 것을 의미한다. 그러나 유죄 판결이 줄어들면 올바른 유죄 판결도 줄어든다(즉, 잘못된 무죄 방면이 증가한다).

이는 억울한 유죄 판결을 줄이면서도 잘못된 무죄 방면도 줄이는 정책을 어떻게 설계할 것인가라는 흥미로운 질문을 제기한다. 일반적으로 잘못된 유죄 판결을 줄이려면, 올바른 것이건 또는 잘못된 것이건 유죄 판결을 줄여야 한다. 증거 규칙이 피고인에게 유리하게 변경되거나 합리적 의심 기준이 강화되면, 무죄인 피고인과 유죄인 피고인 모두가 보호된다. 잘못된 유죄 판결을 줄이면서도 잘못된 무죄 판결을 증가시키지 않으려면, 단순히 유죄 판결 비율을 줄이는 것이 아니라 유죄 판결의 정확성을 높이는 것이 필요하다. 예를 들어, DNA 증거는 잘못 기소되거나 유죄 판결을 받은 피고인의 무죄 입증에 자주 사용되기도 하지만, 올바르게 기소된 피고인의 유죄 입증에도 사용된다. 실제로 DNA 검사가 완벽하지 않을 수 있고 배심원들이 제대로 이해하지 못할 수도 있지만, 적어도 이론적으로는 판결의 정확성을 향상시킬 수 있는 잠재력이 있다.

잘못된 유죄 판결과 사형 집행은 분명 사형제도의 심각한 비용이다. 이 비용은 얼마나 큰가? 유죄 판결을 받은 피고인이 정말로 무죄인지는 확실하게 알 수 없다. 하지만 잘못된 유죄 판결 건수의 파악에 도움이 될 수 있는 한 가지 증거가 있다. 그것은 사형수의 석방률이다. 그로스, 오브라이언, 후와 케네디의 (비경제학적) 연구(Gross, O'Brien, Hu, and Kennedy, 2014)는 1973년부터 2004년까지의 표본 기간에 얼마나 많은 사형수가 석방되었는지를 조사하여 사형 사건의 잘못된 유죄 판결 비율을 측정하려고 시도하였다. 사형수들은 사형 반대단체들뿐만 아니라 항소제도를 통해 법률제도의 주목을 받고 있다. 이런 관심이 적어도 유죄 판결 이후의 석방을 통해 잘못된 유죄 판결 비율을 줄일 수 있다. 연구 표본에서 사형 선고를 받은 피고인 7,482명의 1.4%(107명의 수감자)가 사형 집행을 기다리는 동안 석방되었다. 그러나 1.4%는 잘못된 유죄 판결에 대한 합리적 추정치가 아닐 수 있다.

이 연구는 또한 사형을 선고받은 상당수의 피고인, 즉 35.8%(2,675명)의 피고인이 결국 감형되었지만, 석방되지는 않았다고 보고한다. 이들이 석방되지 않는 이유 중 하나는 그들이 더 이상 사형수가 아니어서 사형수로 남아 있는 수감자들과 같은 수준으로 사건이 자세하게 검토되지 않았기 때문이다. 따라서 연구는 다음과 같은 반사실적 질문을 던진다. 사형 선고를 받은 모든 피고인이 감형되지 않고 사형수로 남아 있다면, 석방률은 어느 정도일까? 이 질문에 대한 연구의 답은 (보수적으로) 4.1%이다. 즉, 사형 선고를 받은 피고인 25명 중 최소 1명은 억울하게 사형 선고를 받는다.

이 결과는 언론의 상당한 주목을 받았다. 사형 사건에서 잘못된 유죄 판결의 심각성에 관해서는 의심의 여지가 없지만, 몇 가지 추가로 지적할 논점이 있다. 잘못된 유죄 판결은 사형 사건 여부와 관계없이 모든 재판에서 발생할 수 있지만, 잘못된 사형 집행은 사형 사건에서만 발생할 수 있다. 연구는 이 문제에 관해 간략하게 설명한다. "얼마나 많은 무고한 피고인이 죽었는가? 직접 추정할 수 없지만, 우리는 그 수가 상대적으로 적다고 믿는다"(그로스, 오브라이언, 후와 케네디, 2014, 7235쪽). 그럼에도 불구하고 사회적 후생 관점에서 볼 때, 크든 작든 잘못된 사형 집행은 사형제도의 사회적 비용의 중요 부분을 구성한다.

잘못된 유죄 판결이 정말 당면한 문제라면, 사형제도는 문제를 악화시키는 것이 아니라 완화시킨다. 위에서 언급하였듯이, 사형 사건은 종신형과 같은 다른 제재에 비해 유죄 판결 확률이 낮고, 유죄 판결 이후의 석방률이 높다. 만일 사형제도가 없다면 종신형을 선고받은 피고인 사건의 검토에 많은 자원이 투입되어 그들의 석방률이 높아질 것이다. 그러나 현재로서는 살인 사건에 대한 제재로서의 사형제도가 잘못된 유죄 판결의 비용을 늘리는지 또는 줄이는지 확실하지 않다.

3. 사형제도의 행정 비용

사형 사건은 비사형 사건보다 소송 절차가 훨씬 더 복잡하다. 여러 연구가 사형 사건의 재판 비용을 분석하였다. 로만, 찰핀과 나이트(Roman, Chalfin, and Knight, 2009)는 기존 연구의 결과를 간결하게 요약한다.

> 14개의 연구가 사형제도의 비용을 추정하였다. 이 중 하나는 연방 사형제도에 관한 연구이며, 13개는 주 또는 카운티 수준의 연구이다. 각 연구는 사형제도가 존재하면 추가 비용이 발생한다는 결론을 내렸다. 그러나 비용 추정치에는 상당한 편차가 있다. 사형 선고 사건의 비용과 사형이 구형되지 않은 사형 적격 사건의 비용을 비교한 5개의 연구에서, 사건당 평균 (추가) 비용은 65만 달러이다. 그러나 추정치들은 약 10만 달러에서 170만 달러 이상까지 다양하다(로만, 찰핀과 나이트, 2009, 533쪽).

1978년부터 1999년까지의 표본 기간 메릴랜드주의 457건의 사형 적격 사건을 사용한 저자들의 자체 추정치는 100만 달러이다.

쿡(Cook, 2009)은 2005년과 2006년 2년 동안의 미국 노스캐롤라이나주 사형 사건의 행정 비용을 조사하였다. 이 기간 노스캐롤라이나주에서 1,034명의 피고인이 살인 혐의로 기소되었으며, 그중 29명에게 사형이 구형되었고, 그중 11명이 사형을 선고받았다. 또한 274건의 사건에서 소송 절차 초기에 지방 검사가 사형을 구형한다고 발표하였다. 이들 특정 사건이 최종적으로 사형 사건으로 재판되지 않는다 하더라도 사형을 구형하려는 의도는 사건의 재판에 드는 행정 비용에 영향을 미친다.

이 연구의 목표는 주가 사형 사건을 진행할 때 부담하는 비용을 사형제도가 없다면 부담할 비용과 비교하는 것이다. 사형제도의 폐지로 절감되는 비용을 간략하게 구분하면, 재판 단계에서의 사형 사건에 대한 추가 변호 비용(1,318만 385달러), 배심원에 대한 추가 지급(22만 4,640달러), 사형 판결 후의 비용(747만 3,556달러), 재심리(59만 4,216달러) 및 교도소 시스템(16만 9,617달러) 등이다. 이 수치는 2년 동안 총 2,164만 2,414달러로, 연평균 절감액은 거의 1,100만 달러에 달한다. 사형제도를 폐지하면 금전적 절감 외에도 (매년 9명의 보조 검사와 345일의 재판 시간 등) 엄청난 양의 자원이 확보될 수 있다. 이 자원은 다른 형사 사법 활동에 투입될 수 있다. 연구는 비용 절감 효과가 사소하지 않다고 결론짓는다.

쿡은 이 결과가 결코 사형제도에 대한 포괄적인 사회적 후생 분석이 아니라는 점을 주의 깊게 지적한다. 상당한 행정 비용 절감이 사형제도 폐지의 편익인 것은 사실이지만, 생각해야 할 다른 요소들이 있다. 사형제도 폐지는 처벌의 엄격성을 낮춤으로써 살인에 대한 억지 효과를 (효과가 존재한다면) 감소시킬 수 있다. 반면 폐지로 확보된 자원이 사형이 적용되지 않는 살인에 대한 유죄 판결 확률을 높이는 데 사용되면, 처벌의 확실성이 높아져 억지 효과가 증가할 수 있다. 또한 사형제도의 폐지는 피고인을 재판 비용이 절감되는 유죄 협상으로 유도할 수 있는 검사의 중요한 전략적 도구를 제거한다. 그리고 앞에서 논의한 것처럼, 사회적 후생 분석에 포함되어야 할 사형제도의 다른 비용과 편익도 있다. 이 연구와 기타 연구들의 겸손한 목표는 사형제도의 중요한 구성 요소인 행정 비용(administrative costs)에 관한 보다 명확한 그림을 제시하는 것이다.

4. 사형제도와 인종

사형에 반대하는 논거 중 하나는 사형이 소수 인종 피고인에게 차별적으로 적용된다는 것이다. 실제로 1970년대 초 사형에 대한 일시 유예를 명령한 대법원의 논거는 부분적으로는 사형이 인종에 따라 자의적으로 적용된다는 믿음이었다. 많은 경제학 연구가 여러 접근 방식을 이용하여 사형이 인종 편향적으로 적용되고 있는지 확인하려고 시도하였다. 논란이 되는 사회 문제에 대한 실증 분석이 항상 그렇듯이 상반된 결과가 발견된다. 즉, 사형이 인종 편향적으로 적용된다는 가설을 뒷받침하는 많은 증거가 발견되었지만, 일부 연구는 형사사법 제도에서 소수 인종 피고인이 우대받는다고 주장한다.

예를 들어, 아기스와 모칸(Argys and Mocan, 2004)은 이미 사형 선고를 받고 사형 집행을 기다리고 있는 수감자의 운명을 조사하였다. 이 연구는 수감자들의 이어지는 연도 사이의 이행(transition)에 영향을 미치는 요인에 주목하였다. 사형수들이 경험하는 이행에는 다음과 같은 몇 가지가 있다. 사형이 집행될 수 있다. 다른 원인으로 사망할 수 있다. 형이 감형될 수 있다. 유죄 판결이나 형의 선고가 뒤집힐 수 있다. 단순히 사형수로 남아 사형 집행을 기다릴 수도 있다. 1977년에서 1997년 사이의 전체 사형수가 포함된 자료에 따르면, 인종과 관련된 한 가지 중요한 결과가 드러난다. 사형 집행으로 이행되는 비율은 흑인이 백인보다 낮다.

연구 결과는 사형수의 이행이라는 측면에서 흑인이 우대받는다고 해석될 수 있다. 그러나 아기스와 모칸은 연구 결과를 여전히 인종 편견에 기인한 것으로 해석할 수 있는 논리를 제시한다.

> 이(결과)는 흑인 및 기타 소수 인종에 대한 순수한 우대를 나타낼 수 있다. 또는 이전 절차에서 발생한 차별을 역전시키려는 징후일 수도 있다. 만약 소수 인종 사형수가 소송의 앞 단계에서 차별받는다면, 증거가 충분하지 않은 사건이 많을 것이다. 이 경우 사형 집행 확률은 백인 사형수보다 낮을 것이며, 소수 인종 사형수에 대한 우호적인 조치는 체포, 재판, 유죄 판결 또는 형량에서 발생한 부조리를 바로잡기 위한 것일 수 있다(아기스와 모칸, 2004, 280쪽).

연구는 또한 성별 편향의 측면에서 여성이 남성보다 감형률과 형량/유죄 판결 번복률이 높다는 사실도 발견하였다. 요컨대, 사형수의 이행은 인종 및 성별 요인에 의해 영향을 받는 것으로 드러난다.

사형 적용에서 인종 편견의 다른 경로는 피고인의 인종이 아닌, 피해자의 인종에 기초한 것이다. 블룸, 아이젠버그와 웰스(Blume, Eisenberg, and Wells, 2004)는 사형 사건에서 피고인과 피해자의 관계를 조사한다. 1977년부터 1999년까지 대기 사형수가 10명 이상인 31개 주를 조사한 결과에 따르면, 이 중 단 3개 주(캘리포니아, 네바다, 유타)에서만 사형수 중 흑인 비율이 범죄자 중 흑인 비율을 초과한다. 다른 모든 주에서는 그 반대이다. 예를 들어, 앨라배마주에서는 전체 사형수의 52.7%가 흑인이지만, 범죄자의 69.1%가 흑인이다. 집계 자료를 보면 흑인은 전체 살인 사건의 51.5%를 차지하지만, 사형수 중 흑인은 41.3%에 불과하다. 따라서 흑인은 사형수에서 과소 대표되고 있는 것으로 보인다. 흑인은 사형 사건에서 백인에 비해 유리한 대우를 받고 있는가?

이 연구는 사형수에서 흑인의 과대 또는 과소 대표를 초래하는 두 가지 원인을 확인한다. 첫 번째 원인은 흑인의 과대 대표를 초래한다. 흑인은 백인 피해자 사건에서 사형수로 과대 대표된다. 두 번째 원인은 흑인의 과소 대표를 초래한다. 흑인은 흑인 피해자 사건에서 사형수로 과소 대표된다. 예를 들어, 1977년부터 2000년 사이에 조지아주(이 연구를 잘 대표하는 주)의 경우 흑인 범죄자와 흑인 피해자가 연루된 살인 사건은 7,091건이었으며, 이 중 0.45%가 사형을 선고받았다. 백인 범죄자와 백인 피해자가 관련된 살인 사건은 2,734건이었으며, 이 중 4.17%가 사형을 선고받았다. 흑인 범죄자와 백인 피해자가 관련된 살인 사건은 726건이었으며, 이 중 9.92%의 범죄자가 사형을 선고받았다. 마지막으로, 백인 범죄자와 흑인 피해자가 관련된 살인 사건은 1,878건이었으며, 이 중 범죄자의 2.14%가 사형을 선고받았다.

네 가지 범죄자-피해자 조합을 사형 선고를 받은 범죄자의 비율을 기준으로 순위 매기면, 흑인이 백인을 살해한 경우가 가장 높고, 다음이 백인이 백인을 살해한 경우, 다음이 백인이 흑인을 살해한 경우, 마지막이 흑인이 흑인을 살해한 경우이다. 이는 피해자의 인종이 사형 선고 확률에 영향을 미치는 중요한 요인임을 의미한다. 흑인 범죄자는 사형수에서 과소 대표되는데, 이는 같은 인종 간 범죄에서 흑인 범죄자가 사형을 선고받는 비율은 0.45%에 불과하기 때문이다. 반면, 흑인 범죄자는 사형수에서 과대 대표되는데, 이는 다른 인종 간 범죄에서 흑인 범죄자가 사형을 선고받는 비율이 9.92%나 되기 때문이다. 하지만 두 가지 효과를 결합하면, 흑인 내 살인(7,091건)이 인종 간 살인(726건)보다 훨씬 많기 때문에 전자가 후자를 압도한다. 이 연구는 인종 내 살인 사건이 인종 간 살인 사건보다 훨씬 더 많으며, 흑인을 살해한 흑인에게 사형이 잘 선고되지 않기 때문에 흑인이 과소 대표된다고 결론짓는다.

비슷한 맥락에서, 알레시나와 라 페라라(Alesina and La Ferrara, 2014)는 피고인-피해자 인종 조합을 사용하여 사형제도 적용에 사법부의 인종 편견이 존재하는지 확인한다. 연구의 발상은 1심 법원이 편견이 없다면 유죄 판결을 받은 피고인에게 이루어진 실수가 피고인-피해자 조합에서 일관적으로 나타나야 한다는 것이다.

> 예를 들어, 법원이 비백인 피해자를 살해한 소수 인종 피고인보다 백인 피해자를 살해한 소수 인종 피고인에게 더 많은 오류를 범한다면, 법원은 비백인 피해자를 살해한 백인 피고인보다 백인 피해자를 살해한 백인 피고인에게 더 많은 오류를 범해야 한다. 다시 말해, 피해자의 인종에 따른 오류의 순위는 피고인의 인종과 관계없이 같아야 한다. 이 조건이 충족되지 못한다는 것은 우리 모형에서는 인종 편견이 존재한다는 것을 의미한다(알레시나와 라 페라라, 2014, 3398쪽).

1심 법원이 오류를 범하였는지 확인하기 위해 이 연구는 항소 과정을 조사하여, 상급 항소법원(주 또는 연방 수준)이 1심 법원의 판결을 파기하는지 관찰한다. 판결이 파기된다는 것은 하급심에서 오류가 발생하였음을 의미한다.

하급 법원의 편견 검증은 항소법원 자체는 편견이 없다(따라서 상급 항소법원은 하급 법원의 편견 없는 결정을 파기하지 않는다)는 가정하에서 정확하게 이루어질 수 있지만, 연구는 항소법원의 편견이 결과에 어떤 영향을 미치는지도 설명할 수 있다. 이 정교한 연구는 또한 예를 들면, 경찰이나 검찰과 같은 형사사법 제도의 다른 행위자로부터 기인할 수 있는 편견 등 몇 가지 다른 복합 요인도 설명할 수 있다. 연구의 주요 결과는 1심 법원이 소수 인종 피해자를 살해한 소수 인종 피고인보다 백인 피해자를 살해한 소수 인종 피고인에게 항소법원에서 파기되는 사형 선고를 더 많이 내리는 경향이 있다는 것이다(한편 백인 피고인에서는 이런 패턴이 발견되지 않는다 - 역자). 따라서 연구는 1심 수준에서 소수 인종 피고인에 대한 인종 편견이 있음을 발견하였다. 또한 이 결과가 모두 남부의 주(인구 총조사에서 16개 주와 워싱턴 DC를 포함하는 것으로 정의됨)의 결과 때문이라는 것도 발견하였다.

배심원에 의한 재판의 경우, 인종 편견의 원인이 판사 및(또는) 배심원일 수 있다. 아이엥거(Iyengar, 2008)는 판사의 인종 편견과 배심원의 인종 편견을 구분하려고 시도한다. 미국 대법원은 2002년 '링 대 애리조나'(*Ring v. Arizona*) 판결에서 판사가 아닌 배심원이 사형 사건의 형량을 결정한다고 판시하였다. 이 판결 이전에는 일부 주에서 단독 판사 또는 판사 합의부가 형의 선고 책임을 맡았다. 예를 들어, 링 사건에서 배심원이 피고에게 중범죄 살인(운전자가 총기에 의한 자동차 강도 과정에서 살해되었다)의 유죄 평결을 내렸으나, 배심원이 계획된 살인(모살) 혐의에 관해 의견이 엇갈렸기 때문에 사형을 적용할 수 없었다. 그러나 애리조나주 법에 따르면 사실심 판사는 사형 여부를 결정할 때 가중 및 감경 상황을 고려하기 위한 별도의 심리 기회를 가지고 있었다. 판사는 두 가지 가중 요인(금전적 이득을 위해 범죄를 저질렀고 비난받을 방식으로 범죄를 저지름)과 하나의 감경 요인(피고인 범죄 경력이 거의 없었음)을 발견하고 링에게 사형을 선고하였다.

1977년부터 2007년까지 8,000건이 넘는 살인 사건에 대한 대규모 자료를 사용하여 이 연구는 링 사건 이전과 이후의 선고 양상을 비교한다. 주요 결과는 배심원이 판사보다 사형을 선고할 가능성이 더 높을 뿐만 아니라, 배심원단은 피고인과 피해자의 인종과 나이 등 인구통계학적 요인에 더 많은 영향을 받는다는 것이다. 특히 주목할 만한 점은 (이전 연구와 마찬가지로) 배심원단이 백인을 살해한 혐의로 기소된 소수 인종 피고인에게 사형을 선고할 확률이 더 높다는 것이다. 반면 판사는 무기 선택과 살인 상황과 같은 요인에 더 큰 영향을 받는 경향이 있다. 연구는 다음과 같은 결론을 내린다.

> '링 대 애리조나' 판결은 부분적으로 사실에 대한 모든 해석은 1명의 판사 또는 판사 합의부의 결정을 통해서가 아니라 배심원의 결정으로 이루어져야 한다는 적법 절차(due process) 개념에 기초하고 있다. 그 바탕에는 배심원단의 결정이 판사와 같은 정부 공무원의 인식이 아닌 범죄자의 동료 시민의 인식에 기반한다는 점에서 더 공정하다는 개념이 있다. 그러나 이 연구 결과에 따르면, 비록 배심

원들에게 적법 절차의 결과로 공정성의 감각이 요구되지만, 그들은 판사보다 더 편견적이고 편향된 방식으로 결정을 내리는 것 같다(아이엥거, 2008, 716쪽).

이 결과는 흥미로운 후속 질문을 던진다. 개별 배심원이 편향되어 있는가, 아니면 배심원 전체가 편향되어 있는가? 아이젠버그, 가비와 웰스(Eisenberg, Garvey, and Wells, 2001)는 개별 배심원들의 편견이 유죄 판결을 받은 범죄자에게 사형을 선고하는 전체 배심원의 결정에 어떻게 영향을 미치는지 확인하려고 시도한다. 개별 배심원의 사형 찬성에 영향을 미치는 요인은 다양할 수 있다. 이 연구의 주요 관심사는 배심원의 세 가지 개인적 특성, 즉 인종, 종교, 사형에 대한 태도와 이 특성들이 배심원 투표 행위에 미치는 영향을 분석하는 것이다. 하지만 이를 위해서는 적어도 두 가지 어려운 문제를 해결해야 한다. 첫째, 연구는 사실관계를 강조하는 상당한 양의 연구를 인용한다. 즉, 배심원들에게 개인적 편견이 있건 없건, 사형에 대한 찬성 여부를 결정할 때 가장 중요한 것은 사건의 사실관계(facts of the case)이며, 따라서 사실관계는 투표 행동을 배심원의 개인적 특성으로 돌리려고 할 때 반드시 통제되어야 하는 복합 요인이다. 둘째, 사형을 적용하려면 배심원의 평결이 만장일치(unanimous)이어야 한다. 따라서 모든 배심원이 같은 방향으로 투표하게 되면, 배심원의 투표 행동을 개인적 특성의 차이에 기초하여 구분하기 어려울 수 있다.

연구는 이 두 문제를 깔끔하게 해결한다. 1986년부터 1997년 사이 미국 사우스캐롤라이나주에서 발생한 53건의 사형 사건에 대한 배심원 설문조사 자료를 사용하여, 아이젠버그, 가비와 웰스는 배심원들이 자신이 관여한 사건의 사실관계를 어떻게 인식하였는지에 관한 정보를 활용한다. 각 배심원은 특히 세 가지의 사건 관련 사실을 평가하도록 요구받았다. 범죄가 얼마나 심각한가(즉, 살인과 관련된 잔인함의 정도)? 피고가 얼마나 반성하였는가? 피고의 향후 예상되는 위험성(주로 앞의 두 가지의 함수이다)은 얼마인가? 이제 이 정보를 이용하여 사건의 사실관계를 통제한 후 그들은 배심원의 개인적 특성이 투표 행동에 미치는 영향을 결정할 방법을 찾는다.

사형을 선고하기 위해서는 만장일치의 투표 결과가 필요하지만, 배심원단은 최종 만장일치에 도달하기까지 몇 번의 투표를 할 수 있다. 연구는 이 중 첫 번째 투표에 초점을 맞춘다. 왜냐하면 개인적 편견이 작용한다면 그 편견은 존재할지도 모르는 이견을 극복하기 위한 추가 심의가 이루어지기 이전인 첫 번째 투표에서 드러날 가능성이 가장 높기 때문이다. 첫 번째 투표 행위와 관련하여 연구는 백인 배심원, 남침례교 배심원, 그리고 (당연하게도) 사형제도에 찬성하는 배심원들이 이런 특성이 없는 배심원들보다 사형에 투표할 확률이 더 높다는 것을 발견하였다. 그러나 이 차이가 최종 만장일치 투표에서 사라진다면, 배심원의 편견은 도대체 사형 결정에 어떤 영향을 미치는가? 이 퍼즐을 완성하려면 마지막 한 조각이 더 필요하다.

연구 자료에 따르면, 최초 투표가 만장일치가 아니지만 (배심원단이 교착 상태에 빠진 것과 반대로) 최종 투표가 만장일치인 경우, 최종 투표는 거의 최초 투표와 일치한다. 즉, 최초 투표의 다수 결과가 최종 투표의 만장일치 결과를 강력하게 예측한다. 그리고 사우스캐롤라이나주(그리고 일반적으로 미국 대부분 관할권) 사건에서 흑인이 배심원의 다수를 차지하는 경우는 거의 없다. 따라서 이 연구는 백인이 흑인보다 사형에 찬성할 확률이 높고, 다수결 원칙으로 최종 투표 결과가 결정된다면, 다수결 원칙은 백인이 결정한다는 원칙과 동일하다는 결론을 내린다. 이런 인종 편견의 원인은 어떻게 완화될 수 있는가? 이 연구는 간명한 해결책을 제시하지 못하고 결론에 다음과 같은 포괄적 문구를 추가한다. "우리는 삶과 죽음을 선고하는 배심원이 공정한 사람임을 강제하고 보장하기 위해 법이 더 큰 노력을 기울여야 한다고 믿는다"(아이젠버그, 가비와 웰스, 2001, 310쪽).

마지막으로, 판사와 배심원의 편견 이외에도, 정치적 동기에 의한 사형 집행에서의 인종 편견이 있을 수 있다. 쿠빅과 모란(Kubik and Moran, 2003)은 주지사 선거가 사형 집행률에 미치는 영향을 조사한다. 이 연구가 제기하는 질문은 이것이다. 선거 기간의 '범죄에 대한 강경한' 공약이 더 많은 사형 집행으로 이어지는가? 재선을 위해 출마하는 현직 주지사는 단순히 미래 정책에 영향을 미치겠다는 공약을 넘어 현재 정책에 영향을 미칠 능력이 있다. 연구에 따르면, 주의 사형 집행 확률은 주지사 선거가 있는 연도가 선거가 없는 연도보다 25% 더 높다. 또한 이 효과는 백인 피고인의 사형 집행 확률보다는 흑인 피고인의 사형 집행 확률에서, 그리고 다른 주보다는 남부 주에서 더 두드러지게 나타난다.

사형제도의 비용을 식별하고 정량화하는 것은 복잡하고 모호한 작업이다. 여기에 사형이 살인을 억지하는지에 대한 '심오한 불확실성'을 추가하면, 사형의 가장 쉽게 정량화될 수 있는 편익조차도 결국은 정량화될 수 없다. 경제학자들은 일반적으로 사형제도의 주요 편익으로 범죄 억지 효과에 초점을 맞추지만, 사형 논쟁은 억지 효과의 존재 또는 부존재만으로 쉽게 해결되지 않는다. 의심의 여지 없이, 형사사법 제도에서 사형제도의 역할은 논쟁적 주제이며 앞으로도 그럴 것이다. 어찌 되었든, 만일 사형제도의 사회적 비용이 사회적 편익보다 크다고 판단된다면, 사형제도 문제에 대한 정책적 해결 방안은 단순할 수 있다. 사형제도를 금지하는 것이다. 그리고 이 정책은 많은 국가와 많은 미국의 주에서 추구하고 있는 정책이다. 비슷한 논쟁이 벌어지고 있는 6장의 주제인 형사사법 제도 각 단계에서의 인종 편견에 관해서는 이처럼 단순한 정책적 해결 방안이 존재하지 않는다. 인종 편견에 대한 경제적 접근 방식은 단순하지만 (보통 사람들에게는) 놀라운 질문으로 시작한다. 인종 편견은 정말로 존재하는가?

참고문헌

Alesina, A. and E. La Ferrara(2014), "A Test of Racial Bias in Capital Sentencing," *American Economic Review*, 104: 3397~3433.

Argys, L. M. and H. N. Mocan(2004), "Who Shall Live and Who Shall Die? An Analysis of Prisoners on Death Row in the United States," *Journal of Legal Studies*, 33: 255~282.

Blume, J., T. Eisenberg, and M. T. Wells(2004), "Explaining Death Row's Population and Racial Composition," *Journal of Empirical Legal Studies*, 1: 165~207.

Cook, P. J.(2009), "Potential Savings from Abolition of the Death Penalty in North Carolina," *American Law and Economics Review*, 11: 498~529.

Dezhbakhsh, H., P. H. Rubin, and J. M. Shepherd(2003), "Does Capital Punishment Have a Deterrent Effect? New Evidence from Postmoratorium Panel Data," *American Law and Economics Review*, 5: 344~376.

Donohue, J. J. and J. Wolfers(2005), "Uses and Abuses of Empirical Evidence in the Death Penalty Debate," *Stanford Law Review*, 58: 791~846.

Eisenberg, T., S. P. Garvey, and M. T. Wells(2001), "Forecasting Life and Death: Juror Race, Religion, and Attitude toward the Death Penalty," *Journal of Legal Studies*, 30: 277~311.

Ekelund, R. B., J. D. Jackson, R. W. Ressler, and R. D. Tollison(2006), "Marginal Deterrence and Multiple Murders," *Southern Economic Journal*, 72: 521~541.

Frakes, M. and M. Harding(2009), "The Deterrent Effect of Death Penalty Eligibility: Evidence from the Adoption of Child Murder Eligibility Factors," *American Law and Economies Review*, 11: 451~497.

Gross, S. R., B. O'Brien, C. Hu, and E. H. Kennedy(2014), "Rate of False Conviction of Criminal Defendants Who Are Sentenced to Death," *Proceedings of the National Academy of Sciences of the United States of America*, 111: 7230~7235.

Hjalmarsson, R.(2009), "Does Capital Punishment Have a 'Local' Deterrent Effect on

Homicides?" *American Law and Economics Review*, 11: 310~334.

Iyengar, R.(2008), "I'd Rather Be Hanged for a Sheep than a Lamb: The Unintended Consequences of the Three-Strikes Law," NBER Working Paper 13784.

Kubik, J. D. and J. R. Moran(2003), "Lethal Elections: Gubernatorial Politics and the Timing of Executions," *Journal of Law and Economics*, 46: 1~25.

Kuziemko, I.(2006), "Does the Threat of the Death Penalty Affect Plea Bargaining in Murder Cases? Evidence from New York's 1995 Reinstatement of Capital Punishment," *American Law and Economics Review*, 8: 116~142.

Levitt, S. D.(2004), "Understanding Why Crime Fell in the 1990s: Four Factors that Explain the Decline and Six that Do Not," *Journal of Economic Perspectives*, 18: 163~190.

National Research Council(2012), *Deterrence and the Death Penalty*, edited by D. S. Nagin and J. V. Pepper, Washington, D.C.

O'Sullivan, V.(2018), "Hanging Down Under: Capital Punishment and Deterrence in Australia," Economics Working Paper Series, Lancaster University Management School.

Roman, J. K., A. J. Chalfin, and C. R. Knight(2009), "Reassessing the Cost of the Death Penalty Using Quasi-Experimental Methods: Evidence from Maryland," *American Law and Economics Review*, 11: 530~574.

Shepherd, J. M.(2004), "Murders of Passion, Execution Delays, and the Deterrence of Capital Punishment," *Journal of Legal Studies*, 33: 283~321.

______(2005), "Deterrence versus Brutalization: Capital Punishment's Differing Impacts among States," *Michigan Law Review*, 104: 203~255.

Zimring, F. E., J. Fagan, and D. T. Johnson(2010), "Executions, Deterrence, and Homicide: A Tale of Two Cities," *Journal of Empirical Legal Studies*, 7: 1~29.

The Economics of Crime

제6장

인종 편견과 형사사법 제도

형사사법 제도에서의 인종 편견의 증거로 가장 먼저 제시되는 사실이 있다. 흑인은 미국 전체 인구의 12%에 불과하지만, 미국 교도소 인구의 약 40%를 차지한다. 놀랍지만 이 사실만으로는 흑인에 대한 인종 편견이 형사사법 제도에 존재하는지 알 수 없다. 이 진술을 받아들이기 어렵다면, 다른 놀라운 사실을 생각해 보자. 남성은 미국 전체 인구의 50%에 불과하지만, 남성이 미국 교도소 인구의 약 90%를 차지한다. 남성은 형사사법 제도에서 차별받고 있는가? 아니면 남성이 여성보다 범죄를 저지를 가능성이 훨씬 더 높기 때문인가? 그렇다면 첫 번째 사실은 단순히 흑인이 백인보다 범죄를 저지를 가능성이 훨씬 더 높기 때문인가? 좀 더 형식적으로 말하자면, 성별과 인종이 범죄 행동의 예측 요인인가? 만약 그렇다면, 우리는 형사사법 제도가 남성을 여성과 다르게 취급하고, 흑인을 백인과 다르게 취급할 것이라고 예상해야 한다. 하지만 이것 자체가 형사사법 제도에 편견이 존재할 가능성을 배제하지는 못한다.

형사사법 제도는 여러 단계를 가지고 있으며, 각 단계마다 편견의 가능성이 존재한다. 경찰관은 체포 단계에서 편견적일 수 있다. 검사는 범죄 기소 및 재판 단계에서 편견적일 수 있다. 판사는 보석 및 재판 단계에서 편견적일 수 있다. 배심원은 재판 단계에서 편견적일 수 있다. 가석방위원회 위원들은 가석방 결정 단계에서 편견적일 수 있다. 이 모든 편견은 같은 방향으로 또는 다른 방향으로 작용할 수 있다. 예를 들어, 검사가 체포 단계에서의 인종 편견을 뒤집기 위해 행동할 수 있다. 또는 검사가 흑인 피의자에 대한 또 다른 인종 편견을 더하여 문제를 악화시킬 수도 있다.

제도에서 서로 다른 집단이 서로 다르게 대우받는다는 사실은 편견의 존재에 관해 거의 아무것도 알려 주지 않는다. 한 집단이 다른 집단보다 평균적으로 범죄를 저지를 가능성이 높거나, 범죄 경력이 많거나, 심각한 범죄를 저지르는 경우, 효율적인 형사사법 제도는 필연적으로 이 집단을 다르게 취급할 것이다. 요컨대, 형사사법 제도의 편견을 식별하는 것은 쉽지 않다. 제도의 모든 단계에서 피고인이 취급받는 방식의 차이를 설명하는 무수한 복합 요인이 있다. 따라서 편견을 제대로 식별하려면 실증연구의 적합한 설계에 세심한 주의를 기울여야 한다. 경제학자들은 형사사법 제도의 각 단계에 존재할지 모르는 편견을 분석하는 연구에 많은 시간을 투입하였다. 다른 분야와 마찬가지로, 분석 결과는 엇갈린다. 하지만 연구 결과에 관계없이, 이 장에서 검토되는 연구들은 중요한 특징을 가지고 있다. 그것은 모든 연구가 어떤 집단이 다르게 취급받는다는 사실을 설명할 수 있는 다른 요인들로부터 인종 편견이건 성별 편견이건 편견을 주의 깊게 분리해 내려고 시도한다는 것이다.

1. 인종 프로파일링

간단한 밀수품 수색 모형을 생각해 보자. 경찰이 차량을 수색한다. 경찰은 운전자를 흑인 남성과 백인 남성 두 집단으로 구분한다. 경찰은 차량을 세우기 전에 흑인인지 백인인지 명확하게 판단할 수 있다. 당분간 경찰이 차량 수색에서 추구하는 유일한 목표가 차를 세우고 수색할 때 밀수품을 발견할 확률을 극대화하는 것이라고 가정하자. 다시 말해, 이 경찰 수색 모형에서 경찰은 특정 인종을 좋아하거나 싫어하는 편견을 가지고 있지 않다. 경찰이 원하는 것은 단지 범죄를 억지하기 위해 자원을 효율적으로 사용하는 것이다. 경찰은 이 목표를 어떻게 달성해야 하는가?

이 이야기의 핵심은 각 집단이 밀수품을 운반할 확률이다. 흑인 남성이 백인 남성보다 밀수품을 운반할 확률이 높다고 가정해 보자. 예를 들어, 흑인 남성의 25%, 백인 남성의 15%가 밀수품을 차에 싣고 다닌다고 가정하자. 경찰이 두 집단을 다른 비율로 수색하면 수색 절차가 편향적이라는 비판을 받는다. 따라서 일단 경찰이 두 집단을 동등하게 수색한다고 가정하자. 경찰은 자동차 10대당 1대를 세워 수색하기로 한다. 이는 각 집단이 10%의 수색률(search rate)에 직면하게 됨을 의미한다. 이 방법은 두 집단에 공평한 수색 방법일 수 있지만, 효율적인가? 효율적이지 않다. 경찰은 흑인 남성에 대한 수색률을 높임으로써 밀수품 발견 확률을 높일 수 있기 때문이다.

바로 다음번 (또는 한계적) 수색을 생각해 보자. 경찰이 흑인 남성을 멈추고 수색하면 밀수품을 발견할 확률(적중률[hit rate]이라고 함)은 25%이다. 대신 백인 남성을 세우고 수색하면 밀수품을 발견할 확률은 15%에 불과하다. 운전자의 인종과 무관하게 밀수품 발견 확률을 극대화하는 것이 목표라면, 경찰이 흑인을 수색하는 것이 효율적이다. 흑인 남성이 백인 남성보다 밀수품을 소지하고 있을 확률이 높은 한, 경찰은 항상 흑인 남성을 수색해야 한다. 그러나 이것이 한 집단만 수색하는 것이 효율적 수색 절차라고 말하는 것은 아니다.

합리적 범죄 행동 모형에서 범죄자의 밀수품 소지 확률은 범죄자가 경찰에 의해 정차되어 수색받을 확률에 따라 달라진다. 이는 경찰이 흑인 남성의 수색 강도를 높이면 흑인 남성의 밀수품 소지 확률은 이제 25%가 아니라 25%보다 낮아진다는 것을 의미한다. 마찬가지로, 경찰이 백인 남성에 대한 수색 강도를 낮추면 백인 남성의 밀수품 소지 확률은 이제 15%가 아니라 15%보다 높아질 것이다. 밀수품 소지 확률은 계속 변화하다가 결국에는 같아질 것이다. 이 결과가 각 집단이 밀수품을 운반할 확률이 20%일 때 이루어진다고 가정하자. 이런 상황이 발생하면, 경찰이 다음번 수색에서 밀수품을 발견할 확률은 흑인을 세우고 수색하든 백인을 세우고 수색하든 20%이다. 두 집단의 적중률이 균등해지는 이 지점에서 경찰은 수색 자원을 효율적으로 사용하고 있다.

이 예에서 경찰은 각 집단에 대해 10%의 수색률에서 시작하여, 흑인 남성의 수색 강도를 높이고 백인 남성의 수색 강도를 낮추었다. 따라서 적중률을 동일하게 맞추려면 수색률은 이제 동일할 수 없다. 흑인 남성이 백인 남성보다 높은 비율로 수색될 것이다. 경제 모형에 따르면 효율적 차량 수색을 위해서는 집단별 차등적 수색률이 필요하다. 하지만 이 차등적 수색률은 집단이 인종에 의해 구분되는 경우 경찰의 차별적 행동처럼 보이고 대중의 항의를 불러일으킨다. 하지만 이 모형의 결과가 경찰의 차별을 용인하는 것으로 해석되어서는 안 된다. 모형은 경찰의 차별을 식별하기 위해 만들어진 것이지 차별을 조장하기 위해 만들어진 것이 아니다.

이 예가 특정한 가정, 즉 흑인 남성이 백인 남성보다 밀수품을 소지할 확률이 높다는 가정에서 출발하였다는 점에 유의하길 바란다. 흑인 남성이 백인 남성보다 강도 높게 수색되는 차등적 수색률로 이끄는 것은 바로 이 가정이다. 집단마다 범죄를 저지르는 성향이 다르면, 차등적 수색률이 경찰의 행동에 편견이 있음을 의미하지 않을 수 있다. 통계적 차별(statistical discrimination)과 편견에 의한 차별(prejudicial discrimination)을 구분해야 한다.

> 경찰은 인종이 범죄의 예측에 도움이 되기 때문에 성공적인 수색을 최대화하려고 또는 어떤 인종 집단을 다른 인종 집단보다 선호하기 때문에 인종을 차량 정지의 기준으로 사용할 수 있다. 우리는 첫 번째 유형의 상황을 통계적 차별이라고 부른다. … 경찰이 인종 편견이 없으면서도 어떤 인종을 다른 인종보다 더 자주 수색하는 경우 그 균형은 통계적 차별이다. 반대로, 만약 … 경찰이 특정 인종의 운전자를 수색하기를 선호한다면 인종 편견이 있다고 말한다. 통계적 차별은 균형의 속성인 반면, 편견은 경찰관의 효용 함수의 속성이다(놀스, 페르시코와

토드[Knowles, Persico, and Todd], 2001, 205쪽).

그렇다면 효율적 수색 모형은 통계적 차별과 편견에 의한 차별을 어떻게 구별하는가? 효율적 수색 모형은 집단 간 수색률이 아닌 적중률을 조사한다.

이 예에서 경찰이 편견을 가지고 있지 않다고 명시적으로 가정하고 있음을 기억하라. 따라서 흑인 남성과 백인 남성의 수색률 차이는 편견에 의한 차별로 설명될 수 없다. 흑인 남성이 백인보다 더 강도 높은 수색을 받는 것은 밀수품을 소지하고 있을 확률이 더 높기 때문이다. 결국 효율적인 차등적 수색률로 인해 두 집단이 모두 밀수품을 소지할 확률이 똑같아진다. 하지만 경찰이 흑인 남성에 대한 편견을 가지고 있기 때문에 흑인 남성을 차별한다면 어떻게 되는가? 이 경우 흑인 남성의 적중률은 백인 남성의 적중률보다 낮을 것이다.

경찰이 흑인 남성에 대한 편견을 가지고 있는 경우, 경찰은 흑인 남성을 싫어하고 그들에게 비용을 부과하고 싶어 한다. 경찰이 흑인 남성에 대한 수색을 강화하면 밀수품을 운반할 확률이 낮아질 것이다. 즉, 경찰은 효율적인 통계적 차별을 넘어서는 이유로 흑인 남성을 과도하게 수색하며, 따라서 흑인은 과다 수색된다. 그 결과 흑인 남성의 적중률이 백인 남성의 적중률보다 낮아진다. 이 때문에 모형은 경찰의 편견이 존재하는지 확인할 수 있는 간단한 검증 방식을 제공한다. 편견에 의한 차별이 존재한다면, 집단마다 적중률이 다르며 적중률이 낮은 집단은 차별받고 있다. 모형은 인종 차별을 용인하지 않는다. 단지 수색률의 차이만으로는 편견에 의한 차별의 존재를 추론할 수 없다고 제안할 뿐이다.

모형이 설명할 수 없는 것은 특정 집단이 다른 집단보다 높은 범죄 성향을 보이는 이유이다. 하지만 이 차이가 바로 효율적인 통계적 차별과 범죄 성향이 높은 집단에 대한 높은 수색률을 만들어 내는 중요한 사실(fact)이다. 백인 남성보다 흑인 남성의 범죄율이 높다면 그 이유는 과연 무엇인가? 범죄 행동을 예측하는 것은 인종 자체가 아니라 교육, 소득, 고용 등 인종과 상관관계가 있는 다른 특성일 수 있다. 이 다른 요인을 관찰하기 어려운 경우, 인종이 관찰 가능한 대리 변수로 사용될 수 있다. 범죄율을 낮추는 사회 개혁을 추진하는 관점에서는 범죄 행동의 인종적 차이의 원인을 이해하는 것이 중요할 수 있지만, 경찰은 효율적 수색을 위해 차이의 존재 이유와 관계없이 차이를 고려해야 한다.

효율적 수색 모형을 개발한 놀스, 페르시코와 토드의 선도적 경제학 연구(2001)는 미국 메릴랜드주의 95번 주간 고속도로에서 이루어진 자동차 수색에서의 경찰 편견에 관한 실증 조사 결과를 제시한다. 이 연구는 1995년 1월부터 1999년 1월까지 해당 고속도로에서 진행된 자동차 수색 자료를 사용한다. 이 연구가 제시하는 첫 번째 놀라운 사실은 표본 중 흑인은 18%에 불과하지만, 메릴랜드주 경찰이 자동차를 세우고 수색한 운전자 중 63%가 흑인이라는 사실이다(백인의 수색률은 29%이다). 이런 수치는 경찰이 인종적으로 편향되어 있음을, 즉 흑인이 경찰의 불균형적인 정차 및 수색을 받고 있음을 의미하는 것으로 자주 사용된다. 그러나 적중률은 두 집단에서 거의 같다(흑인 34%, 백인 32%). 따라서 적중률은 전혀 다른 이야기를 들려준다. 적중률 결과를 바탕으로, 연구는 흑인에 대한 경찰의 인종 편견 증거가 없다고 결론짓는다.

상가(Sanga, 2009)는 더 긴 표본 기간(1995년부터 2006년까지)과 95번 주간 고속도로에서의 수색뿐만 아니라 메릴랜드주의 모든 경찰 수색을 표본에 포함시켜, 이전 연구를 확장한다. 선행 연구는 약 1,600건의 경찰 수색을 분석하였지만, 이 연구의 대규모 자료는 1만 9,000건의 수색을 포함하고 있다. 보다 포괄적인 이 연구에서는 매우 다른 결과가 도출된다. 적중률은 백인이 38%, 흑인이 28%, 히스패닉은 8%이다. 흑인과 히스패닉의 적중률이 낮다는 것은, (특히) 히스패닉의 적중률이 낮다는 것은 메릴랜드주 교통 경찰관이 백인에 비해 이들 집단을 지나치게 집중적으로 수색하고 있다는 것을 의미하며, 이는 경찰관이 인종 편견을 가지고 있다는 것을 보여 준다.

자동차 수색과 관련하여, 집단 간 적중률 비교에 의존하지 않고 경찰관의 인종 편견을 검증하는 다른 접근 방식들도 있다. 이런 접근법 중 하나는 경찰관의 인종에 따라 수색 행위의 차이가 발생하는지를 검토하는 것이다. 경찰이 편견이 아닌 통계적 차별 때문에 여러 집단을 다른 비율로 검색하는 경우, 경찰관의 인종은 수색 행위에 영향을 미치지 않아야 한다. 2001년부터 2003년까지 보스턴 경찰청의 자료를 사용한 안토노비치와 나이트(Antonovics and Knight, 2009)는 경찰관의 인종이 수색률에 영향을 미침을 보여 준다. 이 연구에 따르면, 경찰관의 인종이 운전자의 인종과 다를 경우 운전자가 수색될 확률이 더 높다. 또한 이 결과는 백인 경찰관이 흑인 운전자를 수색할 때뿐만 아니라 흑인 경찰관이 백인 운전자를 수색할 때도 나타난다.

그로거와 리지웨이의 흥미로운 연구(Grogger and Ridgeway, 2006)는 소위 어둠의 베일(veil of darkness) 가설을 제기한다. 경찰이 누구를 멈추고 수색할지 선택할 때 인종 편견을 가지고 있다면, 경찰이 운전자의 인종을 관찰할 수 있는 경우에만 이 편견이 표출될 수 있다. 따라서 충분한 조명이 없으면 운전자의 인종을 구별하기가 어려우므로 편견은 밤보다 낮에 나타날 가능성이 더 높다. 경찰의 행동이 낮과 밤에 다르다면 이는 인종 편견의 징후일 수 있다. 캘리포니아주 오클랜드의 2003년 6월부터 12월까지의 모든 교통 정차(약 7,600건)가 포함된 자료를 사용한 이 연구는 경찰의 수색 절차가 낮과 밤에 차이가 없어 편견에 기반한 인종 프로파일링의 증거를 찾지 못하였다.

반면에 후속 연구인 호레이스와 롤린(Horrace and Rohlin, 2016)은 어둠의 베일 가설을 수용하면서도 영리한 방식으로 선행 연구를 개선하였다. 이 가설의 핵심은 어두울 때 경찰이 운전자의 인종을 관찰하기 더 어렵다는 것이다. 이전 연구는 야간을 어둠의 대리 변수로 사용하였지만, 이 연구는 밤이 얼마나 어두운지는 가로등의 존재 여부에 따라 달라진다고 주장한다. 즉, 가로등으로 인해 조명이 잘 들어오는 곳에서는 야간에도 운전자의 인종이 충분히 관찰될 수 있다. 2006년부터 2009년까지 뉴욕주 시러큐스(Syracuse)의 가로등 위치를 포함한 자료를 사용하여, 연구는 야간(어둠으로 정의. 단, 주변 가로등 조명은 포함되지 않음)과 주간에 경찰 행동에 차이가 존재하며, 흑인 운전자가 수색될 확률이 야간보다 주간에 (다른 인종의 운전자에 비해) 15% 더 높다는 것을 발견하였다.

퀸타나(Quintanar, 2017)는 과속 벌금을 부과할 때 경찰이 여성 또는 흑인에 대한 편견을 가지고 있는지 알아보는 독특한 방법을 제시한다. 이 연구는 미국 루이지애나주 라파예트(Lafayette)에서 2007년 10월부터 2008년 2월까지 경찰관이 부과한 벌금과 자동카메라가 부과한 벌금을 비교한다. 경찰관은 벌금을 부과할 때 재량권을 행사할 수 있으며 운전자의 속도 이외의 여러 요소를 고려할 수 있다. 자동카메라는 오직 속도만 고려한다. 따라서 경찰관이 자동카메라가 부과하는 벌금과 다른 비율로 성별 또는 인종에 따라 벌금을 부과한다면 이는 경찰의 편견을 나타내는 증거일 수 있다. 연구는 경찰관이 자동카메라보다 여성에게 높은 비율로 벌금을 부과한다는 강력한 결과와 흑인에게 높은 비율로 벌금을 부과한다는 약한 결과를 발견하였다. 연구는 차이의 원인, 즉 통계적 차별 또는 편견에 의한 차별을 직접 검증하지는 않았지만, 성별과 인종에 입각한 경찰의 재량이 존재한다는 결론을 내린다.

경찰의 편견을 식별하는 완전히 다른 접근 방법은 체포 시 경찰관의 재량 정도에 주목한다. 경찰관은 용의자의 정차 및 수색 결정에 큰 재량을 가지고 있지만, 체포에는 일정한 증거 기준이 충족되어야 하므로 재량이 적다. 그럼에도 불구하고, 경찰관은 체포시 다양한 수준의 재량을 발휘한다. 현장 체포에는 경찰관의 재량이 강력하게 작용한다. 그러나 긴 시간 신중한 조사 후의 체포에는 경찰관의 재량이 크게 작용할 여지가 없다. 체포에 인종 편견이 존재한다면, 인종 편견은 체포시 경찰관의 재량이 클수록 드러날 가능성이 높다. 더욱이 충분한 수준의 증거 기준이 아니라 편견에 의해 이루어진 체포는 형사사법 제도의 절차가 진행되면서 기각될 것이다.

토믹과 헤이크스(Tomic and Hakes, 2008)는 편견을 가진 경찰이 소수 인종을 과도하게 체포한다면 이런 체포에는 높은 수준의 경찰 재량이 개입되었을 가능성이 높다는 사실을 이용하여 경찰의 편견을 식별하려고 시도한다. 1990년에서 1998년 사이 미국에서 발생한 약 5만 8,000건의 중범죄 사건에 대한 자료를 사용한 그들의 연구에 따르면, 높은 수준의 경찰 재량이 관련된 체포에서 흑인은 백인보다 더 높은 기각률을 보인다. 그러나 높은 수준의 경찰 재량이 관련되지 않은 체포에서는 흑인과 백인의 기각률에 차이가 없다. 이 결과는 경찰관이 재량을 행사할 수 있는 체포에서는 흑인 용의자에 대한 인종 편견이 존재함을 시사한다.

히튼(Heaton, 2010)은 인종 프로파일링 문제를 다른 질문을 던져 해결하려고 한다. 경찰이 인종 프로파일링을 사용하지 못하면, 범죄율은 어떤 영향을 받는가? 1998년 4월, 백인 뉴저지주 경찰관 2명이 밴에 타고 있는 4명의 남성(흑인 3명, 히스패닉 1명)에게 총격을 가한 논란의 사건이 발생하였다. 기본적으로 이 사건은 교통 정차 사건이다. 남성들과 밴에서 무기나 마약이 발견되지 않았으나,

경찰관들이 (그들의 의견에 따르면) 위협을 느끼고 사건이 위험한 상황으로 발전하였다. 주지사는 이 사건에 신속하게 대응하였고, 경찰의 행동을 규율하는 새로운 절차를 곧바로 제정하였다. 요컨대, 주 경찰의 행동은 엄격하게 감시되기 시작하였으며, 인종 프로파일링이 분명한 사건은 징계로 이어지게 되었다. 또한 이 개혁에 많은 언론의 관심이 집중되면서 대중이 인종 프로파일링을 줄이기 위한 새로운 정책을 널리 인지하게 되었다.

히튼의 연구는 교통 정차를 통해 자주 적발되는 범죄인 자동차 절도 범죄를 자세히 조사하고, 개혁이 백인의 체포보다 흑인의 체포를 크게 줄였다는 것을 발견하였다. 연구는 또한 소수 인종 체포율이 낮을수록 소수 인종 거주 지역의 자동차 절도율이 높다는 합리적 범죄 모형을 뒷받침하는 증거를 발견하였다. 뉴저지 사건은 즉각 실행된 실질적인 정책 변화로 이어졌기 때문에, 연구는 체포율과 범죄율의 변화를 주로 인종 프로파일링에 대한 경찰 절차의 변화에 기인한 것으로 본다. 즉, 인종 프로파일링을 금지한 결과 소수 인종 범죄율이 증가하였으며, 특히 이 연구에서는 자동차 절도 범죄가 증가하였다.

2. 판사의 편견

형사사법 제도에서 인종(및 성별) 편견을 조사하는 또 다른 방법은 판사의 인종 집단에 따른 형량 결정 방식을 분석하는 것이다. 글레이저와 새커도트(Glaeser and Sacerdote, 2003)는 피해자의 인종이 자동차에 의한 살인죄로 유죄 판결을 받은 운전자에 대한 처벌에 미치는 영향을 분석한다. 이 범죄는 보통 알코올이나 마약의 영향을 받은 운전자에 의해 발생하므로 범죄자들의 고의적인 폭력 행위보다는 사고와 더 많은 공통점을 가지고 있다. 따라서 연구는 특히 자동차에 의한 살인의 피해자는 다른 폭력 범죄의 피해자와 달리 대부분 무작위적으로 결정된다고 간주한다. 연구의 발상은 다음과 같다. 범죄자와 피해자 사이의 관계가 복잡할수록 처벌에 영향을 미치는 요인이 더 많아지지만, 피해자가 무작위로 선정되면 범죄자와 피해자의 관계가 훨씬 단순해지고 피고인에 따른 차등적 처벌이 편견의 존재에 기인한 것일 가능성이 증가한다.

인종 편견에 관한 연구의 주요 결과는 흑인을 살해한 운전자의 형기가 백인을 살해한 운전자의 형기보다 약 60% 정도 짧다는 것이다. 성별 편견의 경우, 여성을 살해한 운전자의 형기는 남성을 살해한 운전자의 형기보다 약 60% 정도 길다. 이러한 편견을 설명하기 위해 연구는 다음과 같은 설명을 제시한다.

> 하나의 제안된 설명은 … 형량이 부분적으로 복수에 대한 선호(preference)에 의해 결정된다는 것이다. 이 선호는 무의식 수준에서 작동할 수 있으므로, 피해자가 무작위적으로 결정되는 경우에도 여전히 이 선호가 피해자의 특성에 의해 발동되는 것이 놀라운 일은 아니다(글레이저와 새커도트, 2003, 365쪽).

이 연구는 피해자의 특성에 따른 판사의 편견이 양형에 영향을 미친다는 사실을 발견하였다. 이와 함께, 처벌의 확실성과 처벌의 엄격성 사이의 상충관계와 재범 확률이 높은 범죄자에 대한 장기간의 무력화와 같은 합리적 범죄 모형에 부합되는 다른 요인들 또한 판사의 양형에 영향을 미친다는 사실도 발견하였다.

판사의 편견을 식별하기 위해 피해자의 특성에 초점을 맞추는 대신 피고인의 특성에 초점을 맞춘 연구도 있다. 머스터드(Mustard, 2001)의 야심 찬 연구는 1984년의 연방 양형 지침(Federal Sentencing Guidelines)에 따라 형을 선고받은 7만

7,000명의 범죄자로 구성된 방대한 자료를 축적하였다. 연방 양형 지침은 양형에서 판사의 재량권, 특히 인종 및 성별과 관련된 재량권을 축소하기 위해 만들어졌다. 이 지침은 형량을 결정할 때 두 가지 주요 요인을 고려한다. 피고인의 범죄의 심각성 그리고 과거 범죄의 수와 심각성 및 복역 기간을 포함하는 피고인의 범죄 이력이 그것이다. 범죄 수준과 범죄 이력의 각 조합에 따라 구체적 형량 범위가 결정된다.

예를 들어, 독성 물질을 잘못 취급한 범죄의 기본 수준은 8점이다. 독성 물질을 지속적으로 배출한 경우, 기본 점수에 6점이 추가된다. 범죄가 사망 또는 상해의 상당한 위험을 발생시킨 경우, 9점이 추가되어 총 범죄 수준 점수는 23점이 된다. 범죄자의 범죄 이력 점수는 최저 1점에서 최고 6점까지이다. 특정 범죄자의 범죄 이력 점수가 3점이라고 가정해 보자. 이 범죄 수준과 범죄 이력의 조합에 대해 지침은 57~71개월의 형량 범위를 제시한다. 이러한 형량 범위의 구체성에도 불구하고 판사의 편견이 형량에 영향을 미칠 수 있는 두 가지 경로가 여전히 존재한다. 첫째, 지침은 형량의 범위만 제시하므로 판사가 형량 범위 내에서 융통성을 발휘할 수 있다. 둘째, 지침은 강제적이지 않다. 판사는 범위를 벗어나는 형량을 설정할 재량권을 가지고 있다.

1991년 10월부터 1994년 9월 사이에 형을 선고받은 범죄자를 대상으로 한 이 연구는 마약 밀매, 사기, 살인, 납치, 위조, 시민권 침해, 독점 금지 위반에 이르는 41가지 범죄 범주에 대한 자료를 수집하였다. 자료는 각 범죄자의 범죄 수준, 범죄 이력, 인종, 학력, 소득, 부양가족 수, 시민권(미국 국적 여부) 등에 관한 정보를 제공한다. 얼핏 보면, 이 자료는 상당한 인종 및 성별 편견을 보여 준다. 예를 들어, 흑인의 평균 형기는 64.09개월이지만, 백인의 평균 형기는 32.06개월에 불과하다. 남성과 여성의 격차는 이보다 더 크다. 남성의 평균 형기는 51.52개월이지만, 여성의 평균 형기는 18.51개월에 불과하다. 이런 유형의 통계를 보고 사법제도가 지나치게 편향적이라고 비난하는 비평가들이 많지만, 첫눈에 보이는 숫자들은 오해를 유발할 소지가 크다.

형기를 설명하는 가장 중요한 두 가지 요인은 피고인의 범죄 수준과 범죄 이력, 즉 형량 지침이 형량 결정에 사용하는 기준이다. 자료를 자세히 살펴보면, 흑인의 평균 범죄 수준은 19.01이고, 백인의 평균 범죄 수준은 15.48이다. 또한 흑인의 평균 범죄 이력 점수는 2.37점, 백인의 평균 범죄 이력 점수는 1.81점이다. 남성의 평균 범죄 수준은 18.30점, 여성의 평균 범죄 수준은 13.11점이다. 남성의 평균 범죄 이력 점수는 2.10점, 여성의 평균 범죄 이력 점수는 1.37점이다. 흑인이 평균 형기가 긴 이유는 백인보다 심각한 범죄를 저지르고 범죄 이력이 많기 때문인가? 여성과 비교한 남성의 평균 형기도 똑같이 설명할 수 있는가? 만약 그렇다면, 인종과 성별에 따른 형량의 차이는 판사의 편견 때문이 아닐 수도 있다. 이것이 바로 연구의 논점이다.

피고인의 범죄 수준과 범죄 이력 그리고 피고인이 재판받는 지방법원을 통제한 후, 연구는 형량 지침이 배제하고자 하는 특성에 따른 형량의 차이가 있음을 발견하였다. 구체적으로 말하면, 흑인은 백인보다, 남성은 여성보다, 교육 수준이 낮고 소득 수준이 낮은 피고인은 교육 수준이 높고 부유한 피고인보다, 미국 시민이 아닌 피고인은 미국 시민보다 더 엄격한 형을 선고받는다. 게다가 판사들은 방금 언급한 집단에 대한 편견을 드러내는 방식으로 (약 20% 이상의 사건에서) 형량 범위를 무시한다. 이 연구(및 여기서는 다루지 않은 다른 연구)는 판사가 형량을 결정할 때 편견을 보일 뿐만 아니라, 양형 지침의 사용이 편견의 완화에 아주 효과적이지는 않다는 결론을 내린다.

또 다른 일련의 연구는 흥미롭게도 양형에서의 편향성은 판사의 결정에서 비롯된다는 생각에 도전한다. 대신, 이 연구들은 검사들의 행동에 초점을 맞추고, 검사 편견의 존재가 실제로 인종과 성별에 따른 형량 격차를 설명할 수 있다고 주장한다. 첫 번째 연구인 러하비와 스타(Rehavi and Starr, 2014)는 인종 편견, 특히 백인 남성과 대비한 흑인 남성의 형량에 초점을 맞춘다. 검사는 처음에 피고인을 어떻게 기소할지에 대한 광범위한 재량권을 가지고 있다. 가장 중요한 것은 최초 기소에 의무적 최소 실형 판결(mandatory minimum sentence)을 부과할 것인지이다. 만약 부과된다면, 최종적으로 유죄가 확정된 피고인은 사법부의 재량과 관계없이 최소한 그 형량을 선고받아야 한다.

이 연구는 2007년부터 2009년까지 연방 사건 자료를 사용하였으며, 범죄 유형, 범죄 이력, 나이, 학력, 경제적 요인, 피고 측 변호인의 유형 등 여러 복합 요인을 통제하였다. 주요 결과는 다음과 같다. 첫째, 흑인 남성이 백인 남성보다 엄격하게 기소되며, 특히 의무적 최소 실형 판결이 부과되어 기소된다는 것이다. 둘째, 이 차등적 구형은 궁극적으로 차등적 형량으로 이어져 백인 남성보다 흑인 남성의 형량이 약 10% 길다는 것이다. 연구는 이 형량의 차이는 주로 판사의 재량이 아닌 검사의 재량에 기인한 것이라고 주장한다.

두 번째 연구인 스타(Starr, 2015)도 비슷한 분석을 제시한다. 이 연구는 여성 대비 남성에 대한 검찰의 편견을 다룬다. 이 연구 결과는 인종과 관련하여 발견된 것보다 훨씬 강하다. 범죄 수준, 범죄 이력 및 기타 여러 가지 요인을 통제하면, 여성보다 남성의 평균 형량이 63% 더 길다. 또한, 여성은 기소 확률이 낮고, 기소되더라도 유죄 판결을 받을 확률이 낮으며, 유죄 판결을 받더라도 감옥에서 복역할 확률이 낮다. 이 두 연구 결과를 종합하면, 흑인 남성 피고인은 흑인이라는 이유로 그리고 남성이라는 이유로 더 엄격한 형에 직면한다. 그러나 유의해야 할 점은 위의 연구들이 기소 및 형량에서 검사의 편견을 발견하였지만, 이 발견이 판사의 편견을 완전히 배제하지는 못한다는 것이다. 연구 방법론 관점에서 보면, 판사의 편향성을 분석할 때 가능한 한 많은 복합 요인을 검토하는 것이 중요하다. 검사의 행동은 그러한 복합 요인 중 하나이다.

판사의 편견이 작용할 수 있는 다른 경로는 보석(bail) 결정이다. 에이즈와 월포겔(Ayres and Waldfogel, 1994)은 소수 인종 피고인과 백인 피고인의 보석금 결정 방식에 차이가 있는지 분석하였다. 판사는 여러 요인을 참작하여 특정 피고인에게 부과할 보석금을 결정한다. 보석금의 핵심 기능은 처벌이 아니라, 출석이 요구되는 시점에 피고인의 법정 출석을 보장하는 것이다. 피고인이 출석하지 않으면 피고인 또는 보석 보증인은 보석금을 몰수당한다.

일반적으로 설정된 보석금이 클수록, 피고인이 법정에 출석할 유인 또는 보석 보증인이 피고인의 법정 출석을 보장할 방안을 마련할 유인이 커진다. 인종과 관계없이 보석금이 책정되는 경우, 보석금 액수는 주로(반드시 그렇지는 않지만) 피고인의 도주 위험(flight risks)의 차이를 반영해야 한다. 즉, 높은 보석금은 높은 도주 위험을 반영한다. 대신 인종 편견에 의해 보석금이 책정된다면, 소수 인종 피고인은 백인 피고인과 도주 위험이 같음에도 불구하고 높은 보석금이 부과될 수 있다. 이 연구의 실증 분석 결과를 살펴보기에 앞서, 실증 분석의 기초가 되는 이론적 경제 모형을 설명할 필요가 있다. 왜냐하면 여기에서 제시되는 이론적 모형이 경제학자들이 여러 복합 요인을 분리해 내는 방법에 관한 훌륭한 예를 제공하기 때문이다.

법원이 정한 보석금 액수와 음(-)의 상관관계를 보이는 도주 위험을 가진 피고인을 생각해 보자. 즉, 보석금이 클수록 도주 위험은 낮아진다. 이 모형에서 판사의 목표는 바람직한 수준의 도주 위험을 달성하는 보석금을 설정하는 것이며, 이 도주 위험은 모든 피고인에게 같아야 한다. 도주 위험이 큰 피고인(피고인

A)과 작은 피고인(피고인 B)이 있다고 가정하자. 이는 두 피고인에게 같은 보석금이 책정되면 A가 도주할 확률이 더 높음을 의미한다. 따라서 두 피고인의 도주 위험을 같게 만들려면 B보다 A에게 더 큰 보석금이 설정되어야 한다.

예를 들어, 각 피고인에 대한 보석금이 5,000달러로 설정되면 A의 도주 위험이 20%, B의 도주 위험이 15%가 된다고 가정하자. 바람직한 도주 위험이 10%라면, 판사는 B보다 A에게 더 큰 보석금을 책정해야 하며, 두 피고인에 대한 보석금은 모두 5,000달러보다 커야 한다. 따라서 10%의 도주 위험을 확보하기 위한 적절한 보석금은, 예를 들면 A의 경우 1만 달러, B의 경우 7,500달러일 것이다. 보석금이 서로 다르지만, 그 차이는 판사의 편견이 아닌 도주 위험의 차이에 기인한다. 그러나 이제 A가 소수 인종 피고인이고 B가 백인 피고인이라고 하자. 만약 판사의 편견이 존재한다면, A의 보석금이 예를 들어 1만 2,500달러로 1만 달러를 초과할 수 있으며, 추가된 2,500달러는 도주 위험의 차이로 설명될 수 없다.

1990년 미국 코네티컷주 뉴헤이븐(New Haven)의 형사 사건 자료를 사용하여, 에어즈와 월포겔은 다른 여러 요인, 특히 범죄의 성격 및 심각성과 관련된 요인을 통제하고 인종이 보석금 수준에 미치는 영향을 조사한다. 자료는 1,366명의 피고인으로 구성되어 있으며, 백인 남성이 약 19%, 흑인 남성이 53%, 히스패닉 남성이 11%, 여성(백인과 소수 인종 포함)이 17%이다. 자료에서 가장 흔한 범죄는 마약, 폭행, 공중질서 위반, 절도이며, 이보다 발생 빈도가 낮은 범죄도 일부 포함되어 있다. 평균 보석금은 3,466달러이며, 보석 보증인에게 지불하는 평균 수수료는 177달러이다.

연구는 인종이 보석금 액수에 영향을 미치며, 백인 남성보다 흑인 남성은 (평균적으로) 35% 높은 보석금, 히스패닉 남성은 19% 높은 보석금을 낸다는 것을 발견하였다. 그러나 자료의 제약으로 인해 회귀 방정식에 보석금 결정에 영향을 미칠 수 있는 피고인에게 불리한 증거의 무게, 피고인의 이전 범죄 기록 및 이전 법정 출석 기록 등 다른 요인들이 통제되지 않았다는 문제가 존재한다. 통제되는 복합 요인이 적을수록, 인종 편견이 보석금의 차이를 설명한다고 확언하기가 어려워진다.

누락 변수 문제(omitted variable problem, 통계적 모형이 적절한 변수를 누락시켰을 때 발생하는 문제로, 분석에 포함된 변수의 효과가 정확히 측정되지 않는다 – 역자)를 우회하기 위해 이 연구는 새로운 아이디어를 제시한다. 인종 편견을 검증하기 위해 보석금의 차이를 살펴보는 대신, 연구는 보석 보증인이 고객에게 청구하는 보석금 수수료(bail bond rate)의 차이를 살펴본다. 피고인이 보석 보증인을 사용하는 경우, 보석 보증인이 보석금을 내고 피고인에게 일정 비율의 수수료를 청구한다. 보석금 수수료 설정에 관한 규제가 있기는 하지만, 보석 보증인은 피고인에 따라 다른 수수료를 받을 수 있다. 연구가 발견한 것은 소수 인종에 대한 수수료가 백인보다 낮다는 사실이다. 그러나 놀라운 해석은 이 결과가 소수 인종에 대한 인종 편견이 보석금 설정에 존재한다는 것을 입증한다는 것이다. 어떻게 이런 결론이 도출될 수 있는가?

보석 보증인 서비스를 이용하는 피고인은 보석 보증인이 보석을 위해 공탁한 보석금의 일정 비율을 수수료로 지불한다. 피고인이 법정에 출석하지 않으면, 보석 보증인은 보석금 전부(또는 때에 따라 금액의 일부)를 몰수당한다. 이는 보석 보증인에게 피고인이 도주하지 않도록 보장하는 경제적 유인을 제공한다. 예를 들어, 피고인이 출석하지 않으면 5만 달러를 몰수당할 위험에 처한 보석 보증인은 1만 달러가 몰수당할 위험에 처한 보석 보증인보다 피고인의 소재를 감시하기 위해 그리고 필요한 경우 피고인을 다시 체포하기 위해 더 많은 자원을 투입할 것이다. 피고인이 도주할 확률이 높을수록, 보석 보증인의 보석금 공탁에 수반되는 비용은 (도주 위험 측면에서) 더 커진다.

보석 보증인 시장이 매우 경쟁적이고 개별 보증인의 사업 운영 비용이 비슷하다고 가정하면, 피고인 간의 보석금 차이는 주로 도주 위험의 차이 때문에 발생한다. 간단히 말해, 도주 위험이 큰 피고인은 도주 위험이 적은 피고보다 보석금 요율이 높을 것이다. 연구가 발견한 것처럼 소수 인종 피고인이 백인 피고인보다 낮은 요율을 적용받는다면, 이는 소수 인종 피고인의 도주 위험이 낮기 때문일 것이다. 그리고 연구에 따르면, 뉴헤이븐의 보석금 보증시장은 특히 코네티컷주의 다른 도시들보다 경쟁적이다. 연구 당시, 뉴헤이븐에는 8개의 보석 보증인이 활동 중이었으며, 평균 보석금 요율은 법정 최고 요율의 64%였다. 이는 한두 명의 보증인만 있고, 평균 보석금 요율이 대부분 법정 최고 요율의 99%였던 다른 도시들과 비교된다.

퍼즐의 마지막 조각은 소수 인종 피고인의 도주 위험이 낮은 이유를 설명하는 것이다. 앞서 소개한 수치 예로 돌아가 보자. 우리는 피고인 A의 보석금이 1만 달러, B의 보석금이 7,500달러로 책정되면, 두 피고인의 도주 위험이 모두 10%로 같아진다고 가정하였다. 보석금의 차이는 보석금 설정 이전의 도주 위험 차이로 설명될 수 있다. 즉, 피고인 A의 도주 위험이 더 크다. 그러나 보석금이 설정된 이후 피고인이 보석 보증인의 서비스를 구매할 때는 도주 위험이 같으므로 보석금 요율은 전반적으로 거의 같아야 한다. 만일 피고인 A에 대한 보석금이 1만 2,500달러로 설정되면, 높게 설정된 보석금은 피고인의 도주 위험을 낮추고 그 결과 보석금 요율이 낮아질 수 있다. 소수 인종 피고인의 보석금 요율이 더 낮다면 도주 위험이 더 낮기 때문이며, 이는 다시 보석금이 너무 높은 수준으로 책정되어 있기 때문일 것이다. 따라서 소수 인종의 보석금 요율이 낮다는 것은 보석금 설정에 판사의 편견이 있다는 것을 의미한다.

이 연구의 창의성은 판사의 편견을 식별하기 위해 보석금 시장을 조사하였다는 것이다. 판사가 왜 그런 결정을 내리는지 알아내려는 시도는 실증적으로 매우 어려울 수 있다. 왜냐하면 판사마다 다른 주관적 가치를 구별하는 것이 불가능할 수 있기 때문이다. 보석금 시장에 초점을 맞추면 이 문제는 해결된다. 완전 경쟁 시장의 보석 보증인은 경쟁하는 보증인에 비해 너무 높지도 낮지도 않은 보석금 요율을 설정하여 생존해야 한다. 이 시장 조건은 소수 인종 피고인과 백인 피고인의 보석금 차이에 의해 발생하는 도주 위험의 차이에 따라 보석금 요율이 달라지게 만든다. 물론 연구는 판사의 편견 이외의 보석금에 영향을 미치는 다른 요인이 있을 수 있음을 정확하게 지적하고 있다. 하지만 판사의 편견을 파악하기 위한 이 새로운 접근 방식은 경제적 추론의 훌륭한 사례를 제공한다.

매킨타이어와 바라다란(McIntyre and Baradaran, 2013)은 보석 결정, 구체적으로 재판 전 피고인의 석방 또는 구속에 관한 판사의 결정에 존재할 수 있는 인종 편견을 조사한다. 즉, 연구의 주된 초점은 보석금의 액수가 아니라, 보석이 허가되어 피고인이 석방될 기회를 가질 수 있는지이다. 이 연구는 1990년부터 2006년까지의 대규모 자료를 사용하여 흑인 남성 피고인의 43%, 백인 남성 피고인의 34%가 재판 전 구속되었음을 발견하였다. 언뜻 보기에 이 격차는 판사의 인종 편견의 증거로 해석될 수 있다. 그러나 중요한 복합 요인이 고려되어야 한다. 판사의 보석 거부 결정의 핵심 요소는 피고가 재판 개시 전에 새로운 범죄를 저지를 가능성이다. 연구는 재구속 확률을 통제하면 흑인과 백인 피고인의 보석 확률에 차이가 없음을 발견하였다. 또한 연구는 주된 관심사는 아니지만 흑인 피고인과 백인 피고인 보석금의 차이를 조사였는데, 재구속 확률을 통제하면 보석금에 차이가 없음을 발견하였다.

보석 결정에서의 인종 편견에 관한 아놀드, 도비와 양의 연구(Arnold, Dobbie, and Yang, 2018)는 통계적 차별과 인종 차별을 구분하려고 시도할 뿐만 아니라, 인종 차별의 원인을 식별하려고 시도한다. 앞의 두 연구가 지적하는 것처럼, 판사의 보석 결정에 영향을 미치는 도주 위험과 범죄 행위 지속 가능성이라는 두 주요 요인은 피고인의 재판 개시 전의 위법 행위와 관련이 있다. 보석 결정을 내리는 판사가 흑인 피고인에 대해 인종 편견을 가지고 있다면, 백인 피고인이 흑인 피고인보다 재판 개시 전에 위법 행위를 더 많이 저지를 것이다(앞에서 본 것처럼, 백인 피고인의 보석금이 낮게 설정되어 도주 위험이 더 클 수도 있다). 만약 이것이 사실이라면, 이 인종 편견은 판사가 흑인에 대해 가지고 있는 명시적 적대감 때문인가 아니면 다른 요인들 때문인가?

미국 펜실베이니아주 필라델피아(Philadelphia)의 2010년부터 2014년까지의 법원 기록(약 16만 3,000건)과 플로리다주 마이애미(Miami)의 2006년부터 2014년까지의 법원 기록(약 9만 3,500건)을 집적한 대규모 자료를 사용하여, 이 연구는 통계적 차별로 보석 결정의 불균형을 설명할 수 없다는 사실을 발견하였다. 그 이유는 백인 피고인이 흑인 피고인보다 재판 개시 전에 위법 행위에 연루될 확률이 훨씬 높은 것으로 나타났기 때문이다. 연구는 이 인종 편견의 증거가 (적어도 부분적으로는) 판사들의 흑인 피고인에 대한 명시적 적대감이 아니라, 흑인 피고인의 재판 개시 전의 위법 행위 정도를 과장하는 고정 관념으로 설명될 수 있다고 주장한다.

예를 들어, 이 연구는 백인 판사와 흑인 판사 모두가 흑인 피고인에 대한 인종 편견을 가지고 있음을 발견하였다. 일반적으로 인종 편견 모형에서 흑인 판사는 흑인 피고인에 대한 적개심을 드러내지 않는 경향이 있다. 만일 같은 인종에 대한 편견의 증거가 있다면, 이 편견은 흑인 피고인이 백인 피고인과 다르다는 흑인 판사의 믿음에 기인하는 것이다. 이 결과를 끌어내는 것은 적개심이 아니라 고정 관념이다. 또한 연구는 경험 많은 판사가 덜 인종 편견적임을 발견하였다. 이 결과는 경험 없는 판사들이 보석 결정에서 고정 관념에 의존할 가능성이 높음을 시사한다. 만약 인종 편견을 설명하는 것이 적개심이라면 판사의 경험 수준은 문제가 되지 않는다. 편견이 있는 판사는 경험과 관계없이 편향적일 것이다. 이는 보석 결정에서 인종 편견을 완화할 수 있는 하나의 해결책을 제시한다. 고정 관념에서 벗어날 수 있도록 판사들이 잘 훈련받아야 한다.

보석 결정은 피고인이 형사사법 절차와 관계를 맺는 초기 단계에 이루어진다. 절차의 다른 끝에는 가석방(parole)이 있다. 많은 경우, 교도소에 수감된 피고인의 감옥에서의 시간은 최대 형량에 도달하기 전 가석방 허가를 통한 석방으로 끝난다. 가석방위원회 구성원이 인종 편견을 가지고 있으면, 흑인 수감자들은 백인 수감자에 비해 가석방이 거부되거나 가석방이 자주 지연되는 등 불리한 가석방 결정 결과에 직면할 것이다. 안와르와 팽(Anwar and Fang, 2015)은 에어즈와 월포겔(1994)의 보석 연구에서 사용된 방법과 비슷한 방법을 사용하여 가석방 결정이 인종적으로 편향되어 있는지 확인한다.

보석 연구는 판사가 바람직한 수준의 도주 위험을 달성하는 보석금 설정에 관심이 있다고 가정한다. 보석금 설정에서, 흑인 피고인과 백인 피고인의 보석금에 차이가 난다는 것 자체는 보석금이 다르게 설정된 원인에 관해 많은 것을 알려 주지 않는다. 보석금 액수에 영향을 미치는 요인이 많기 때문이다. 가석방 결정과 관련하여, 이 연구는 가석방위원회가 바람직한 수준의 재범률(a desired level of recidivism) 달성에 관심이 있다고 주장한다. 가석방위원회는 수감을 지속시키는 비용과 석방된 수감자가 향후 범죄를 저질러 발생하는 비용 사이의 상충관계에 직면한다. 단순히 흑인 수감자와 백인 수감자 간의 가석방 허가 결과가 다르다는 것 자체는 허가 결과를 다르게 만드는 원인에 관해 많은 것을 알려 주지 않는다. 가석방 결정에 영향을 미치는 요인이 많기 때문이다.

보석 연구는 흑인 피고인과 백인 피고인 사이의 다른 도주 위험(보석 보증금 요율로 측정)을 판사의 인종 편견 지표로 사용한다. 흑인 피고인이 백인 피고인보다 도주 위험이 낮으므로, 보석금 연구는 흑인 피고인이 과도한 보석금을 책정하는 판사의 인종 편견에 직면할 수 있다는 결론을 내린다. 가석방 연구에서는 흑인 출소자와 백인 출소자 간의 재범률 차이가 가석방 허가에서의 인종 편견을 확인하는 데 사용된다. 만약 가석방위원회가 바람직한 수준의 재범률 달성에만 관심이 있다면, 인종은 가석방 허가의 요소가 되어서는 안된다. 따라서 만일 흑인 출소자가 백인 출소자에 비해 재범률이 낮다면, 흑인 수감자는 가석방위원회 위원들의 인종 편견으로 인해 가석방 결정에서 불이익을 당한 것이다. 즉, 흑인의 재범률이 더 낮다면, 이는 목표 재범률에 도달하였을 때 흑인이 가석방되지 않음을 시사한다. 미국 펜실베이니아주에서 1999년부터 2003년까지 출소한 모든 수감자 자료를 사용하여, 연구는 흑인 출소자와 백인 출소자 간의 재범률에 차이가 없다는 것을 발견하였으며, 적어도 연구 자료에서는 가석방 결정에서의 인종 편견이 확인되지 않는다는 결론을 내린다.

3. 배심원의 편견

5장에서는 사형 사건에서 배심원의 편견 가능성을 분석한 두 연구를 언급하였다. 이 논의를 정교화하기 위해, 안와르, 베이어와 할마르손(Anwar, Bayer, and Hjalmarsson, 2012)은 보다 일반적 사건, 즉 비사형 사건에서 배심원의 편견을 검토한다. 이 연구에 따르면, 흑인 배심원의 존재는 평결에 영향을 미친다. 즉, 흑인 배심원의 존재는, 없는 경우와 비교하여, 흑인 피고인의 유죄 평결률을 감소시키고 백인 피고인의 유죄 평결률을 증가시킨다. 이 결과에서 특이한 점은 흑인 배심원이 배심원 후보자군(jury pool)에 포함되어 있으면, 실제 배심원단에 흑인이 1명도 없는 경우에도 이 결과가 유지된다는 것이다. 양적으로, 연구는 백인만으로 구성된 배심원 후보자군에서 뽑힌 배심원단의 흑인 피고인에 대한 유죄 평결률은 백인 피고인에 대한 유죄 평결률보다 16% 높다는 것을 발견하였다. 그러나 이 유죄 평결률의 차이는 적어도 흑인 1명이 배심원 후보자군에 포함되면 사라진다.

배심원 후보자군에 적어도 흑인 1명이 포함되는 것이 어떻게 유죄 평결률에 영향을 미치는가? 연구는 두 가지 기본 효과를 제시한다. 하나는 직접 효과이며, 다른 하나는 간접 효과이다. 직접 효과는 단순하다. 배심원단에 흑인 배심원이 1명 이상 포함된 경우, 해당 배심원이 심의에 영향을 미칠 수 있으며, 또는 검찰과 변호인이 사건을 제시하는 방식에 영향을 미칠 수 있다. 그리고 배심원단에 흑인 배심원이 포함될 수 있는 유일한 방법은 배심원 후보자군에 흑인이 1명 이상 포함된 경우이다. 간접 효과는 직접 효과보다 미묘하다. 간접 효과는 백인만으로 구성된 배심원단이 뽑힌 배심원 후보자군에 흑인이 1명 이상 포함되면, 왜 백인 배심원단이 영향을 받을 수 있는지를 이해하는 열쇠이다.

배심원단을 구성할 때 변호사(및 판사)는 배심원단 선정 과정에 참여한다. 이 과정은 일반적으로 배심원 후보자가 자세한 질문서를 작성하는 것으로 시작되며, 배심원 후보자는 정당한 사유(피고인과 이전에 관계가 있었다는 등의 정당한 배심원 배제 사유)가 있으면 배제될 수 있다. 정당한 사유로 잠재적 배심원을 배제하는 것 외에도 변호사는 몇 개의 절대적 기피권(peremptory challenges)을 사용할 수 있다. 전통적으로, 절대적 기피권은 변호사에게 정당한 사유 없이 어떤 잠재적 배심원도 배제할 수 있는 완전한 재량권을 부여한다. 물론 절대적 기피권이 매우 차별적인 것으로 생각되면, 사용이 제한될 수도 있다. 그럼에도 불구하고, 변호사는 여전히 절대적 기피권을 사용할 수 있는 엄청난 재량권을 가진다.

변호사는 자기 편에 불리하다고 생각되는 배심원을 배제하고 싶어 한다. 어려운 결정이지만, 변호사는 질문서의 정보 외에도 인종, 성별, 나이, 종교와 같은 인구통계학적 특성을 고려할 수 있다. (사건의 성격에 따라) 양측에 부여되는 절대적 기피권의 수가 한정되어 있다. 따라서 배심원 후보자군이 어느 일방에 불리할수록 그 당사자 측은 자신이 원하는 만큼 모든 배심원을 배제하기가 어려워진다. 이것이 바로 간접 효과의 핵심이다.

예를 들어, 피고인이 흑인이고, 백인으로만 구성된 배심원 후보자군이 있다고 가정해 보자. 검사가 여러 번의 절대적 배제 기회를 부여받게 되면 자신에게 가장 불리하다고 판단되는 백인 배심원 후보자를 배제하기 위해 모든 절대적 기피권을 사용한다. 이제 배심원 후보자군에 흑인 후보자가 몇 명 있고, 평균적으로 흑인은 백인보다 검사 측에 호의적이지 않다고 가정하자. 이는 평균적으로 배심원 후보자군을 이전보다 검찰에 불리하게 만든다. 검찰이 제한된 숫자의 절대적 기피권을 흑인을 배제하기 위해 사용하는 경우, 검찰에게 가장 불리한 백인 후보자가 배심원단에 합류하게 되고, 그 결과 백인으로만 구성된 배심원단에서도 흑인 피고인에 대한 유죄 평결 확률이 낮아질 수 있다.

연구는 배심원의 인종 편견을 줄이기 위한 실행 가능한 단순한 해결책을 제시한다. 배심원 후보자군(실제 배심원단이 아니라)을 인구통계학적으로 혼합하는 것이다. 이 제안은 단순히 학문적 관심에 국한된 해결책이 아니다. 비슷한 정책 추진의 실제 사례가 있다. 1970년대 중반부터 1990년대 후반까지 많은 주에서 배심원단 선정 절차를 변경하여 배심원 후보자군 선정의 무작위성을 높였다. 변경 이전에는 많은 관할권에서 특정 사람들(배심원 위원, 민간 배심원 위원회 등)이 배심원으로 활동할 자격이 있는 개인을 선택할 수 있었다. 이러한 무작위적이지 않은 재량권으로 인해 일부 관할권에서는 흑인 및 기타 소수 인종이 배심원 후보자군에서 제외되었을 것이다. 리(Lee, 2017)는 배심원 후보자군 선정 절차의 변화가 흑인과 기타 소수 인종의 교도소 수감에 미치는 영향을 분석하였다. 이 연구는 배심원 후보자군 인구 구성의 확대가 소수 인종의 교도소 수감 비율을 크게 감소시킨다는 결과를 제시한다.

4. 인종과 범죄 이력 조회

전과자는 출소 후 다시 범죄를 저지르는가? 대답이 "예"라면, 집행 당국은 재범 방지 정책을 고민해야 한다. 일반적으로 범죄 억지 정책들은 초범은 물론 재범도 억지할 수 있다. 또한 삼진아웃제(4장)나 성범죄자 등록법(3장)과 같은 정책들은 특히 상습 범죄자를 대상으로 한다. 재범률을 증가시키는 하나의 요인은 전과자가 합법적 일자리를 구하기 어렵다는 것이다.

고용주는 범죄 기록이 있는 근로자의 고용을 꺼릴 수 있다. 고용주가 이들 근로자를 신뢰할 수 없는 사람으로 생각하거나, 이들이 저지를지 모르는 범죄 행위에 책임질 것을 걱정할 수 있다. 또한 전과자의 특정 직무 수행이 법으로 금지될 수 있다. 어떤 경우이든, 전과자가 합법적인 노동력으로 사회로 복귀하는 데 어려움을 겪는다면, 이는 그들의 재범 확률을 증가시킨다. 이 문제에 대한 하나의 가능한 해결책은 전과자가 합법적인 일자리를 찾을 수 있는 확률을 높이기 위해 고용주의 범죄 이력 조회(criminal background checks)를 허용하지 않는 것이다. 사실상 범죄 이력 조회 제한은 범죄를 감소시키는 유용한 사회 정책이 될 수 있다.

그러나 홀저, 라파엘과 스톨(Holzer, Raphael, and Stoll, 2006)은 고용주의 범죄 이력 조회 제한에는 단점이 있다고 지적한다. 놀랍게도 미국 남성의 상당수가 감옥에서 일정 기간 복역한다. 그 비율은 약 9%에 달한다. 그 비율은 인종별로 다르다. 흑인 남성의 28%, 히스패닉 남성의 16%, 백인 남성의 4%가 감옥에서 복역한 경험이 있다. 만약 고용주가 지원자의 범죄 이력에 대해 우려하고 있으나 범죄 기록에 접근할 수 없는 경우, 고용주는 근로자의 인종을 범죄 이력의 대리 변수로 사용할 수 있다. 흑인 남성의 상당수가 감옥에서 복역한 적이 있으므로, 고용주는 범죄 이력이 없는 흑인 근로자를 부당하게 배제할 수 있다. 따라서 범죄 이력 조회가 제한되지 않아야 범죄 이력 없는 소수 인종의 취업 전망이 개선될 수 있다.

이는 두 가지 상반된 효과를 남긴다. 범죄 이력 조회가 허용되면, 범죄 기록이 있는 소수 인종의 취업 기회는 줄어들지만, 범죄 기록이 없는 소수 인종의 취업 기회는 늘어난다. 반대로 범죄 이력 조회가 제한되면, 고용주가 인종을 범죄 이력의 대리 변수로 사용할 경우, 범죄 기록이 있는 소수 인종의 취업 기회는 늘어나지만, 범죄 기록이 없는 소수 인종의 취업 기회는 줄어든다. 그렇다면 사회 정책 측면에서 적절한 질문은 다음과 같다. 고용주의 범죄 이력 조회가 제한되면, 소수 인종 근로자의 취업 전망은 개선되는가 또는 악화되는가?

이 연구는 1992년 6월부터 1994년 5월까지 미국의 대도시인 애틀랜타, 보스턴, 디트로이트, 로스앤젤레스의 3,000개 이상의 기업에서 수집한 설문조사 자료를 이용하여 위의 질문에 대한 실증적인 답을 제공하려고 한다. 연구의 표본에 따르면, 약 32%의 기업은 범죄 이력 조회를 항상 하고, 17%는 가끔 하며, 51%는 전혀 하지 않는다. 또한 범죄 이력이 있는 지원자를 채용할 가능성이 없거나 절대로 채용하지 않을 것이라는 기업은 약 62%였으며, 채용할 가능성이 있거나 확실히 채용할 것이라는 기업은 38%였다. 더욱이, 범죄 이력이 있는 근로자 채용에 대한 기피는 복지 수급자, 고등학교 졸업장 미소지자, 불규칙한 직장 경력을 가진 자, 1년 이상 실업 상태에 있는 자 등 다른 잠재적 낙인이 있는 근로자의 채용에 대한 고용주의 기피보다 훨씬 더 강하다.

연구의 주요 결과는 범죄 이력을 조회하는 고용주가 조회하지 않은 고용주보다 흑인 근로자를 채용할 확률이 높다는 것이다. 즉, 범죄 기록이 없는 흑인의 취업 전망 개선이 범죄 기록이 있는 흑인의 취업 전망 악화를 상쇄하고도 남는다. 이 연구는 고용주의 범죄 이력 조회를 어렵게 만드는 것이 채용에서의 인종 차별을 악화시킬 수 있으며, 소수 인종에게 도움이 되기보다는 피해를 줄 수 있다고 결론지었다. 그러나 동시에 범죄 이력 조회가 허용된다면 경미한 범죄 이력이 있는 전과자가 합법적 노동 시장에 진입하기 어렵다는 점도 정확히 지적하고 있다. 이 효과와 관련된 사회적 비용의 일부는 재범의 증가일 것이다.

5. 호주에서의 인종 편견

국제 자료를 이용한, 형사사법 제도에서의 인종 차별에 관한 엄밀한 경제학 연구는 찾기 어렵다. 하지만 적어도 인종 편견에 관한 (비공식적인) 국제적 사례 하나는 제시하는 것이 도움이 될 것이다. 호주에서는 1991년 5권으로 구성된 『구금 중 원주민 사망에 관한 왕립위원회 보고서』(*The Royal Commission in Aboriginal Death in Custody*)가 호주 형사사법 제도의 개혁 가능성에 관한 실질적인 공개 토론을 촉발시켰다. 이 보고서의 주요 발견은 원주민이 구금에서 과대 대표된다는 것이다. 이 구금의 과대 대표성은 원주민 범죄율이 상대적으로 높기 때문이라고 주장할 수도 있으나(예를 들어, 웨더번, 피츠제럴드와 후아[Weatherburn, Fitzgerald, and Hua], 2013 참조), 형사사법 제도의 제도적 편향 때문이라는 주장도 있다.

보고서는 형사사법 제도의 개혁이 필요하다는 점을 인정하였으나, 다른 우려 사항도 강조하였다.

> 형사사법 제도의 운영 방식 변경만으로는 구금되는 사람의 수나 구금 중 사망하는 사람의 수에 큰 영향을 미치지 못한다. 원주민이 범죄를 저지르게 만들고 형사사법 제도가 왜 그들에게 초점을 맞추는지를 설명해 주는 사회적 및 경제적 환경이 과대 대표의 훨씬 더 중요한 요인이다(커넌[Cunneen], 2006, 355쪽, 왕립위원회 보고서 인용).

이러한 문제점을 해결하기 위해 보고서는 총 339개의 권고 사항을 제시하였다. 126개는 과대 대표와 관련된 근본적인 사회 경제적 요인을 다루는 권고 사항, 106개는 형사사법 제도와 과대 대표에 관한 권고 사항, 107개는 구금 중 사망에 관한 권고 사항이다.

보고서에 대한 응답으로, 호주 정부는 권고 사항을 이행하기 위해 4억 호주 달러를 배정하였다. 권고 사항의 약 3분의 1이 형사사법 제도의 개혁과 관련된 것이었으나, 소액의 자금(720만 달러 또는 전체의 1.9%)만이 치안 유지, 구금 제도, 형법, 사법 절차 등 형사사법 제도의 개혁에 배정되었다. 가장 많은 자금

(7,160만 달러, 17.9%)은 원주민의 마약 및 알코올 서비스에 배정되었다. 자금은 또한 토지 취득 및 개발 프로그램(6,000만 달러, 15%), 법률 서비스(5,040만 달러, 12.6%), 지역사회 개발 고용 프로그램(4,390만 달러, 11%)에도 배정되었고, 나머지는 다양한 사회 프로그램에 배정되었다(커닌, 2006 참조). 이들 프로그램이 원주민의 과대 대표성을 해소하는 데 얼마나 효과적이었는지는 아직 미지수이지만, 호주의 경험은 집행 당국이 적어도 형사사법 제도의 잠재적 편견을 인정하고 해결하려는 의지가 있었음을 보여 준다.

거의 모든 사람이 형사사법 제도에 인종 차별이 존재한다고 생각하고 있다. 이 장(그리고 5장)에서 논의된 많은 연구는 인종 편견이 경찰관, 검사, 판사, 배심원, 선출직 공무원 등 제도의 모든 수준에서 발견될 수 있다는 증거를 제시한다. 그러나 중요한 것은 인종 집단과 민족 집단은 물론 성별 집단이 형사사법 제도에서 다르게 취급된다는 사실 자체가 편견이 존재한다는 증거는 아니라는 것이다. 앞서 언급하였듯이, 피고인들이 범죄 행동과 범죄 이력에 영향을 미치는 여러 복합 요인 측면에서 정말로 다르다면 효율적 제도는 피고인들을 다르게 취급해야 한다.

여기서 경제적 분석의 중요한 기여는 인종 차별을 입증하려면 용의자, 피고인, 수감자, 사형수 등의 사법 처리에 영향을 미칠 수 있는 여러 요인을 신중하게 검토해야 한다는 점을 명확하게 인정한 것이다. 더욱이 편견의 식별 자체가 편견 완화를 위해 어떤 정책을 시행할 수 있는지 또는 그 정책의 비용과 편익은 무엇인지 제시해 주지 않는다. 인종, 성별 및 기타 편견은 형사사법 제도가 직면한 가장 난해하고 논쟁적인 사회 정책 문제이다.

참고문헌

Antonovics, K. and B. G. Knight(2009), "A New Look at Racial Profiling: Evidence from the Boston Police Department," *Review of Economics and Statistics*, 91: 163~177.

Anwar, S. and H. Fang(2015), "Testing for Racial Prejudice in the Parole Board Release Process: Theory and Evidence," *Journal of Legal Studies*, 44: 1~37.

Anwar, S., P. Bayer, and R. Hjalmarsson(2012), "The Impact of Jury Race in Criminal Trials," *Quarterly Journal of Economics*, 127: 1017~1055.

Arnold, D., W. Dobbie, and C. S. Yang(2018), "Racial Bias in Bail Decisions," *Quarterly Journal of Economics*, 133: 1885~1932.

Ayres, I. and J. Waldfogel(1994), "A Market Test for Race Discrimination in Bail Setting," *Stanford Law Review*, 46: 987~1047.

Cunneen, C.(2006), "Racism, Discrimination and the Over-representation of Indigenous People in the Criminal Justice System: Some Conceptual and Explanatory Issues," *Current Issues in Criminal Justice*, 17: 329~346.

Glaeser, E. L. and B. Sacerdote(2003), "Sentencing in Homicide Cases and the Role of Vengeance," *Journal of Legal Studies*, 32: 363~382.

Grogger, J. and G. Ridgeway(2006), "Testing for Racial Profiling in Traffic Stops from Behind a Veil of Darkness," *Journal of the American Statistical Association*, 101: 878~887.

Heaton, P.(2010), "Understanding the Effects of Antiprofiling Policies," *Journal of Law and Economics*, 53: 29~64.

Holzer, H. J., S. Raphael, and M. A. Stoll(2006), "Perceived Criminality, Criminal Background Checks and the Racial Hiring Practices of Employers," *Journal of Law and Economics*, 49: 451~480.

Horrace, W. C. and S. M. Rohlin(2016), "How Dark Is Dark? Bright Lights, Big City, Racial Profiling," *Review of Economics and Statistics*, 98: 226~232.

Knowles, J., N. Persico, and P. Todd(2001), "Racial Bias in Motor Vehicle Searches: Theory and Evidence," *Journal of Political Economy*, 109: 203~229.

Lee, J. N.(2017), "The Process Is the Punishment: Juror Demographics and Case Administration in State Courts," *American Law and Economics Review*, 19: 361~390.

McIntyre, F. and S. Baradaran(2013), "Race, Prediction, and Pretrial Detention," *Journal of Empirical Legal Studies*, 10: 741~770.

Mustard, D. B.(2001), "Racial, Ethnic, and Gender Disparities in Sentencing Evidence from the U.S. Federal Courts," *Journal of Law and Economics*, 44: 285~314.

Quintanar, S. M.(2017), "Man vs. Machine: An Investigation of Speeding Ticket Disparities Based on Gender and Race," *Journal of Applied Economics*, 20: 1~28.

Rehavi, M. M. and S. B. Starr(2014), "Racial Disparity in Federal Criminal Sentences," *Journal of Political Economy*, 122: 1320~1354.

Sanga, S.(2009), "Reconsidering Racial Bias in Motor Vehicle Searches: Theory and Evidence," *Journal of Political Economy*, 117: 1155~1159.

Starr, S. B.(2015), "Estimating Gender Disparities in Federal Criminal Cases," *American Law and Economics Review*, 17: 127~159.

Tomic, A. and J. K. Hakes(2008), "Case Dismissed: Police Discretion and Racial Differences in Dismissals of Felony Charges," *American Law and Economics Review*, 10: 110~141.

Weatherburn, D., J. Fitzgerald, and J. Hua(2003), "Reducing Aboriginal Overrepresentation in Prison," *Australian Journal of Public Administration*, 62: 65~73.

제7장

사적 범죄 억지

범죄와 싸우는 것은 공공 기관과 슈퍼히어로만의 일이 아니다. 일반 시민들도 범죄를 억지하기 위해 엄청난 자원을 투입하고 있다. 실제로 범죄 억지를 위한 사적 지출은 공공 지출보다 3배 이상 많다(필립슨과 포즈너[Philipson and Posner], 1996 참조). 전형적인 사적 범죄 억지 노력에는 데드볼트 잠금장치, 창문 창살, 도난경보기, 울타리, 개, 무기 등의 주택 보안 수단들이 포함된다. 특정 지역 및 출입구가 있는 커뮤니티의 주민들은 사적 보안 요원을 고용하여 자신과 재산을 보호하기도 한다. 우리는 범죄와 싸우기 위해 투입된 공공 자원의 비용과 편익을 자세히 조사해야 한다. 하지만 사적 시민이 범죄 억지를 위해 자기 돈을 어떻게 지출하는지에도 관심을 가져야 하는가?

경제학자들은 재화와 서비스 구매에 관한 사적 결정을 분석할 때, 매우 간단한 전제를 사용한다. 만일 개인이 제품을 구매한다면, 제품의 가치(또는 제품에 대한 지불 의사)는 틀림없이 가격을 초과할 것이다. 당신이 가격이 1,000달러인 텔레비전을 구입한다면, 그 텔레비전의 가치는 틀림없이 1,000달러 이상이다. 당신이 텔레비전의 가치를 1,000달러 미만으로 평가하면, 텔레비전 구매는 당신에게 이득이 되지 않는다. 당신이 어떤 결정을 하든, 당신의 구매 결정을 장려 또는 억지하는 공공 정책에 관해 논쟁할 경제학자들은 거의 없다. 그러나 경제학자들은 개인의 주택 보안 장치 구매에 대해서는 학문적 관심을 보인다. 왜 그런가?

하나의 분명한 대답은 당신의 구매가 다른 사람에게 직접적인 피해를 줄 수 있기 때문이다. 당신이 자신을 보호하기 위해 총을 구입한다고 하자. 당신은 어느 날 분노하여 그 총을 다른 사람을 해치는 데 사용할 수 있다. 또는 덜 심각한 예로, 당신이 창문에 창살을 설치하면 이웃 사람들이 창문이 보기 흉하다고 생각할 수 있다. 그러나 개인적으로 구매한 보안 장치가 다른 사람에게 직접적인 피해를 주지 않더라도, 더 큰 사회적 문제가 관련되어 있을 수 있다. 이들 보안 장치가 실제로 범죄를 억지하는가? 만약 아니라면, 범죄 억지를 위해 투입된 자원은 사회적 관점에서 낭비된 것일 수 있다.

1. 억지 대 전치

사람들이 주택 보안 장치를 구입하는 이유는 간단하다. 절도를 줄이거나 예방하는 것이다. 당신이 창문에 창살을 설치하고 문에 값비싼 데드볼트 잠금 장치를 설치한다고 하자. 당신은 도둑이 이웃집에 들어오는 것을 방지하려는 것이 아니라, 당신 집에 들어오는 것을 방지하려는 것이다. 물론, 당신은 이웃이 도둑맞는 것을 원하지 않겠지만, 당신의 주된 관심사는 아니다. 그러나 불행하게도 당신 집을 안전하게 만들면 이웃집이 도둑맞을 확률이 높아질 수 있다.

창문에 창살을 설치하면 당신은 잠재적 범죄자에게 당신 집에 침입하기 어렵다는 것을 분명하게 보여 줄 수 있다. 일부 범죄자는 여전히 당신 집에 침입할만 하다고 생각하지만, 다른 범죄자들은 쉬운 표적을 찾아 다른 집을 선택할 것이다. 따라서 이 주택 보안 투자는 당신의 집에 침입하려는 범죄자를 막을 수는 있지만, 다른 사람의 집에 침입하려는 범죄자를 막지 못한다. 이 경우 당신의 행동은 범죄를 억지하는 것이 아니라, 범죄를 전치(displace)하는 것이다(샤벨[Shavell], 1991 참조).

여기서 중요한 문제는 범죄자가 사적 보안 수단을 관찰할 수 있는지(observable)이다. 범죄자가 창문의 창살, 울타리, 시끄럽게 짖는 개를 명확하게 관찰할 수 있으면, 범죄자는 이런 보안 조치에 투자하지 않는 집을 표적으로 삼을 것이다. 당신은 이런 수단으로 편익을 얻지만, 사회는 그렇지 않다. 범죄가 단지 전치될 뿐이라면, 희소한 자원이 투입되나 범죄율이 변하지 않으므로 범죄 억지라는 사회적 목표는 달성되지 않는다. 즉, 사적 편익이 사회적 편익으로 이어지지 않는다.

한편, 범죄자들이 관찰할 수 없거나(unobservable) 적어도 쉽게 관찰할 수 없는 사적 보안 수단도 있다. 예를 들어, 당신은 범죄자가 집에 침입하기 전에는 알 수 없는, 귀중품을 보관하기 위한 금고나 도난경보기를 설치할 수 있다. 이런 수단들은 범죄자의 침입을 완전히 막지는 못하지만, 당신의 재산을 노리는 범죄자의 비용을 증가시킬 수 있다. 범죄 억지의 주요 목표는 공적 수단 또는 사적 수단을 통해 합리적 범죄자의 범죄 비용을 증가시키는 것이다. 더욱이 당신은 관찰할 수 없는 보안 수단을 통해 당신의 집이 도둑맞을 확률을 줄일 수 있을 뿐만 아니라 당신의 이웃집이 도둑맞을 확률도 줄일 수 있다. 이는 심지어 당신의 이웃이 사적 보안 수단에 투자하지 않은 경우에도 성립한다.

만약 사적 보안 수단이 쉽게 관찰될 수 없다면, 범죄자는 범행을 결정할 때 자신이 직면할 비용이 증가할 수 있다는 점을 고려한다. 강도의 잠재적 피해자가 무기를 숨겨 소지하고 있지 않을까? 경찰의 도난 자동차 위치 추적을 쉽게 해주는 추적 장치가 자동차에 숨겨져 있지 않을까? 외부인의 주택 침입을 보안 요원에게 알려 주는 무음 경보기가 설치되어 있지 않을까? 만약 범죄자가 피해자가 관찰할 수 없는 보안 장치를 설치하였는지 정확히 파악할 수 없다면, 피해자의 실제 설치 여부와 관계없이 범죄자가 보안 장치에 직면할 확률은 증가한다. 따라서 관찰 불가능한 사적 보안 수단은 단순히 범죄를 전치하는 것이 아니라 범죄를 억지할 수 있다. 이 경우 사적 보안 수단은 사회적 편익으로 전환되는 사적 편익을 가진다.

종합하면, 사회적 관점에서 볼 때 개인은 관찰할 수 있는 보안 수단에는 과다 투자하고, 관찰할 수 없는 보안 수단에는 과소 투자한다. 관찰할 수 있는 사적 보안 수단은 사적 편익을 주지만, 범죄가 단순히 한 피해자에게서 다른 피해자에게로 전치되므로 사회적 편익은 없다. 사적 보안 수단에 투입된 자원은 사회적 의미에서 낭비된다. 반면 관찰할 수 없는 사적 보안 수단은 사적 편익과 사회적 편익을 준다. 하지만 개인의 관점에서는 사회적으로 최선일지라도 관찰할 수 없는 보안 수단에 투자하는 것이 최선의 자기 이익에 부합하지 않는다. 당신의 이웃이 전체 범죄율을 낮출수 있는데, 왜 당신이 추가 비용을 지출해야 하는가? 개인은 자기 행동의 추가적 사회적 편익을 고려하지 않는다. 따라서 사적인 보안 수단에 충분한 자원을 투입하지 않는다. 정책적 관점에서, 일부 경제학자들은 사회적 개입의 역할은 관찰할 수 있는 사적 보안 수단을 억지하고(또는 적어도 장려하지 않고) 관찰할 수 없는 사적 보완 수단을 장려하는 것이라고 주장한다.

에어즈와 레빗(Ayres and Levitt, 1998)은 자동차 절도를 감소시키기 위해 고안된 관찰할 수 없는 보안 장치의 사용을 분석하였다. 1986년 로잭(Lojack) 회사는 자동차에 설치할 수 있는 무선 송신 추적 장치(간단히 로잭이라고 함)를 출시하였다. 로잭이 장착된 자동차가 도난당하면 경찰이 원격으로 송신기를 활성화하여 도난 자동차의 이동 경로와 위치를 추적할 수 있다. 매사추세츠주가 로잭의 사용을 허용한 첫 번째 주였으며, 1994년(연구 표본의 종료 기간)까지 12개의 다른 주가 그 뒤를 따랐다.

여러 이유에서 로잭은 관찰할 수 없는 사적 보안 수단이 범죄율에 미치는 영향을 검증하기에 아주 좋은 조건을 제공한다. 첫째, 로잭은 순수한 사적 보안 수단이다. 신차 구매자는 구매 시 일회성 요금을 지불하고 로잭을 설치할 수 있다. 둘째, 로잭은 관찰할 수 없는 보안 수단이다. 로잭은 자동차의 여러 곳에 숨겨져 있을 수 있다. 정부는 로잭의 시장 진입 조건으로 자동차의 로잭 설치 여부가 식별되지 않을 것을 요구하였다. 더욱이 자동차 소유자는 자신의 자동차에 로잭의 설치 여부가 식별되지 않는 경우에만 보험료 할인을 받을 수 있다. 셋째, 로잭은 경찰이 도난 자동차를 신속하게 찾고 절도범을 체포할 수 있게 할 뿐만 아니라, 도난당한 자동차를 해체하는 '찹샵'(chop shops)을 찾아내 폐쇄할 수 있게 해준다. 또한, 자동차 절도범이 상습 범죄자라면 감옥의 무력화 효과를 통해 범죄율을 낮출 수 있다. 넷째, 관찰할 수 없는 보안 수단으로서 로잭은 자동차 소유자에게는 억지 가치가 거의 없다. 로잭의 사적 편익은 특정 자동차가 도난당할 확률을 낮추는 것이 아니라, 도난당한 자동차의 회수율을 높이는 것이다.

이 연구의 실증 분석 결과는 매우 놀랍다. 로잭이 3대에 설치될 때마다 1건의 자동차 절도가 억지된다. 또한, 이 억지 효과는 로잭의 광범위한 사용에 의존하지 않는다. 로잭은 새 차에만 사용될 수 있으며, 일반적으로 분석 대상 시장에 등록된 2% 미만의 자동차에 설치되어 있다. 하지만 새 차에 이 장치가 설치될 확률이 높아지면, 자동차 절도범은 더 높은 범죄 비용에 직면하게 되고 로잭으로 인해 범죄가 억지된다.

연구는 로잭과 관련된 세 가지 유형의 범죄 전치 효과를 측정한다. 첫째, 자동차 절도범이 로잭이 있는 시장에서 로잭이 없는 시장으로 이동한다는 증거는 발견되지 않는다. 둘째, 로잭의 도입으로 인해 불법침입, 강도, 폭행, 살인 등의 범죄율이 증가하지 않는다. 셋째, 발견된 한 가지 전치 효과는 로잭이 장착되지 않은 구형 자동차의 자동차 절도가 증가한 것이다. 그러나 이 전치 효과는 억지 효과보다 작다.

철저한 검토를 위해, 연구는 자동차 절도 범죄율의 감소를 설명할 수 있는 다른 가능한 효과들을 검토한다. 로잭의 시장 진입이 자동차 절도를 감소시키려는 경찰 노력의 증가와 시기적으로 일치할 수 있다. 자동차 소유자가 도난을 방지하기 위해 다른 예방 조치를 취할 수도 있다. 만일 자동차 도난을 방지하기 위한 공적 및 사적 집행 노력이 추가로 이루어지고 있다면, 로잭의 범죄 억지 기여 정도는 과장될 수 있다. 그러나 연구는 이 같은 다른 효과의 증거를 찾지 못하였다.

연구가 측정하려는 마지막 효과는 관찰할 수 없는 사적 보안 수단의 과소 공급 정도이다. 앞에서 언급한 것처럼, 개인의 보안 장치 구매의 사적 편익이 사회적 편익보다 작으면 보안 장치 구매를 장려하기 위한 사회적 개입이 필요할 수 있다. 연구에 따르면 범죄 감소 기준으로 로잭의 사적 편익은 사회적 편익의 약 10%에 불과한 것으로 추정된다. 따라서 개인은 다른 사람들이 로잭을 설치하여 전체적으로 자동차 절도가 감소할 수 있으므로 자신은 로잭을 설치할 가치가 없다고 판단할 수 있다.

로잭이 진정으로 자동차 도난을 억지하는 매우 효율적인 방법이라면, 더 많은 개인에게 로잭을 설치할 경제적 유인을 제공하는 것이 사회의 최선의 이익에 부합한다. 이 연구의 표본 기간에 시도된 경제적 유인 체계 중 하나는 로잭을 설치한 자동차 소유주에 대한 보험료 할인을 주 정부가 강제한 것이었다. 이는 자동차 소유주의 로잭 설치의 사적 편익을 증가시켰다. 그러나 실제 할인 정도는 사회적으로 최적이라고 생각되는 수준보다 훨씬 작았던 것 같다.

2. 총기 소지 허용법

총기 규제법이 범죄에 미치는 영향을 분석한 다수의 경제학 연구가 있다. 이 중 일부는 개인이 공공장소에서 권총을 보이지 않게 휴대하는 것을 허용하는 법에 초점을 맞추었다. 이 법은 소위 '총기 소지 허용법'(shall-issue laws)으로 알려져 있다. (총기 소지 허용법은 주 정부가 일정 요건을 갖춘 신청자에게 총기를 보이지 않게 소지하는 것을 허가해야 하는 법을 말한다. 이에 반해 총기 소지 허가법[may-issue law]은 주 정부가 일정 요건을 갖춘 신청자에게 총기를 보이지 않게 소유하는 것을 허가할 수 있는 법을 말한다 - 역자) 총기 소지 허용법의 주요 편익은 많은 개인이 권총을 숨겨 소지할 수 있게 하여 (무기를 사용하는 범죄자라도) 범죄자가 직면하는 범죄 비용을 높이는 것이다. 그러나 총기 소지 허용법의 핵심은 권총이 반드시 숨겨져야 한다는 것이다. 위에서 설명한 로잭 보안 장치와 마찬가지로, 개인이 권총을 보이지 않게 휴대할 수 있게 되면 범죄자들은 잠재적 피해자의 높아진 무장 확률에 직면한다. 이렇게 높아진 무장 확률은 범죄자에게 더 높은 비용을 부과하여 범죄율을 낮출 수 있다.

그러나 이론적으로 총기 소지 허용법이 범죄율에 미치는 영향은 몇 가지 이유에서 모호하다. 첫째, 총기 소지 허용법이 범죄자를 폭력 범죄 대신 비폭력 범죄로 유도할 수 있다. 따라서 강도는 줄어들 수 있지만 불법침입과 자동차 절도는 늘어날 수 있다. 둘째, 합법적인 총기 허가를 받기가 쉬울수록, 비록 구매 시 안전 조치가 마련되어 있다고 해도, 범죄자가 총기를 더 쉽게 얻을 수 있다. 합법적으로 권총을 구매한 개인이 범죄자에게 총기를 판매하거나 총기를 도난당할 수도 있다. 셋째, 총기가 더 많이 유통될수록 총기 관련 사고, 자살 및 치명적 결과로 이어지는 분노에 의한 우발적 행동이 증가할 수 있다. 넷째, 무장한 잠재적 피해자가 많아질수록, 범죄 실행 시 범죄자의 폭력 사용이 증가할 수 있다.

롯과 머스터드의 선구적 연구(Lott and Mustard, 1997)는 총기 소지 허용법이 범죄율에 미치는 영향을 실증적으로 분석하고 간결하고 명료한 결론을 도출한다. "우리의 증거는 숨겨진 권총이 지금까지 경제학자들이 분석한 어떤 법 집행 방법보다 범죄를 줄이는 가장 비용 효율적인 방법임을 의미한다. 숨겨진 권총은 법 집행 강화, 수감, 기타 개인 보안 장치와 사회적 프로그램보다 더 큰 효과를 제공한다"(65쪽). 또한 이 연구는 총기 소지 허용법을 채택하지 않은 주들이 총기 소지 허용법을 채택하였더라면 피해자 비용이 57억 달러(1992년) 감소하였을 것으로 추정한다.

상세하지는 않더라도, 57억 달러가 어떻게 계산되었는지 따져 보는 것이 이해에 도움이 된다. 연구는 통계 모형을 사용하여 총기 소지 허용법이 여러 범죄율에 미치는 영향을 예측한다. 그리고 이 예측 결과를 다음과 같은 가상적 질문을 던져 총기 소지 허용법을 채택하지 않은 주에 적용한다. 만약 총기 소지 허용법을 채택하였다면 이들 주의 범죄는 어떻게 되었을까? 그리고 이 예측에 기초하여 각각의 특정 범죄의 비용에 금전적 가치를 부여하고 피해자 비용의 순 절감액을 계산한다.

추정치는 다음과 같다(롯과 머스터드, 1997, 29쪽 표 5). 살인이 1,414건 감소하였을 것이다(살인 1건당 300만 달러의 가치). 강간이 4,177건 감소하였을 것이다(강간 1건당 9만 달러의 가치). 가중 폭행이 6만 363건 감소하였을 것이다(폭행 1건당 2만 3,000달러 가치). 강도는 1만 1,898건 감소하였을 것이다(강도 1건당 8,000달러 가치). 절도는 19만 1,743건 증가하였을 것이다(절도 1건당 380달러). 자동차 절도는 8만 9,928건 증가하였을 것이다(절도 1건당 3,888달러 가치). 불법침입은 1,052건 증가하였을 것이다(불법침입 1건당 1만 5,000달러 가치). 이 모든 추정치를 합산한 후, 연구는 폭력 범죄로 인한 피해자 비용이 61억 달러 감소하고 비폭력 범죄로 인한 피해자 비용이 4억 달러 증가한다고 결론짓는다. 결과적으로 범죄로 인한 피해자 비용은 57억 달러 감소한다.

분명히 할 점은 이 추정치를 사실로 받아들여서는 안된다는 것이다. 이 추정치는 평균적인 수치이며, 평균을 중심으로 많은 차이가 있을 수 있다. 또한 항상 그렇듯이 연구에 사용된 통계적 방법론에 관해서는 상당한 논쟁이 있다. 그러나 이 연구가 제시하는 수치 계산은 경제학자들이 비용과 편익의 정량화에 사용하는 일반적 기법을 보여 준다. 관련된 상충관계를 반영하여 총기 소지 허용법이 범죄를 감소시켜 양(+)의 순편익을 주며, 이 순편익이 정량적으로 클 수 있다고 결론짓는 것은 뛰어난 입증 방식이다.

그러나 위의 연구와 다른 결론을 제시한 연구도 있다. 예를 들어, 더건(Duggan, 2001)은 현재 연구에 활용할 수 있는 가장 신뢰할 수 있는 자료가 국가 수준의 자료밖에 없기 때문에, 주 간 또는 카운티 간 총기 소유의 변화를 분석하기 어렵다고 주장한다. 이 문제를 극복하기 위해 이 연구는 지역적 차이가 반영될 수 있는 총기 소유의 대리 변수를 제안한다. 연구는 총기 잡지 『총과 무기』(*Guns and Ammo*)의 판매량이 주와 카운티의 총기 소유 현황의 대리 변수가 될 수 있으며, 이 주장을 뒷받침하는 몇 가지 근거를 제시한다.

가장 중요한 것은 『총과 무기』 잡지의 판매 자료가 주와 카운티 수준에서 제공된다는 점이다. 더욱이, 이 잡지는 가장 많이 판매되는 다른 총기 잡지와 비교할 때 장총이 아닌 권총에 더 중점을 두고 있다. 권총은 범죄 및 자기방어용으로 흔히 사용되는 총기이기 때문에 『총과 무기』 잡지의 판매 자료는 권총 소유 패턴의 식별에 도움이 될 수 있다. 연구는 총기 소유와 상관관계가 있는 몇 가지 개인 특성(고등학교 졸업자이지만 대학을 졸업하지 않은 자, 남부 또는 서부 주에 거주 등)이 잡지 판매량과 상관관계가 있음을 발견하였다. 또한 『총과 무기』 잡지의 지역별 판매량이 총기 사고로 인한 사망률, 총기 판매량(총기 전시회 수로 측정), 전미총기협회(National Rifle Association) 회원 수와 직접적인 관련이 있음도 발견하였다. 이 모든 요인은 『총과 무기』 잡지의 판매량이 지역별 총기 소유의 합리적 대리 변수가 될 수 있음을 시사한다.

연구의 주요 결과는 총기 소유의 증가가 통계적으로 유의한 전체 살인율의 증가로 이어진다는 것이다. 연구는 총기 소유와 살인 사건 사이의 양(+)의 상관관계가 총기 소유가 더 많은 살인으로 이어지기 때문이 아니라 더 많은 살인 사건이 총기 소유에 대한 수요를 높이기 때문이라는 역인과관계를 주의 깊게 배제한다. 연구는 또한 앞의 연구 결과와 달리 총기 소지 허용법이 총기 소유율이나 범죄율에 미치는 영향을 발견하지 못하였다.

다른 범죄 관련 주제에서 여러 차례 반복해서 확인하였듯이, 실증적 합의는 존재하지 않는다. 총기 소지 허용법에 관한 에어즈와 도너휴(Ayres and Donohue, 2003)가 내린 강한 결론은 다음과 같다.

> 총기 소지 허용법의 도입이 일반적으로 범죄를 감소시킬 것이라는 강건하고 신뢰할 만한 통계적 증거는 아직 없다. 실제로 지금까지 제시된 비록 불완전하지만, 최상의 통계적 증거는 반대 방향을 가리키고 있다. 즉, 총기 소지 허용법의 도입이 일반적으로 범죄를 증가시킬 것이다(에어즈와 도너휴, 2003, 1285쪽).

이 서술이 낯설지 않게 들리는 이유는 총기 소지 허용법에 대한 논쟁이 사형제도에 대한 논쟁과 매우 유사하기 때문이다.

총기 소지 허용법이 억지 효과를 통해 범죄율을 감소시킬 수도 있고, 폭력 강화 효과를 통해 범죄율을 증가시킬 수도 있다는 것에 관해서는 광범위한 합의가 존재한다. 경제학자들은 이 두 가지 이론적 효과가 서로 상충되며, 따라서 이 상충되는 효과들이 실증적으로 규명되어야 한다고 생각한다. 그러나 실증적 증거를 검토해 보면, 연구마다 완전히 다른 결론을 제시한다. 연구에 따라 총기 소지 허용법이 범죄를 줄인다는 결론부터 범죄를 증가시킨다는 결론, 또는 범죄에 아무런 영향을 미치지 않는다는 결론까지 다양하다. 이 같은 연구 결과의 차이는 주로 자료의 차이와 통계 방법론의 문제에서 기인한다. 그리고 사형제도의 범죄 억지 효과에 관한 연구에서와 마찬가지로, 총기 규제를 연구한 저자들 사이에는 결코 쉽게 해결될 것 같지 않은 열정적이고 진지한 이견이 존재한다.

3. 총기 규제

미국에는 모든 주에 영향을 미치는 연방 총기 규제법(gun control laws)이 있고, 각 주는 연방법을 강화할 수 있다. 따라서 일부 주는 다른 주보다 엄격한 총기 규제법을 가지고 있다. 주마다 법이 다를 때 흔히 발생하는 문제는 범죄가 엄격한 법을 가진 주에서 약한 법을 가진 주로 전치될 수 있다는 것이다. 나이트(Knight, 2011)는 주 사이의 총기 규제법의 차이를 이용하여, 총기 규제법이 범죄 목적의 총기 소지에 미치는 영향을 조사하였다.

주의 총기 규제법이 연방법을 보완하는 방법에는 여러 가지가 있다. 비록 법은 비슷하지만, 주 정부의 개입은 연방 정부의 개입에 법 집행 자원을 추가한다. 그러나 모든 주가 같은 정도의 법 집행 열의를 가지고 있지는 않다. 예를 들어,

주의 법 집행 방식은 (1) 타인을 대신해 총기를 구매하는 '허수아비 구매자'(straw purchasers)에 대한 기소, (2) 총기 구매 시 정보를 위조한 사람에 대한 기소, (3) 신원 조회를 하지 않는 판매자에 대한 기소, (4) 일반인의 총기 판매를 막기 위한 총기 전시회 규제, (5) 총기 구매 허가 요건 추가, (6) 숨겨진 총기 소지 허가 제한, (7) 과거 경범죄 전과자의 구매 제한, (8) 총기 분실 또는 도난의 신고, (9) 개별 지방 자치 단체, 도시 및 카운티의 지역 총기 규제법에 대한 재량권 허용, (10) 총기 판매상 감독의 열 가지 총기 규제에서 드러나듯이 차이가 있다.

이들 규제 중 시행되고 있는 규제의 수는 주마다 엄청난 차이가 있다. 나이트의 연구는 미국 본토의 48개 주와 컬럼비아 특별구가 포함된 자료를 사용한다. 자료를 보면, 17개 주에서 5개 이상의 규제를 시행하고 있으며, 32개 주에서는 4개 이하의 규제를 시행하고 있다. 가장 엄격한 두 주인 뉴저지와 뉴욕은 열 가지 규제를 모두 시행하고 있다. 반면에 아이다호주, 텍사스주, 웨스트버지니아주 및 기타 8개 주는 아무런 규제도 시행하지 않고 있다. 이 연구의 관심사 중 하나는 한 주의 규제 입장이 이웃하고 있는 주의 다른 입장에 의해 어떻게 영향을 받는가이다. 예를 들어, 일리노이주는 8개의 규제를 시행하고 있어 총기 규제가 가장 강력한 주 중 하나이다. 그러나 일리노이주는 다른 6개 주와 국경을 접하고 있으며, 그중 4개 주는 총기 규제 정책이 훨씬 약한 인디애나주(3개 규제 시행), 위스콘신주(2개 시행), 미주리주(1개 시행), 켄터키주(0개 시행)이다. 총기 규제법이 약한 이웃 주들이 일리노이주의 강력한 법을 약화시키는가?

이 문제를 풀기 위해 이 연구는 미국 주류, 담배, 총기 및 폭발물 단속국(Bureau of Alcohol, Tobacco, Firearms and Explosives)에서 2009년 수집한 특별한 총기 추적 자료를 이용한다. 추적 자료를 이용하면, 범죄 현장에서 총기가 회수된 주와 총기를 처음 구입한 주의 연결이 가능하다. 2009년 당시, 이 자료에서 확인된 범죄에 사용된 총기의 3분의 1은 총기가 회수된 주 이외의 다른 주에서 구입된 것으로 확인된다. 이는 주 사이의 총기 이동이 꽤 많다는 것을 의미한다.

연구는 세 가지 주요 결과를 제시한다. 첫째, 주 사이의 총기 밀거래는 주 법의 엄격성 정도에 영향을 받는다. 총기는 법이 약한 주에서 법이 강한 주로 이동한다. 둘째, 주 사이의 총기 밀매는 먼 주보다 이웃 주 사이에서 더 두드러진다. 이는 잠재적 구매 주로부터 멀리 떨어진 주일수록 운송 비용이 증가하기 때문일 것이다. 셋째, 범죄자의 총기 소지율은 인근 다른 주의 총기 규제법이 약한 주에서 더 높은 경향이 있다.

정책적 관점에서 이 결과는 다양한 공공 정책에 존재하는 규제와 관련된 우려, 즉 연방의 규제적 (중앙집권적) 통제와 개별 주의 (지방분권적) 통제 사이의 긴장을 보여 준다. 연구의 맥락에서 만일(가정임을 분명히 한다) 탈중앙화된 제도 내에서 강력한 총기 규제법을 유지하는 것이 사회적 목표라면, 여기에 적용될 수 있는 비유는 사슬은 가장 약한 고리만큼만 강하다는 것이다. 즉, 총기가 주 경계를 넘나들 수 있는 한, 규제가 약한 주가 규제가 강한 주를 약화시킬 수 있다. 이 문제에 대한 명백한 해결책은 중앙집권적 통제와 모든 주에 일관된 강력한 규제 정책의 시행이다. 그러나 이는 또 다른 어려운 사회적 후생 문제를 발생시킨다. 특히 지역 유권자에게 매력적인 사회 정책을 유지한다는 측면에서, 주 정부의 자율성은 어떻게 평가되어야 하는가? 이는 잘 수행된 실증 연구 결과가 있더라도 항상 해결하기 어려운 문제이다.

주 경계를 넘나드는 총기 밀매 문제 외에도 이웃 국가 간의 무기 밀매와 관련된 비슷한 국제적 문제가 있다. 2004년 미국에서는 연방 살상용 무기 금지법(Federal Assault Weapons Ban, 이하 F.A.W.B.)이 만료되었으나, 갱신되지 않았다. 이에 따라 총기 제조업체가 다시 미국에서 군용 무기 형태의 총기를 생산하고 판매할 수 있게 되었다. 또한 F.A.W.B.의 만료가 분명히 예상되었기 때문에, 총기 제조업체는 만료와 동시에 금지되었던 무기를 공급할 준비가 되어 있었다. 미국에서 갑자기 살상용 무기를 구하기가 쉬워진 것에 착안하여, 두베, 두베와 그라시아 퐁세(Dube, Dube, and Garcia-Ponce, 2013)는 이 정책 변화가 이웃 국가인 멕시코의 범죄 행동에 어떤 영향을 미치는지 분석하였다.

이 연구는 공격 무기에 관한 서로 다른 주법을 이용한다. 연방 차원의 금지가 해제되면서 살상용 무기의 입수가 애리조나주, 뉴멕시코주, 텍사스주에서는 더 쉬어졌으나 주 차원의 살상용 무기 제조 금지가 유지되고 있는 캘리포니아주에서는 변함이 없었다. 이 4개의 주는 모두 멕시코와 국경을 접하고 있기 때문에 연구는 이들 주와 가까운 멕시코 마을의 살인율을 조사하였다. 가설은 애리조나주, 뉴멕시코주, 텍사스주와 국경을 접한 멕시코 마을은 캘리포니아주에 국경을 접한 마을보다 살인율이 높다는 것이다. 이는 캘리포니아주 법이 더 엄격하므로 살상용 무기의 국제적 밀매가 덜 활발할 것이기 때문이다. 그리고 이것이 바로 연구의 결과이다. 애리조나주, 뉴멕시코주, 텍사스주와 가까운 멕시코 지역에서, F.A.W.B.의 만료 직후, 미국 국경에서 100마일 이내의 멕시코 지역은 100마일 이상 떨어진 멕시코 지역에 비해 살인율이 크게 증가(살인율이 60% 증가)하였다. 그러나 캘리포니아주에서는 그렇지 않았다. 이 결과는 총기 규제 정책의 설계가 국내적 차원뿐만 아니라, 국가들 특히 서로 국경을 맞대고 있는 국가들이 서로 다른 정책을 시행할 경우 국제적 차원에서도 복잡한 성격을 가진다는 점을 강조한다.

총기 규제 옹호론자들의 또 다른 관심은 소위 '총기 전시회의 허술한 구멍'(gun show loopholes)을 통제하는 것이다. 미국에서는 매년 전국적으로 수천 회의 총기 전시회가 열린다. 총기 전시회는 보통 일반인에게 공개되며, 소액의 입장료를 내야 참석이 가능하고, 전시회당 2,500명에서 5,000명 사이의 사람들이 모인다. 판매자는 전시회의 테이블을 임대하기 위해 적당한 수수료를 지불하며, 판매자 수는 전시회당 최소 50명에서 최대 2,000명까지 다양하다. 총기 전시회가 자주 열리고 시장의 구매자와 판매자 양측 모두에서 많은 사람이 참석하지만, 연간 총기 구매 총량 중 극히 일부만이 전시회에서 구매된다. 예를 들어, 1993년과 1994년에는 연간 총기 구매 건수 중 권총과 장총의 5% 미만이 총기 전시회에서 구매되었다. 절대적 수치로 보면 총 약 24만 정의 총기가 총기 전시회에서 판매된 것이다(더건, 할마르손과 제이콥[Duggan, Hjalmarsson, and Jacob], 2011 참조).

중범죄로 유죄 판결을 받은 적이 있는 자, 미성년자, 접근 금지 명령을 받은 자 및 기타 몇 가지 조건에 해당되는 자는 연방법에 따라 총기를 구매하거나 소지하는 것이 금지되어 있다. 연방법에 따르면 면허를 소지한 총기 판매업자는 총기 구매를 원하는 면허가 없는 개인에 대하여 신원 조회를 실시해야 한다. 그러나 총기를 '양도'(transfer)하는 총기 사업에 종사하는 것으로 분류되지 않는 사람은 이 신원 조회를 하지 않아도 된다. 총기 전시회의 허술한 구멍은 이 무면허 판매자 집단이 신원 조회 없이도 총기 전시회에서 합법적으로 총기를 판매할 수 있는 것을 말한다. 이 때문에 면허를 소지한 판매자로부터 총기를 구매할 수 없는 사람도 총기 전시회에서 직접 총기를 구매하거나, 총기 전시회에서 '허수아비'(straw) 구매(다른 사람을 위해 총기를 구입하는 행위)를 통해 간접적으로 총기를 쉽게 구매할 수 있다.

더건, 할마르손과 제이콥(2011)은 총기 관련 살인, 비총기 관련 살인, 총기 관련 자살, 비총기 관련 자살의 네 가지 사망률 척도를 사용하여 총기 전시회가 살인 및 자살률에 미치는 영향을 조사하였다. 총기 전시회가 총기 구매, 특히 신원 조회를 통과하지 못하는 범죄자들의 총기 구매를 쉽게 하므로, 궁극적으로 범죄율을 증가시킨다는 것이 일반적인 예측이다. 또한 자살률이 총기 입수의 용이성과 관련이 있다면 총기 전시회가 자살률도 증가시킬 수 있다. 반면, 총기 전시회가 총기 구매에서 차지하는 비중이 작고 범죄자가 다른 경로를 통해 총기를 구입하는 것이 어렵지 않다면, 총기 전시회가 범죄율과 자살률에 큰 영향을 미치지 않을 것이다.

이 연구는 1994년부터 2004년까지 캘리포니아주와 텍사스주에서 열린 총기 전시회에 초점을 맞춘다. 이들 주는 인구 기준으로 가장 큰 두 주이기 때문에 총기 전시회 수, 총기 구매 신원 조회 건수 및 총기 관련 사망자 수에서도 높은 순위를 차지한다. 그리고 연구의 목적상 가장 중요한 점은 두 주의 총기 전시회 규제 정책이 매우 다르다는 것이다. 앞에서 설명한 것처럼, 각 주의 총기 규제는 매우 다양하다. 캘리포니아주는 허술한 구멍을 없애기 위해 엄격하게 총기 전시회를 규제한다. 총기 전시회에서 거래되는 모든 총기에 대해 신원 조회가 요구되며, 구매자는 총기를 받기까지 10일을 기다려야 한다. 반면 텍사스주는 총기 전시회에 관한 구체적 규제가 없어 구매자가 허술한 구멍을 이용할 수 있다.

연구는 1994년부터 2004년까지 10년의 표본 기간 캘리포니아주와 텍사스주에서 열린 모든 총기 전시회의 날짜와 장소는 물론, 두 주에서 발생한 모든 사망 사건의 날짜, 장소, 원인을 추적하였다. 살인 및 자살로 추정될 수 있는 사망 중 약 60%가 총기 사용과 관련된 사망이었다. 총기 전시회 직후 몇 주 동안 살인 및 자살 건수에 변화가 있었는가? 총기 전시회 개최 후 4주 기간과 각 총기 전시회 개최지 반경 25마일 이내에서 총기 전시회 개최가 총기 관련 또는 비총기 관련 살인율과 자살률에 영향을 미친다는 증거는 발견되지 않았다.

또한 총기 전시회에 관한 규제(또는 규제의 부재)가 적어도 총기 전시회 개최 후 4주 기간과 총기 전시회 개최지 반경 25마일 이내에서 네 가지 사망률 지표에 영향을 미친다는 증거도 없었다.

총기 규제 정책의 또 다른 측면은 총기 안전 보관법(safe-storage laws)이다. 미국의 많은 주가 총기 소유자에게 총기를 집에 안전하게 보관하도록 요구하는 법을 채택하였다. 이 법의 가장 분명한 편익은 어린이가 총기에 접근하는 것을 어렵게 만들어 청소년 폭력, 오발, 자살의 발생을 줄일 수 있다는 것이다. 반면 안전한 총기 보관으로 인해 범죄 발생 시 총기에 대한 신속한 접근이 어려워지면 총기 소유의 범죄 억지 효과가 약화될 수 있다.

롯과 휘틀리(Lott and Whitley, 2001)에 따르면, 총기 안전 보관법이 오발에 의한 사망이나 자살에 거의 영향을 미치지 않지만 재산 및 폭력 범죄를 크게 증가시킨다는 것을 발견하였다. 이 연구는 미국 15개 주에서 총기 안전 보관법이 통과된 후 5년 동안 연평균 309건의 살인, 3,860건의 강간, 2만 4,650건의 강도, 2만 5,000건의 가중 폭행이 더 발생하였음을 발견하였다. 그러나 쿡과 루드윅(Cook and Ludwig, 2002)은 안전한 보관을 요구하지 않는 경우의 단점을 지적한다. 이 연구에 따르면, 총기 소유가 10% 증가하면 불법침입이 3~7% 증가함을 발견하였다. 이는 총기가 매력적인 절도 품목이고, 향후 범죄에 사용할 수 있는 도구이기 때문이다. 총기 안전 보관법이 도입되면 이 문제가 완화될 수 있다.

청소년의 총기 접근 문제에 관해서는, 성인과 마찬가지로 두 가지 기본 효과를 확인할 수 있다. 총기 접근이 쉬워지면 총기가 범죄 행위를 조장하므로 청소년 범죄율이 증가할 수 있다. 반면 총기 접근이 쉬워지면 청소년이 공격자로부터 자신을 더 잘 보호할 수 있다. 모칸과 테킨(Mocan and Tekin, 2006)은 가정의 총기 유무는 물론 인종, 성별, 나이, 키, 몸무게, 인지된 IQ, 부모의 학력,

집에 마약과 술이 있는지 여부, 종교적 배경, 심지어 청소년의 가정 내 자유 정도(친구 선택, 텔레비전 시청 시간, 통금 시간 결정 등) 등 많은 변수에 대해 질문한 매우 풍부한 청소년 설문조사 자료를 활용하였다. 이 연구는 가정 내 총기 소지가 청소년 범죄(강도, 주거침입, 절도, 재물 손괴를 포함)를 증가시키나, 청소년이 범죄의 피해자가 될 확률을 감소시키지는 않음을 발견하였다. 따라서 적어도 이 연구에서는 가정 내 총기 접근의 용이성 증가로 인한 범죄 증가 효과가 자기 보호 효과보다 큰 것으로 나타난다.

4. 총기 매입과 총기 난사 사건

정부가 활용해 온 또 다른 총기 규제 정책은 총기 매입(buybacks) 프로그램이다. 정부는 총기 매입 프로그램을 통해 자발적으로 총기를 반납하는 시민으로부터 총기를 구매한다. 이 정책의 목표는 총기 재고를 줄이는 것이며, 이를 통해 총기 사용과 관련된 폭력 범죄를 줄이는 것이다. 그러나 이런 총기 매입의 목표가 실현될 수 있는지는 실증적 문제이다. 로이터와 무조스(Reuter and Mouzos, 2003)는 1990년대 후반 호주에서 시행된 총기 매입 프로그램의 효과를 분석하였다.

1996년 4월, 호주 태즈메이니아 포트 아서(Port Arthur, Tasmania)에서 한 총격범이 35명을 살해하였다. 이 비극적인 총기 난사 사건에 대응하기 위해 호주 연방 정부와 주 정부는 신속하게 새로운 총기 규제 정책들을 도입하였다. 총기를 소유하려는 개인은 정당한 목적과 인격적 적합성을 입증하고, 안전 교육을 받고, 안전한 보관 요건을 준수해야 하였다. 또한 자동 장전 장총이나 산탄총과 같은 특정 무기는 금지되었다. 마지막으로, 새로운 규제를 홍보하기 위해 대규모 총기 매입 프로그램이 시작되었다. 매입 프로그램은 주로 새로 금지된 총기(특히 장총) 매입에 관한 것이었지만, 무허가 총기를 반납한 개인에 대한 사면(단, 돈을 지급하지는 않음)도 있었다. 이 프로그램은 장총이 총기 난사 사건에서 주로 사용되는 무기이고 권총은 이미 엄격하게 규제되고 있다는 두 가지 이유로 장총에 집중되었다.

총기 반납 건수로 판단하면, 총기 매입 프로그램은 매우 성공적이었다. 대략적 추정치이지만 1996년 호주의 총기(금지 및 비금지 총기) 재고는 320만 정이었고, 이 중 65만 정(약 20%)이 반납되었다. 금지된 총기류만 놓고 보면, 해당 총기류의 70% 정도가 반납된 것으로 추정된다. 호주의 총기 재고를 줄인다는 목표에 비추어 볼 때, 매입 프로그램은 효과적이었다. 그러나 매입 프로그램이 총기 사용과 관련된 범죄를 줄이겠다는 목표 달성에도 효과적이었는가?

이 연구는 매입 프로그램 자체가 범죄율을 감소시켰다는 증거를 거의 찾지 못하였다. 프로그램의 대상이 된 총기 유형이 일반적으로 대부분의 폭력 범죄에서 선택되는 무기가 아니었다는 점을 생각하면 이는 놀라운 결과가 아니다. 구매 프로그램은 주로 권총과 같은 고위험 무기가 아닌 장총과 같은 저위험(범죄율의 관점에서) 무기에 초점을 맞추었다. 한편, 연구는 포트 아서 참사 이후 5년 동안 총기를 사용한 대량 학살이 없었기 때문에 새로운 총기 규제 정책이 애초에 정책의 동기가 되었던 범죄 유형의 발생률을 감소시켰을 가능성도 있다(그러나 확실하지는 않다)고 제안한다.

마지막으로, 호주 매입 프로그램의 비용에 대해 간략히 살펴보자. 총기 한 정당 평균 매입 가격은 약 500달러(호주 달러)였다. 매입에 사용된 총지출액은 3억 2,000만 달러를 약간 넘었으며, 매입 프로그램의 재원은 국민건강보험 보험료에 0.2%를 추가 부과하여 마련되었다. 총기 소유자에게 지급한 이 매입금 외에도 주 정부는 프로그램을 실행하기 위해 홍보 및 기타 관리 비용을 지출하였다. 이런 비용 때문에, 이 프로그램의 편익은 총기 재고의 감소뿐만 아니라 범죄 억지 측면에서 신중하게 검토되어야 한다.

다음 연구인 리와 수아디(Lee and Suardi, 2010)는 총기 매입 프로그램이 범죄율 감소에 비효과적일 수 있다는 증거를 제시한다. 총기 관련 사망에 초점을 맞춘 이 연구는 호주 총기 매입 프로그램이 살인 또는 자살에 의한 총기 관련 사망을 줄였다는 증거를 찾지 못하였다. 또한 이 연구는 프로그램의 전치 효과 가능성을 조사한다. 이 프로그램이 총기에 대한 접근을 줄였지만, 총기 관련 사망에 명백한 변화가 없었다면, 이는 살인이나 자살하려는 사람이 단순히 다른 수단을 썼기 때문일 수 있다. 연구는 전치 효과의 증거 역시 찾지 못하였다. 따라서 총기 관련 사망자를 줄이지 못하는 총기 매입 프로그램의 비효과성은 프로그램 자체에 내재된 단점일 수 있다.

호주의 경우, 포트 아서 총기 난사 사건은 총기 규제 정책에 상당한 변화를 가져왔다. 뉴질랜드에서도 비슷한 현상이 관찰된다. 2019년 3월에 발생한 크라이스트처치(Christchurch) 이슬람 사원 총기 난사 사건에 대응하여, 사건 발생 한 달 만에 강력한 총기 규제법이 시행되었다. 그러나 호주에서는 총기 난사 사건이 거의 없었으므로, 앞에서 언급한 연구들은 총기 규제 정책이 총기 난사 사건에 미치는 영향을 분석하지 못하였으며, 대신 정책이 총기와 관련된 범죄 전반에 미친 효과에 초점을 맞추었다.

미국에서는 최근 몇 년 동안 대형 총기 난사 사건이 점차 증가하고 있다(2008년 8건, 2013년 17건, 2017년 30건. 출처: FBI 웹사이트). 그렇지만 강력하고 강건한 실증 결과를 도출할 수 있는 자료를 생성할 만한 충분한 수의 사건이 확보되었는지는 불명확하다. 루카, 말호트라와 폴리퀸의 창의적 연구(Luca, Malhotra, and Poliquin, 2016)는 총기 난사 사건의 분석에 따르는 복잡성을 피하기 위해 질문을 거꾸로 뒤집는다. 이 연구는 총기 규제 정책이 총기 난사 사건에 미치는 영향을 다루는 대신, 총기 난사 사건이 총기 규제에 미치는 영향을 조사한다.

그들은 연구의 목적상, 총기 난사(mass shooting) 사건을 "범인(들)을 제외한 4인 이상의 사람들이 갱단, 마약 또는 기타 범죄 행위와 관련이 없는 단일하고 연속적인 사건에서 총기에 의해 불법적으로 사망한 사건"(4쪽)으로 정의한다. 총기 난사 사건은 의심할 여지 없이 비극적 사건이지만, 총기 난사 사건으로 인한 사망자 수는 전체 총기 관련 사망자 수의 극히 일부에 불과하다. 이 연구(1989년부터 2014년까지의 미국 연간 자료 사용)에 따르면, 총기 관련 사망자는 연평균 약 3만 명이지만, 이 중 100명 미만(0.33%)이 총기 난사로 사망한다. 총기 난사 사건은 언론의 관심을 불러일으키고, 언론 노출의 증가는 총기 규제 문제를 공공 정책 논쟁의 최전선으로 몰고 간다. 그러나 비극적이지만 극히 드문 사건에 근거하여 공공 정책을 수립하는 것이 합리적인가?

매우 비극적인 사건이 공공 정책 변화의 실질적 논의와 실행의 계기가 되는 경우가 많다. 비행기 추락, 열차 탈선, 테러 행위 등에 의한 대규모 인명 피해는 향후 유사한 사건을 예방하기 위한 정책 변화의 계기를 제공할 수 있다. 우선 자원 비용 관점에서 엄밀히 말하면, 정책 변화로 생명을 구하는 편익은 사건 발생 확률이 매우 낮으므로 매우 작을 수 있다. 즉, 기대 편익(사건이 발생할 작은 확률과 편익을 곱한 값)은 새로운 정책의 실행에 필요한 크고 확실한 비용보다 작을 수 있다. 그러나 이것이 전부는 아니다.

때로는, 드물게 발생하는 비극적 사건이 자주 발생할 수 있는 문제에 주목하게 만들 수 있다. 예를 들어, 1건의 비행기 추락 사고나 1건의 열차 탈선 사고가 다른 추락 사고나 탈선 사고로 연결될 가능성이 있는 문제를 보여 줄 수 있다. 총기 난사 사건의 경우, 사람들은 정책 변화가 총기 난사와 관련된 사망뿐만 아니라 다른 총기 관련 사망에 미치는 영향을 알고 있다. 이런 경우가 아니라 하더라도 그리고 드문 사건에 기초한 정책 변경의 기대 편익이 작다 하더라도, 사람들은 편익이 작다고 인식하지 않을 수 있다. 예를 들어, 대중이 총기 난사 사건이 발생할 확률을 지나치게 과대평가하는 경우, 그들은 정책 대응을 기대(요구)한다. 바로 이 지점에서 문제가 복잡해진다. 정부는 대중에게 사건의 정확한 위험 수준을 교육하는 것으로 대응해야 하는가? 대중이 실제 위험을 이해하지 못한다면, 정부는 실제 위험에 근거해야 하는가 아니면 유권자의 잘못된 인식에 근거해야 하는가? 결국, 정치인은 인식의 정확성과 관계없이 재선을 위해 유권자의 인식에 의존해야 할 수도 있다.

드물게 발생하는 총기 난사 같은 비극적 사건의 발생을 공공 정책의 근거로 삼는 것이 적절할 수도 있고 그렇지 않을 수도 있지만, 이 사건들이 정책 변화를 촉발하는 것은 사실이다. 이 연구의 25년 표본 기간에 미국 50개 주 모두에서 경이로운 수의 총기 법안이 발의되었다. 발의된 2만 409건의 새로운 총기 법안 중 3,199건이 법으로 제정되었다. 연구는 (중립적인 법안과 대비되는) 총기 규제를 강화 또는 완화하는 법안에 초점을 맞추었으며, 세 가지 주요 결과를 제시한다.

첫째, 총기 난사 사건은 새로운 총기 규제 정책에 관한 심각한 논쟁과 이의 시행으로 이어진다. 정량적으로, 총기 난사 사건이 1건 발생하면, 발생한 주에서 그리고 사건 발생 후 1년 이내에 총기 관련 법안 발의 건수가 약 15% 증가한다. 사건과 관련된 사망자가 많을수록, 새로운 법안이 더 많이 제출된다. 이 결과는 어떤 정당이 주 의회를 장악하고 있는지와 관계없이 성립한다. 둘째,

총기 난사 사건은 다른 총기 관련 사망 사건보다 새로운 총기 법안에 상대적으로 훨씬 더 큰 영향을 미친다. 1건의 총기 난사 사건으로 인한 사망은 1건의 다른 총기 관련 사망보다 발의된 법안 수 기준으로 약 80배나 더 큰 영향을 미친다. 셋째, 총기 난사 사건이 총기 규제 정책에 미치는 영향은 사건 발생 당시 주 의회를 장악하고 있는 정당에 따라 달라진다. 공화당이 주 의회를 장악한 경우, 총기 규제를 완화하는 법안이 통계적으로 유의하게 증가한다. 민주당이 주 의회를 장악한 경우, 총기 규제를 완화하거나 강화하는 법안 사이에 통계적으로 유의한 차이가 나타나지 않는다.

가장 적절한 시기에 도출된 해결책은 아니지만 총기 난사 사건이 (적어도) 두 가지의 매우 다른 잠재적 해결책을 도출할 수 있다는 점은 흥미롭다. 한편은 총기 난사 사건에 대응하기 위해 일반인의 무장을 강화하는 것이 필요하다고 주장한다. 이는 총기 규제의 완화를 의미한다. 다른 한편은 잠재적 총기 난사 범죄자가 무기를 획득하기 어렵게 만드는 것이 필요하다고 제안한다. 이는 총기 규제의 강화를 의미한다. 다른 수많은 범죄 관련 문제에서 보았듯이, 이는 공공 정책이 얼마나 논쟁적인지를 보여 주는 또 다른 예이다. 그렇지만 연구의 결론이 주장하는 것처럼 우리는 정책 변화의 동기를 이해할 필요가 있다.

> 우리의 연구 결과는 지금까지 정책 효과의 이해에 많은 관심을 기울여 온 것도 타당하지만 정책 변화의 결정 요인 탐구로부터도 많은 것을 배울 수 있음을 시사한다. 우리는 한 영역에서 전체적인 사회적 피해의 상대적으로 작은 부분을 차지하는 무작위적이고 빈번하지 않은 사건도 정책 논쟁과 변화의 중요한 지렛대가 될 수 있음을 발견하였다. 이는 정치인과 정책 입안자들이 과잉 반응한다는 것을 의미하는 것이 아니라, 정치적 교착 상태가 지속된 문제에서 이목을 집중시키는 사건이 그동안 줄곧 추구해 온 변화의 기회를 창출한다는 의미일 수 있다. 이런 변화가 문제에 대한 적절한 대응을 반영하는지는 아직 미지수이다(루

카, 말호트라와 폴리퀸, 2016, 16~17쪽).

총기 규제법이 범죄율을 증가 또는 감소시키는지는 분명 중요한 공공 정책적 문제이며, 위에서 논의한 연구에 따르면 쉽게 해결될 것 같지 않은 문제이다(이 책에 제시된 대부분 문제에 대한 공통된 결론이다). 문제를 더욱 복잡하게 만드는 것은 총기 규제 논쟁에서 자주 간과되는 근본적인 쟁점이 있다는 것이다. 총기는 다른 소비재와 같은 소비재(consumer product)이다. 즉, 소비자는 구매할 가치가 있기 때문에 총기를 구매한다. 미국에는 인구수만큼의 총기가 있으므로, 이 가치(또는 엄밀히 말하면 지불 의사에서 총기 가격을 뺀 순가치)는 매우 크다. 사회가 사회적 후생 관점에서 이 가치를 중요하게 생각한다면, 총기 소유를 제한하는 모든 총기 규제 정책은 총기 소유자의 가치 상실(소비자 잉여[consumer surplus]의 상실 – 역자)이라는 비용을 수반한다.

같은 맥락에서, 매우 광범위한 총기 소유는 총기 규제 정책의 실행에서 정치적 측면을 무시할 수 없게 만든다. 정치인들은 유권자의 관심사에 주의를 기울일 수밖에 없다. 총기 규제법에 반대하는 사람들이 총기 규제에 찬성하는 사람들보다 공공 정책의 결정에 더 큰 영향력을 행사할 수 있다. 예를 들어, 2004년 브라질에서 강력한 새로운 총기 규제법이 제정되었다. 새로운 규제는 미등록 총기 소유에 대한 엄격한 처벌, 총기 소유 자격에 대한 엄격한 통제, 총기 소유 법적 연령을 21세에서 25세로 상향 조정하는 것을 포함하고 있었다. 또한 브라질 정부는 총기와 탄약 판매의 전면적 금지를 결정하는 국민 투표를 (세계 최초로) 실시하였다(미국 BBC 뉴스[BBC News America], 2004. 7. 2). 브라질 국민은 2 대 1의 비율로 전면 금지안을 부결시켰다.

5. 질병으로서의 범죄

최근 경제학자들은 전염병 연구에 주목하고 있다. 이 연구 분야는 경제 역학(economic epidemiology)으로 알려져 있다. 의학 사전에서 역학은 보통 질병의 빈도와 분포를 파악하고 위험을 측정하기 위한 인구의 연구로 정의된다. 예를 들어, 전염병이 전국적으로 확산되고 있다고 가정해 보자. 어느 시점에서든 인구는 감염자와 비감염자의 두 집단으로 나뉜다. 이 제한된 정보로 간단한 역학적 예측을 할 수 있다. 인구에서 감염자의 비율이 높을수록, 현재 감염되지 않았으나 향후 감염될 사람의 비율도 커진다. 간단히 말해, 감염자가 많을수록 비감염자에게 질병이 더 빨리 퍼질 것이다. 이 같은 예측은 전염병 퇴치를 위한 신속한 공적 개입을 정당화한다.

그러나 경제학자에게는 이 단순한 예측이 불완전하게 보일 수 있다. 반대의 경우가 발생할 수도 있다. 인구에서 감염자 비율이 높을수록, 현재 감염되지 않았으나 향후 감염될 사람의 비율이 낮아진다는 것이다. 아직 감염되지 않은 사람은 향후 감염을 예방하기 위해 사적인 예방 조치를 취하려는 경제적 유인을 갖게 되고, 예방 조치를 취하려는 경제적 유인은 인구 중 감염자의 비율이 높을수록 강해지기 때문이다.

예를 들어, 후천성 면역 결핍증(AIDS)과 같이 전염성이 강한 질병을 생각해 보자. 후천성 면역 결핍증 확산을 막기 위한 적절한 사회적 개입이 필요할 수 있다. 교육, 혈액 검사 지원, 콘돔 지원 등이 그것이다. 그러나 개인도 질병의 확산을 막기 위해 예방 조치를 취할 수 있다. 개인은 성 접촉 횟수를 줄이거나, 잠재적 파트너를 선별할 때 더 주의를 기울이거나, 콘돔을 사용할 수 있다. 질병이 확산될수록 질병이 널리 알려질 가능성이 높으며, 이는 개인 예방 조치 증가로 이어져 질병의 확산을 감소시킨다. 따라서 개인이 예방 조치를 취하는 정도에 따라 사회적 개입 없이도 질병의 확산은 스스로 제한될 수 있다.

그런데 이 논의가 도대체 합리적 범죄 분석과 어떤 관련이 있는가? 범죄는 전염병과 같은 방식으로 인구 전체에 확산되지는 않지만, 두 사회 문제는 공통된 정책 목표를 공유한다. 확산을 방지하기 위해 자원은 어떻게 사용되어야 하는가? 범죄를 질병으로 생각해 보자. 중요한 정책적 관심사는 범죄 확산 방지를 위한 공공 자원 사용과 사적 자원 사용 사이의 긴장이다. 전염병과 마찬가지로, 범죄율이 증가하면 개인이 범죄를 억지하기 위한 예방 조치를 늘릴 것이다. 반대로 범죄율이 감소하면 개인은 범죄를 억지하기 위한 예방 조치를 줄일 것이다.

범죄율이 범죄 억지를 위한 공공 지출의 영향을 받는다면, 공공 지출과 사적 지출 사이에 연관성이 존재한다. 정부가 범죄 억지에 더 많은 자원을 투입하면 범죄율이 감소한다. 그러나 범죄율이 감소하면 개인은 범죄 억지를 위해 더 적은 자원을 투입하고, 이는 범죄율을 증가시킨다. 따라서 범죄율 감소라는 원래의 사회적 목표는 (감소된 범죄율이) 사적 범죄 억지에 미치는 효과에 의해 다소 저해될 수 있다. 그 반대의 경우도 마찬가지이다. 만약 정부가 범죄 억지에 더 적은 자원을 투입하면 범죄율이 증가한다. 이는 개인이 범죄 억지에 더 많은 자원을 투입하게 만들고, 범죄율을 감소시킨다.

범죄에 대한 공공 및 사적 지출이 직접적이 아니라, 범죄율을 통해 간접적으로 연결된다는 점에 유의하라. 필립슨과 포즈너(1996)는 이 간접적 연관성을 분석하려고 시도하였다. 이 연구는 주거침입 범죄율이 증가하면 도난 경보 시스템에 대한 수요가 크게 증가함을 발견하였다. 즉, 인구 10만 명당 100건의 주거침입이 발생할 때마다, 경보 시스템에 대한 수요는 3% 증가한다. 연구는 또한 주거침입 범죄율이 일정하다고 가정하면, 공공 지출과 도난 경보 시스템의 수요 사이에는 통계적으로 유의한 직접적 관계가 없음을 발견하였다.

이 간접적 연결고리의 중요한 정책적 함의는 범죄 억지를 위한 사적 지출과 공공 지출이 서로 반대 방향으로 작용할 수 있다는 것이다. 이는 (질병의 완전한 근절이 어려운 것처럼) 범죄의 완전한 근절이 매우 어려운 이유에 대한 다른 설명을 제시한다. 범죄율을 대폭 감소시키기 위해 공공 지출을 증가시키면, 사적 예방 조치가 감소하여 범죄율 감소 효과가 제한된다. 따라서 올바른 사회 정책을 수립하려면 공공 및 사적 범죄 억지 수단의 대체성(substitutability)이 신중하게 검토되어야 한다. 사적 수단이 충분히 활용되고 있다면 범죄 억지에 투입되는 공공 자원이 작아질 수 있다. 그러나 이는 몇 가지 다른 우려로 이어진다.

첫째, 앞서 설명한 것처럼 개인은 주로 사회적 목적이 아닌 사적 목적에 관심이 많다. 범죄를 억지하기 위한 정부 정책은 전체 범죄율에 관심을 두지만, 개인은 범죄의 피해자가 되지 않기를 원한다. 이는 범죄 억지와 범죄 전치의 문제를 낳는다. 즉, 사적 지출이 범죄를 억지하는 것이 아니라 범죄를 전치할 수 있다. 둘째, 공공 지출과 사적 지출이 항상 상반된 방향으로 작용하는 것은 아니다. 로잭의 경우를 생각해 보자. 자동차에 로잭 장치를 설치하는 것은 개인의 사적 결정이었지만, 이 장치를 이용하여 자동차 절도범을 추적할 수 있는 인력, 장비, 기술을 가지고 있는 것은 정부였다. 따라서 사적 지출과 공공 지출은 서로 보완재(complements)일 수 있다. 이 경우 범죄 억지를 위한 자원의 최적 활용 방식 문제는 더욱 복잡해진다.

참고문헌

Ayres, I. and J. J. Donohue(2003), "Shooting Down the 'More Guns Less Crime' Hypothesis," *Stanford Law Review*, 55: 1193~1305.

Ayres, I. and S. D. Levitt(1998), "Measuring Positive Externalities from Unobservable Victim Precaution: An Empirical Analysis of Lojack," *Quarterly Journal of Economics*, 113: 43~77.

Cook, P. J. and J. Ludwig(2002), "The Effects of Gun Prevalence on Burglary: Deterrence vs. Inducement," NBER Working Paper 8926.

Dube, A., O. Dube, and O. Garcia-Ponce(2013), "Cross-Border Spillover: U.S. Gun Laws and Violence in Mexico," *American Political Science Review*, 107: 397~417.

Duggan, M.(2001), "More Guns More Crime," *Journal of Political Economy*, 109: 1086~1114.

Duggan. M., R. Hjalmarsson, and B. A. Jacob(2011), "The Short-Term and Localized Effect of Gun Shows: Evidence from California and Texas," *Review of Economics and Statistics*, 93: 786~799.

Knight, B. G.(2011), "State Gun Policy and Cross-State Externalities: Evidence from Crime Gun Tracing," *American Economic Journal: Economic Policy*, 5: 200~229.

Lee, W. and S. Suardi(2010), "The Australian Firearms Buyback and Its Effect on Gun Deaths," *Contemporary Economic Policy*, 28: 65~79.

Lott, J. R., Jr. and D. B. Mustard(1997), "Crime, Deterrence, and Right-to-Carry Concealed Handguns," *Journal of Legal Studies*, 26: 1~68.

Lott, J. R., Jr. and J. E. Whitley(2001), "Safe-Storage Gun Laws: Accidental Deaths, Suicides and Crime," *Journal of Law and Economics*, 44: 659~689.

Luca, M., D. Malhotra, and C. Poliquin(2016), "The Impact of Mass Shootings on Gun Policy," Harvard Business School Working Paper 16~126.

Mocan, H. N. and E. Tekin(2006), "Guns and Juvenile Crime," *Journal of Law and Economics*, 49: 507~531.

Philipson, T. J. and R. A. Posner(1996), "The Economic Epidemiology of Crime," *Journal of Law and Economics*, 34: 405~433.

Reuter, P. and J. Mouzos(2003), "Australia: A Massive Buyback of Low-Risk Guns," in J. Ludwig and P. J. Cook (eds.), *Evaluating Gun Policy: Effects on Crime and Violence*, Washington, D.C.: Brookings Institution.

Shavell, S.(1991), "Individual Precautions to Prevent Theft: Private versus Socially Optimal Behavior," *International Review of Law and Economics*, 11: 127~132.

The Economics of Crime

제8장

마약과의 전쟁

마약은 미국에 매우 광범위하게 퍼져 있다. 2016년 12세 이상 미국인 1억 3,350만 명이 평생 한 번 이상, 4,850만 명이 지난 1년 이내, 2,850만 명이 지난 한 달 이내의 마약 사용을 보고하였다(약물남용 및 정신 건강국[Substance Abuse and Mental Health Administration]). 2013년 고등학교 졸업생 중 36.4%가 마리화나, 2.6%가 코카인, 3.6%가 옥시콘틴을 사용하였다(국립마약원, 2013 보고서[National Institute of Drug, 2013 Report]). 마지막으로, 2013년에는 9~12학년 학생의 22%가 학교 내에서 누군가가 자신들에게 마약을 권유, 판매 또는 제공한 적이 있다고 응답하였다(질병 통제 및 방지 센터[Center for Disease Control and Prevention]).

미국뿐만 아니라 전 세계적으로 마약 사용이 만연해 있음에도 불구하고, 마약 통제 정책의 논의에는 이상한 이분법이 존재한다. 한편으로, 정부는 (소위) 마약과의 전쟁에 상당한 자원을 투입하고 있다. 예를 들어, 미국 법무부의 2011년 연구에 따르면 마약과의 전쟁에 드는 형사사법 제도의 연간 비용은 560억 달러로 추산된다(『2011년 국가 마약 치료 평가보고서』, 미국 법무부 국립마약정보센터[*2011 National Drug Threat Assessment*, U.S. Department of Justice National Drug Intelligence Center]). 반면 상당수의 학자와 일반인들은 마약 합법화에 찬성하거나 적어도 이길 수 없는 전쟁으로 여겨지는 마약과의 전쟁에 과도한 자원을 투입하는 것에 반대한다.

범죄와의 전쟁은 중대한 공공 정책 관심사이다. 재산 및 폭력 범죄와 싸우는 주된 근거는 범죄자들이 다른 사람에게 피해를 준다는 것이다. 그러나 마약 사용은 절도, 강간, 살인 등의 범죄에는 전혀 적용되지 않는 특징이 있다고, 즉 적어도 부분적으로는 피해자가 없는 범죄(victimless crime)라고 생각되는 것이 일반적이다. 따라서 이 논쟁은 단순히 마약과의 전쟁에 얼마나 많은 자원을 투입해야 하는지에 관한 것이 아니라, 전쟁 자체를 벌여야 하는지에 관한 논쟁이다.

그렇다면 마약과의 전쟁에 관한 논의의 올바른 출발점은 애초에 전쟁을 벌여야만 하는 타당한 근거들을 생각해 보는 것이다.

마약 사용이 다른 사람들에게 큰 비용을 부과한다는 것은 의심의 여지가 없다. 이 비용 중 일부는 전통적인 범죄와 관련이 있다. 예를 들어, 사람들은 많은 마약 사용자가 재산 범죄를 통해 자신의 습관을 유지한다고 믿는다. 더 나아가 마약 사용은 여러 방식으로 폭력 범죄와 관련될 수 있다. 마약 사용은 금전적 이득을 위해 폭력 범죄를 조장하는 효과 또는 마약 사용자의 폭력적 성향을 증가시키는 약리적 효과가 있다. 마약 시장은 지하 불법 시장이므로 마약 공급업체는 사업 분쟁을 해결하고 사업을 확장하기 위해 폭력에 의존한다. 하지만 이외에도 마약 사용과 연관된 다른 외부 비용(external costs)이 발생할 수 있다.

마약 사용은 근로자의 생산성을 저하시킬 수 있다. 마약 사용으로 인한 신체적, 심리적 악영향으로 근로자가 직장에 근무하는 동안 또는 결근이 잦아져 생산성이 저하되면, 개별 기업뿐만 아니라 경제 전체에 영향을 미치는 파급효과가 발생한다. 또한 마약 사용으로 업무 능력이 상실되면, 실직이 증가하여 실업률이 높아질 수 있다. 마약 사용자가 심각한 건강 문제를 자주 겪으면 민간 및 공공 의료 보험 등 의료 체계의 비용이 증가하고, 이 비용은 다른 사람들이 부담한다. 마약 사용자가 마약에 취한 상태에서 자동차를 운전하면, 엄청난 사고 비용이 발생한다. 앞에 인용된 연구에서, 미국 법무부는 이 같은 모든 비용을 고려하여 다음과 같은 사실을 발견하였다.

> 미국에서의 마약 밀매와 남용은 미국 사회의 경제적, 신체적, 사회적 건강에 막대한 손실을 초래한다. 2007년에만 마약 사용으로 인한 사회적 비용은 범죄, 건강

및 생산성과 관련된 직·간접적인 공공 비용을 포함하여 1,930억 달러로 추정되며, 대부분의 비용은 생산성 손실에 기인한다(『2011년 국가 마약 치료 평가보고서』, 4쪽).

그러나 이 비용 중 많은 부분이 마약 사용에서만 발생하는 것은 아니다. 예를 들어, 인용문에서 확인된 모든 비용은 알코올 남용에서도 발생한다. 하지만 알코올은 합법적으로 판매되는 제품이다(알코올 판매를 금지하는 '금주법을 시행하는' 카운티[dry county]는 제외). 마약 남용과 알코올 남용의 차이는 아마도 두 제품의 사용과 관련된 위험의 정도일 것이다. 특정 마약, 특히 '강성'(hard) 마약은 사용자의 몸과 마음을 쇠약하게 만들고 사용자를 위험에 빠뜨린다. 그리고 마약이 다른 기호품에 비해 중독성이 강하다면, 마약 통제 정책은 마약 사용자로부터 타인을 보호하는 것뿐만 아니라 마약 사용자 자신을 보호하는 측면에서도 정당화될 수 있다. 알코올 사용도 분명 중독성이 있지만, 마약 사용은 일반적으로 중독(addiction)이라는 용어와 동의어로 간주된다. 따라서 마약과의 전쟁은 종종 중독과의 전쟁으로 표현된다. 정책적 관점에서 마약 통제 정책을 정당화하고 정책의 마약 사용 감소 효과를 평가하기 위해서는 중독 개념의 철저한 검토가 필요하다.

1. 중독과 마약 통제

마약 정책의 주요 목표는 마약 소비를 줄이는 것이다. 이 목표를 달성하는 통상적 방법은 마약 생산자의 생산 비용과 유통 비용을 증가시키는 공급 측면(supply-side)의 통제를 시행하는 것이다. 이 통제에는 체포 확률과 유죄 판결 확률을 높이기 위해 더 많은 자원을 투입하거나 처벌의 엄격성을 강화하는 것 등을 통해 마약 생산자가 직면하는 기대처벌을 증가시키는 방안이 포함될 수 있다. 또한 정부가 수확 전에 마약 작물을 파괴하거나 최종 소비자에게 도달하기 전에 유통 경로 어딘가에서 마약을 압수함으로써 마약 공급을 '질식'(choke)시킬 수 있다. 이러한 공급 측면 통제의 궁극적 목표는 사용자가 부담해야 하는 마약의 최종 가격을 올려 마약 소비를 줄이는 것이다.

공급 측면 통제의 문제점은 정책이 효과가 있으려면 가격이 상승하면 소비가 감소하고 가격이 하락하면 소비가 증가하는 수요의 기본 법칙에 따라 마약 사용자가 가격 변화에 예측 가능한 방식으로 반응해야 한다는 것이다. 이는 마약을 가끔 사용하는 사람에게는 타당할 수 있다. 그러나 마약 정책은 주로 마약 중독자(addicts)의 통제에 중점을 두고 있다. 마약 중독이란 무엇인가? 미국 국립보건원(National Health Institute) 산하 국립 마약 남용 연구소(National Institutes of Drug Abuse: N.I.D.A.)는 중독을 다음과 같이 정의하고 설명한다.

> 중독은 부작용에도 불구하고 강박적으로 마약을 찾고 사용하는 것을 특징으로 하는 만성적이고 재발하는 장애로 정의된다. 중독은 보상, 스트레스, 자제력과 관련된 뇌 회로의 기능적 변화를 수반하며, 이 변화는 마약 복용을 중단한 후에도 오랫동안 지속될 수 있기 때문에 뇌 질환으로 간주된다. … 최초의 마약 복용 결정은 일반적으로 자발적 결정이다. 그러나 계속 사용하면 자제력이 심각하게 손상될 수 있으며, 이 자제력 손상이 중독의 특징이다(「마약, 뇌와 행동: 중독의 과학」[Drugs, Brains, and Behavior: The Science of Addiction], N.I.D.A. 웹사이트).

중독에 관한 이런 정의와 설명에 기초하여, 사람들은 보통 마약 사용자가 중독의 '덫에 걸려'(trapped) 있다고 생각한다. 이는 공급 측면 통제의 역설 중 하나를 드러낸다. 한편으로, 마약 통제의 강력한 근거는 마약 중독이 마약 사용자뿐만 아니라 다른 사람들에게도 막대한 비용을 부과한다는 것이다. 다른 한편으로, 마약 사용자가 중독자처럼 행동하면 그들은 마약 가격의 변동에 크게 반응하지 않는다. 이는 공급 측면의 통제가 마약 가격의 상승으로 이어지더라도 마약 소비가 효과적으로 감소하지 않을 수 있음을 의미한다. 따라서 마약 사용자가 마약 가격 상승에 마약 소비를 줄임으로써 반응하는지와 공급 측면 통제가 마약 가격을 효과적으로 올리는지의 두 질문이 실증적으로 해결되어야 한다.

첫 번째 질문에 답하기 위해서는 중독의 경제 모형(economic model of addiction)을 도입하는 것이 필요하다. '중독'의 통상적 정의는 N.I.D.A.의 정의와 같이 '부작용에도 불구하고 마약을 찾고 사용하는 행위'를 포함하는 해로운 행위로 정의되는 경우가 많다. 따라서 이 정의는 본질적으로 중독을 나쁜 것으로 정의하는 정성적 정의이다. 합리적 범죄 이론의 관점에서 볼 때, 이 정의는 개인이 의도적으로 자신에게 해로운 행동을 하는 이유를 설명해야 한다는 문제를 제기한다. 그러한 행동을 하는 이유가 개인이 마약 사용이 초래하는 피해를 제대로 이해하지 못하기 때문인가? 아니면 개인이 마약 사용의 비용과 편익을 비교하여 편익이 비용보다 크면 마약 사용을 선택한다는 합리적 모형의 틀에 맞는 다른 설명이 가능한가? 다시 말해, 마약 중독자는 합리적으로 행동하는가?

합리적 중독(rational addiction) 이론은 중독 행동을 경제 모형화하는 독특한 접근 방식을 제공한다(베커와 머피[Becker and Murphy], 1988). 중독 행동은 상식적으로 마약 사용자의 비합리성과 관련 있다고 생각되지만, 합리적 중독이라는 개념은 사실 직관과 매우 잘 맞아떨어진다. 합리적 중독자의 현재의 제품 소비 선택은 주로 과거에 얼마나 제품을 많이 소비하였는지와 미래에 얼마나 제품을 많이 소비할 것인지라는 두 가지 요인에 따라 달라진다. 즉, 합리적 중독의 핵심 원리는 소비에 시간적(intertemporal) 연관성이 있으면 제품에 중독성이 있다는 것이다.

예를 들어, 당신이 하루에 담배 5개비를 피우는 흡연자라고 가정해 보자. 갑자기 스트레스를 많이 받는 상황이 되면 당신은 흡연량을 하루에 10개비로 늘린다. 스트레스 상황은 곧 끝나지만, 당신의 흡연량은 이제 하루 5개비로 돌아가지 않는다. 당신은 더 많은 담배를 피울 것이다. 다른 예로, 정부가 내년에 담뱃세를 100% 인상한다고 발표한다고 가정해 보자. 합리적 중독자는 담배 가격 인상으로 인해 자신이 미래에 담배 소비량을 줄일 것으로 예상하고, 현재 소비량도 줄인다.

이 예는 합리적 중독 모형에서 과거, 현재, 미래의 소비가 모두 서로를 보완(complement)한다는 것을 보여 준다. 현재 소비가 증가하면 미래 소비가 증가하고, 미래 소비의 증가가 예상되면 현재 소비가 증가한다. 이 같은 중독의 묘사는 앞의 설명에 비해 (경제적 분석의 목적에서) 몇 가지 장점이 있다. 첫째, 이 설명은 정성적이지 않다. 식별되는 것은 유해한 행위가 아니라 소비 행위이다. 둘째, 이 설명은 매우 일반적이다. 모든 제품(과일 섭취, 운동, 메스암페타민 흡입 등)은 소비에 시간적 연관성이 있는 한 중독성이 있다. 셋째, 합리적 중독자는 현재의 행복과 미래의 행복 사이의 상충관계를 고려하여 정보에 기반한 결정을 내린다. 마약 중독자는 현재의 만족을 위해 미래의 건강을 희생할 수도 있지만, 이는 마약 사용의 비용과 편익을 비교한 후 내린 선택이다.

마지막으로, 우리의 목적상 가장 중요한 점은 합리적 중독자는 현재와 미래의 환경 변화에 따라 소비 수준을 조절할 수 있다는 것이다. 마약 사용자가 중독의 '덫에 걸려' 무슨 일이 있어도 일정량의 제품을 소비해야 한다는 믿음은 합리적 중독 이론과 잘 맞지 않는다. 마약 사용자는 마약 가격의 변화, 자신의 소득 수준, 마약을 끊는 비용, 마약 사용과 관련된 정보의 변화에 반응한다. 마약 가격을 올리는 공급 측면의 통제가 마약 소비를 줄이는 데 효과적일 수 있는 것은 바로 이 때문이다. 공급 측면 통제의 효과를 정확히 파악하기 위해서는 소비량이 가격 변화에 얼마나 민감하게 반응하는지가 설명되어야 한다. 경제학자에게 이는 마약의 수요 탄력성(elasticity of demand)을 검토해야 한다는 것을 의미한다.

수요의 탄력성은 가격에 대한 소비의 민감도를 측정한다. 예를 들어, 마약 가격이 5% 상승하였다고 가정해 보자. 이 가격 상승으로 인해 마약 소비량이 감소할 것이다. 이 소비량 감소가 5%보다 큰가, 아니면 5%보다 작은가? (감소가 정확히 5%일 수도 있지만 그 가능성은 무시하자) 소비량 감소가 5%보다 크면 마약의 수요는 탄력적(elastic)이다(즉, 가격 효과에 비해 소비 효과가 크다). 소비량 감소가 5% 미만이면 마약의 수요는 비탄력적(inelastic)이다(즉, 가격 효과에 비해 소비 효과가 작다).

좀 더 자세히 설명해 보자. 가격이 5% 상승하면 소비량이 10% 감소한다고 가정하자. 이는 소비 효과가 가격 효과의 두 배 또는 수요 탄력성이 -2.0임을 의미한다(마이너스 부호는 가격과 소비 간의 역관계를 나타낸다). 반대로 가격이 5% 상승하면 소비량이 2.5% 감소한다고 가정하자. 소비 효과는 가격 효과의 절반이다. 즉, 수요 탄력성은 -0.5이다. 수요의 탄력성이 -1.0보다 작으면(예를 들어, -2.0) 수요는 탄력적이다. 수요의 탄력성이 -1.0에서 0 사이(예를 들어, -0.5)이면 수요는 비탄력적이다. 마약의 수요가 탄력적이라면, 공급 측면의 통제를 통한 마약 사용 통제가 더 용이하다. 작은 가격 상승이 상대적으로 큰 소비량 감소로 이어지기 때문이다. 그렇다면 몇몇 널리 퍼진 마약의 수요 탄력성은 어느 정도인가?

중독 행위에 관한 상식에 기초한 직관적 관점에서 보면 마약 사용이 가격 변화에 크게 민감하지 않다고, 즉 마약의 수요는 비탄력적이라고 예상된다. 그러나 이 책에서 여러 번 살펴본 것처럼 실증적 증거는 일반적 인식을 자주 뒤집는다. 이 경우도 다르지 않다. 합법적 재화의 탄력성을 정확하게 추정하는 것은 어렵지 않지만, 불법적 재화의 탄력성을 정확하게 추정하는 것은 매우 어렵다. 마약은 지하 시장에서 거래되기 때문에 가격 자료를 수집하기 어렵다. 또한 해결해야 할 통계학적 방법론 문제도 많다. 하지만 널리 퍼진 몇몇 마약에 대해 수요 탄력성의 추정 범위가 존재한다.

맥도널드의 문헌조사 연구(MacDonald, 2004)는 탄력성 범위를 제시한다. 헤로인(heroin)의 탄력성 추정치는 −0.27에서 −1.50까지이다. 코카인(cocaine)의 탄력성 추정치는 −0.50에서 −2.50까지이다. 마리화나(marijuana)의 탄력성 추정치는 −0.36에서 −1.51까지이다. 이 범위는 공공 정책에 참고하기 위해 실증적 증거에 의존하는 것이 얼마나 어려운지를 즉각적으로 보여 준다. 참고한 연구에 따라 마약 가격을 상승시키는 공급 측면의 통제가 소비를 크게 감소시킬 수도 있고 그렇지 않을 수도 있다. 그러나 도출할 수 있는 한 가지 결론은 탄력성 범위의 하한에서도 마약 소비는 적어도 어느 정도 가격의 영향을 받는다는 것이다.

그러나 여기에는 단순히 마약 가격 상승이 마약 소비를 감소시킨다는 것을 증명한다는 것 이상의 의미가 있다. 수요의 탄력성이 탄력적인지 비탄력적인지를 파악하는 것은 공급 측면 통제의 효과에 관한 다른 함의를 준다. 정책적 관점에서는 마약 소비를 줄이는 것도 중요하지만, 가격 인상이 마약 사용자의 지출(spending)에 미치는 영향 또한 중요하다. 흔히 제품 가격이 인상되면 제품에 대한 소비자의 지출(또는 기업의 수입)이 증가한다고 오해한다. 반드시 그런 것은 아니다. 가격이 지출에 미치는 영향은 수요 탄력성에 따라 달라진다.

마약에 대한 수요가 비탄력적이라고, 예를 들어 수요 탄력성이 -0.50라고 가정해 보자. 가격이 10% 인상되면 소비량이 5% 감소한다. 가격 상승 효과가 수량 감소 효과보다 크므로 마약에 대한 지출(즉, 가격에 수량을 곱한 값)이 증가한다. 반면 마약에 대한 수요가 탄력적이라고, 예를 들어 수요 탄력성이 -2.00라고 가정해 보자. 가격이 10% 상승하면 소비량이 20% 감소한다. 수량 감소 효과가 가격 상승 효과보다 크므로 지출이 감소한다. 마약 소비량이 감소하면 되었지, 마약 소비자의 지출이 어떻게 변하는지가 왜 문제 되는가? 마약에 대한 지출이 증가하면 다른 사회적 문제가 발생할 수 있기 때문이다.

마약 중독으로 인한 사회적 비용 중 하나는 마약 사용자가 마약 중독을 유지하기 위해 재산 범죄를 저지른다는 것이다. 공급 측면의 통제가 마약 사용을 줄이지만 재산 범죄를 증가시킨다면, 이는 공급 측면 통제의 심각한 단점이 될 수 있다. 그러나 벤슨, 김, 라스무센과 주엘케의 연구(Benson, Kim, Rasmusen, and Zuehlke, 1992)가 지적한 것처럼, 우리는 이 상황에서 상관관계(correlation)와 인과관계(causation)의 구분에 주의를 기울여야 한다. 재산 범죄를 저지르는 범죄자의 대다수가 마약 사용자라는 사실이 마약 사용이 재산 범죄의 원인임을 의미하지는 않는다. 재산 범죄를 저지르는 범죄자 자체가 마약을 선호할 수 있으며, 마약 습관 자체는 재산 범죄를 증가시키지 않을 수 있다. 연구는 마약 사용과 재산 범죄 사이의 연관성을 발견하였으나, 마약 사용자의 약 20%만이 상당수의 재산 범죄를 저지른다고 결론지었다. 물론 이는 공급 측면의 규제를 실행할 때 마약과 재산 범죄 사이의 연관성을 고려해야 한다는 것을 시사하기에 충분한 큰 비율이다.

한편 이 연구는 마약 단속 정책이 재산 범죄 증가를 증가시킬 수 있다고 주장한다. 정부가 마약 범죄 대응에 더 많은 자원을 투입함에 따라 재산 범죄에 대응하는 자원이 줄어든다는 것이다. 우리는 3장에서 다른 범죄에 대한 억지 감소를 대가로 수익을 창출하는 경찰의 '속도 함정'(speed trap)을 논의하면서 이런 주장을 살펴본 적이 있다. 연구는 습관을 유지하기 위해 재산 범죄를 저지르는 마약 사용자가 있다면, 정부가 재산 범죄의 억지에 더 많은 자원을 투입함으로써 일석이조의 효과를 거둘 수 있다고 제안한다. 이 전략은 재산 범죄를 직접적으로 감소시킬 수 있을 뿐만 아니라, 일부 마약 사용자의 습관 유지를 어렵게 만들어 마약 소비도 감소시킬 수 있다.

마약 사용과 재산 범죄 사이의 연관성은 엔토프와 윙커(Entorf and Winker, 2008)에서도 검토되었다. 1976~1995년 서독의 자료를 사용한 이 연구는 마약 사용과 재산 범죄 사이에 작지만 통계적으로 유의한 연관성이 있으며, 마약 사용 증가가 재산 범죄를 증가시킨다는 사실을 발견하였다. 이 연구는 정부가 마약 사용 감소에 직접 자원을 투입하는 것보다 재산 범죄에 직접 대처하는 것이 더 효과적일 수 있다는 주장에 회의적인 시각을 보인다. "비용-편익 결과가 명확하지 않다는 점을 감안하면 … 마약 남용으로 인한 경제적으로 그리고 약리학적으로 유발된 범죄의 감소를 목표로 하는 프로그램들은 공공 정책의 중요한 도구들로 남아 있다"(엔토프와 윙커, 2008, 20쪽).

공급 측면의 통제 외에도 정부는 시장의 수요 측면(demand side)에서 마약 통제 정책을 추구할 수 있다. 수요 측면 정책에는 처벌의 확실성 또는 엄격성을 조정하여 마약 사용자에 대한 기대처벌을 높이는 것, 마약 사용자의 치료를 장려하거나 치료에 보조금을 지급하는 것, 마약 사용의 해로운 영향에 관한 정보를 제공하는 것 등의 방법이 포함된다. 공급 측면 통제와 마찬가지로, 수요 측면 정책의 효과도 적어도 어느 정도는 마약 사용자가 합리적 중독자인지에 달려 있다. 합리적 중독 모델의 함의는 중독자가 새로운 정보를 고려하여 비용-편익 분석을 하고, 여기에 따라 대응한다는 것이다. 따라서 마약 사용자가 광고 캠페인에 반응하여 평균적으로 소비를 줄이지 않는다면, 마약 수요를 줄이기 위해 설계된 광고 캠페인은 매우 비효과적이다. 다시 한번 강조하지만, 수요 측면의 통제가 효과를 발휘하려면 '합리적' 중독자가 존재해야 한다.

공급 측면 통제는 마약 가격을 상승시켜 마약 소비량을 줄이려고 한다. 반면 수요 측면 통제는 모든 가격에서(at every price) 수요량을 감소시켜(마약 수요곡선 자체가 왼쪽으로 이동한다 - 역자) 마약 소비를 줄이려고 한다. 즉, 이는 통제 정책이 시행되기 이전 개인이 특정 가격에서 마약을 얼마나 소비하든, 통제 정책이 시행된 이후 개인이 동일한 가격에서 마약 소비량을 줄인다는 것을 의미한다. 수요 측면의 정책은 마약 사용자의 마약에 대한 지불 의사를 감소시키므로 마약 가격은 하락한다.

전체적으로, 효과적인 공급 측면 및 수요 측면 정책은 모두 마약 소비를 감소시킬 것이다. 가격에 미치는 영향은 공급 측면의 통제는 가격을 상승시키고 수요 측면의 통제는 가격을 하락시킬 것이다. 따라서 실증 분석을 수행할 때, 두 유형의 통제가 정부에 의해 동시에 사용된다는 점을 인식하는 것이 중요하다. 공급 측면 통제의 효과를 분석할 때, 연구자는 공급 측면 통제가 가격을 상승시키지 않을 경우 수요 측면 정책을 주의 깊게 검토해야 한다. 공급 측면의 통제가 효과적일 수 있지만 수요 측면의 통제도 효과적일 수 있으므로, 연구자는 가격 변화가 어떤 통제에 기인한 것인지 정확하게 식별해야 한다.

2. 마약 금지와 폭력

마약 사용뿐만 아니라 마약 통제 정책 자체가 사회의 폭력 수준을 높일 수 있다는 주장도 있다. 일반적으로 마약 사용과 마약 밀매가 폭력성을 강화하는 세 가지 주요 경로가 있다(골드스타인[Goldstein], 1985 참조). 정신약리학적 경로, 경제 강박적 경로, 체계적 경로가 그것이다. 정신약리학적(psychopharmacological) 폭력은 특정 마약에서 발생하며, 이는 사용자를 공격적이고 폭력적으로 만든다. 크랙 코카인이나 PCP와 같은 마약은 사용자를 공격적이고 불안정하게 만들어 직접적으로 폭력적인 행동을 유발할 수 있다. 경제 강박적(economic compulsive) 폭력은 마약 사용자가 자신의 습관 유지에 필요한 금전적 이득을 얻기 위해 폭력 범죄에 의존하는 경우이다. 이 범주에서 폭력적 행동을 강화하는 것은 마약 자체가 아니라, 소비하는 마약의 종류를 불문하고 마약의 구매 자금을 마련하려는 욕구이다.

마지막으로, 세 가지 유형 중 가장 큰 비중을 차지하는 체계적(systemic) 폭력은 정부의 마약 금지 정책으로 인해 발생한다. 마약 금지의 궁극적 목표는 마약 거래를 근절하는 것이지만, 실제 효과는 마약 거래를 불법화하는 것이다. 불법 제품 생산자들은 협력하고 거래 관계를 규율하는 명시적 계약 조건에 합의하고 싶어도, 소비자 또는 다른 생산자와의 분쟁을 사법제도를 통해 해결할 수 없다. 따라서 마약의 생산, 유통 및 판매와 관련된 분쟁은 종종 폭력적 수단을 통해 해결된다.

마이론(Miron, 1999)은 20세기 미국에서의 마약 금지로 인한 체계적 폭력을 실증적으로 검증하려고 시도하였다. 이 연구는 세 가지 전제를 바탕으로 한다. 첫째, 마약이 금지되어 있으므로, 폭력이 마약 산업에서 분쟁을 해결하는 수단이다.

둘째, 특정 시점의 금지 정도는 해당 시점의 폭력 정도에 영향을 미친다. 셋째, 특정 시점의 금지 정도는 해당 시점의 집행 비용으로 측정할 수 있다. 따라서 이 연구는 마약 판매 및 사용 금지와 그 금지의 집행 사이의 중요한 차이에 주목한다.

마약 소비의 불법화와 법 집행은 완전히 다른 문제이다. 정부가 마약 공급자의 체포를 위해 강력한 수단을 동원하여 법 집행 지출을 늘리면, 마약 공급자는 체포를 회피하기 위해 더욱 폭력에 의존할 수 있다. 또한 법 집행 강화가 특정 공급업자를 시장에서 효과적으로 퇴출시킬 경우, 다른 공급업자가 빈자리를 차지하려고 경쟁하면서 폭력을 사용할 수 있다. 좀 더 미묘한 이유도 있지만, 간단히 말해 정부가 법 집행에 더 많은 예산을 투입할수록 마약 시장과 관련된 폭력이 더 많이 관찰될 것이다.

이 가설을 검증하기 위해, 이 연구는 20세기 미국의 살인율이 마약 통제법의 집행 정도에 어떤 영향을 받았는지 조사하였다. 연구는 법 집행의 영향을 분리하기 위해 살인율에 영향을 미칠 것으로 예상되는 다른 중요한 요인을 통제하였다. 이들 통제 변수에는 수감률과 사형제도 허용과 같은 억지 요인, 인구의 연령 구성과 같은 인구통계학적 요인, 총기 사용 가능 여부가 포함된다. 발견된 주요 결과는 살인율이 마약이 금지되지 않았을 경우 발생하였을 살인율보다 25~75% 더 높다는 것이다. 그러나 유의할 점은 마약 금지로 체계적 폭력이 증가하지만, 마약 금지로 인해 마약 사용이 감소하면 정신약리학적 폭력과 경제 강박적 폭력이 모두 감소할 수 있다는 것이다. 따라서 마약 사용과 관련된 다양한 범주의 폭력 사이에는 상충관계가 존재한다.

드멜로(DeMello, 2015)는 1985년부터 2008년까지의 자료를 사용하여 브라질 상파울루(Sao Paulo)의 크랙 코카인(또는 크랙) 거래를 조사함으로써 세 범주를 구분하려고 시도하였다. 상파울루는 표본 기간에 두 차례의 크랙 '파동'(waves)

을 경험하였다. 크랙 밀매(즉, 마약 판매)와 사용량은 1990년대 크게 증가하였다가 1990년대 후반에 급격히 감소하였고, 2000년대 내내 보합세를 유지하였다. 이 크랙 추세는 상파울루의 살인율과도 강한 상관관계가 있는데, 살인율 역시 1990년대에 지속적으로 증가하다가 1990년대 후반에 급격히 감소하였다.

크랙 사용과 밀매가 폭력성을 강화하는 몇 가지 경로가 있다. 크랙은 사용자의 공격적인 행동을 강화하는 마약이다. 이는 정신약리학적 경로를 통해 마약 사용이 폭력성을 증가시킬 수 있음을 의미한다. 또한 중독성이 강하고 신체를 쇠약하게 만드는 마약이기 때문에 마약 사용자가 합법적 고용을 유지하기 힘들게 만들고, 경제 강박적 경로를 통해 폭력을 강화할 수 있다. 마지막으로, 수익성이 높은 크랙 시장은 마약 파동의 정점 기간 많은 공급자를 마약 밀매로 끌어들여 체계적 경로를 통해 갱단 사이의 대립을 증가시키고 폭력을 증폭시킬 수 있다.

이 연구는 두 가지 주요 결과를 제공한다. 첫째, 살인율에 영향을 미치는 것은 마약 사용이 아니라 크랙 마약 밀매이다. 둘째, 크랙과 재산 범죄 사이에는 아무런 관계가 발견되지 않는다. 종합하면, 연구는 표본 기간에 상파울루에서 크랙 코카인과 살인율 사이의 연관성은 주로 체계적 범주에 의해 설명된다고 판단하고 다음과 같은 결론을 제시한다.

> 이 결과는 중요한 정책적 시사점을 제공한다. 상파울루의 경우, 폭력은 정신적 장애나 습관적인 마약 사용의 필요성 때문이 아니라 불법성 자체에서 비롯된 것이다. 나의 연구 결과에 따르면 마약을 합법화하면 소비가 증가하겠지만 폭력 범죄의 급증은 예상되지 않는다. (소비를 위한) 불법 소지는 폭력 증가와 관련이 없다. 이 경우, 다른 조건이 동일하다면, 합법화가 매력적인 선택지가 될 수 있다(드멜로, 2015, 183쪽).

3. 합법화 논쟁

마약에 관한 경제학 연구가 앞과 유사한 결론, 즉 마약 합법화가 '매력적인 선택지'가 될 수 있다는 결론을 내리는 경우가 드물지 않다. 이런 합법화 요구는 대개 두 가지 고려 사항에서 비롯된다. 첫째, 마약 사용자가 합리적이고 자신의 소비 패턴의 본질을 이해하고 있다면, 마약 금지의 편익이 과장될 수 있다. 많은 경제학자, 특히 합리적 중독의 분석 틀을 수용하는 경제학자들에게 마약 사용자를 스스로로부터 보호해야 한다는 주장은 설득력이 없다. 아마 그들은 마약 사용과 밀매가 마약 사용자를 넘어서는 상당한 사회적 비용을 발생시킨다는 주장을 더 쉽게 받아들일 것이다.

둘째, 훨씬 더 중요한 것은 마약과의 전쟁은 집행 비용뿐만 아니라 앞에서 언급한 체계적 폭력의 측면에서도 비용이 너무 많이 든다는 점이다. 또한 마약 사용과 마약 밀매를 감소시키는 정책의 효과성에 관해서도 심각한 의문이 제기 되고 있다. 공급 측면에서, 집행 당국이 특정 국가에서의 미국 마약 수출에 대한 압력을 강화해도 그 공백을 메울 준비가 된 다른 국가가 항상 존재한다. 특정 마약 작물을 파괴해도 다른 작물이 쉽게 경작된다. 특정 마약을 생산하기 어렵게 만들어도 다른 마약이 쉽게 그 자리를 차지한다. 그리고 수많은 사람이 체포되고 수감되어도, 마약을 유통시키는 거리의 판매상은 끝없이 공급된다. 수요 측면에서, 마약 사용자의 체포 확률이 매우 낮다. 이것이 많은 사람이 적어도 마약을 시험해 보는 이유일 것이다. 마약과의 전쟁이 투입 비용 대비 효과가 좋다는 설득력 있는 증거는 찾아보기 어렵다.

합법화를 주장하는 사람들은 합법화가 되면 막대한 집행 비용이 절감되므로 합법화가 금지보다 낫다고 한다. 더 이상 마약 관련 범죄를 저지른 사람을 체포하고 처벌할 필요가 없어진다. 이 자원은 이제 형사사법 체계의 다른 곳에 사용하거나 완전히 다른 용도로 사용할 수 있다. 그러나 합법화의 단점은 마약 사용을 증가시킬 수 있으며, 심지어 대폭 증가시킬 수도 있다는 것이다. 마약 사용이 사용자나 타인에게 비용을 발생시킨다면, 합법화는 이 비용을 증가시킬 것이다.

합법화를 주장하는 사람들은 마약 사용 증가를 억제하기 위해 제품을 합법화하고 통제한 실제 사례인 담배와 주류 시장에 주목한다. 합법적 마약 사용을 제한하기 위해 세금, 마약 교육, 치료 장려 또는 보조와 같은 통제 정책을 사용할 수 있을 것이다. 미성년자를 보호하기 위해 연령 제한 정책을 만들고 시행할 수도 있다. 또는 처방전을 통해서만 허용하는 방식으로 마약을 합법화할 수도 있을 것이다. 물론 합법화를 지원하는 이 모든 정책은 적지 않은 실행 비용을 수반한다.

마약과의 전쟁이 비용이 많이 들며 효과적이지 않다는 공감대가 특히 학자들 사이에 형성되어 있다면, 간단한 의문 하나가 떠오른다. 마약 통제 정책은 왜 계속 시행되고 있는가? 하나의 대답은 마약 사용이 사회에 해악을 끼친다고 생각하는 사람들이 많다는 것이다. 마약 사용은 나쁘다. 더 이상의 설명은 필요 없다. 이런 입장에서는 막대한 대가를 치르더라도 마약과의 전쟁은 벌일 가치가 있다. 엄격한 경제적 관점에서 보면, 이는 근거가 약한 주장이다. 그러나 사회적 목표는 주관적으로 정의된다는 점을 기억하라. 마약과의 전쟁은 마약 통제 정책의 시행에 사용되는 자원 비용을 중요하게 생각하지 않는 특정한 사회적 후생 관점에서는 합리적일 수 있다.

마약 금지가 지속되는 이유에 대한 또 다른, 더 냉소적인 설명이 있다. 3장에서 금전적 벌금을 처벌로 사용할 때의 문제점 중 하나로 논의된 것처럼, 정부는 마약 통제 정책과 관련된 자산몰수법을 통해 큰 이득을 얻을 수 있으며, 이 이득이 정부가 범죄와 싸우기 위해 자원을 사용하는 방식을 왜곡시킬 수 있다. 수익성이 좋은 몰수는 여러 수준의 정부에게 재정 수입을 제공한다. 예를 들어, 2005년 3월 일리노이주 폰툰 비치(Pontoon Beach)의 한 경찰관은 마약 관련 체포로 330만 달러를 몰수하였다. 전체 금액 중 폰툰 비치 경찰서는 237만 달러, 연방 마약단속국 자산 몰수 기금은 65만 8,000달러, 매디슨 카운티 주 검찰청은 26만 3,555달러를 획득하였다(『벨빌신문』[*Bellville News-Democrats*], 2006. 3. 16). 그러나 2019년 2월 미국 대법원은 '팀스 대 인디애나'(*Timbs v. Indiana*, 2019) 사건에서 만장일치로 이러한 자산몰수가 "주 정부는 적법한 절차 없이 개인의 생명, 자유 또는 재산을 박탈할 수 없다"는 수정헌법 제14조에 따라 과도한 것으로 해석되며 허용되지 않는다고 판결하였다.

마스트, 벤슨과 라스무센(Mast, Benson, and Rasmussen, 2000)은 자산몰수법이 경찰의 마약 집행 노력에 미치는 영향을 조사하였다. 그들의 연구에 따르면, 경찰이 몰수 자산 일부를 보유할 수 있는 관할권에서 (마약 단속 노력에 영향을 미치는 다른 여러 요인을 통제하면) 마약 체포 건수가 크게 증가한다. 마약 체포 건수의 증가는 효과적인 마약 단속의 증거로 보일 수 있다. 그러나 만일 자원이 다른 범죄 억지 노력에서 가져온 것이라면, 사회적 관점에서 자산몰수법은 정부에게 자원의 효율적 활용 유인을 제대로 제공하지 못한다고 할 수 있다.

결국 마약 금지를 둘러싼 논쟁은 쉽게 해결되지 않을 것 같다. 이 때문에 일부는 부분적 합법화가 합리적이라고 주장한다. 마리화나와 같은 '연성'(soft) 마약은 합법화될 수 있지만, 메스암페타민과 같은 '경성'(hard) 마약은 금지된다. 실제로 많은 국가와 미국의 주에서는 오락 목적(recreational purposes)의 마리화나 사용을 합법화하였다. 그러나 이러한 합법화 움직임은 메스암페타민과 같은 마약에 대해서는 시도되지 않았다. 오히려 미국 정부는 메스암페타민에 대해 매우 공격적인 집행 노력을 기울여 왔다.

마약 금지를 통해 얻을 수 있는 순편익이 있다면, 그것은 마약 통제 정책의 가장 강력한 사례인 메스암페타민과 같은 마약에서 찾아야 한다. 메스암페타민은 널리 사용되는 마약일 뿐만 아니라 큰 사회적 비용을 유발한다. 2012년 전국 마약 사용 및 건강 조사(2012 National Survey on Drug Use and Health)는 미국에서 약 1,200만 명의 사람들이 전년도에 메스암페타민을 사용하였으며, 이전 한 달 동안 44만 명이 메스암페타민을 사용했다고 보고하였다. 메스암페타민의 만성적 사용은 뇌 손상, 심장마비 위험 증가, 폐 손상, 심각한 소화기 문제, 간 손상, 방광 감염, 충치 및 잇몸 질환 등 장기적으로 심각한 건강 문제를 일으킬 수 있다. 건강상의 악영향은 메스암페타민 사용자에게 직접적인 비용을 부과할 뿐만 아니라, 의료보험 제도에도 적지 않은 비용을 부과하며, 이 비용은 결국 보험에 가입한 납세자와 개인이 부담한다.

또한 메스암페타민 생산 과정에서 추가 비용이 발생한다. 1파운드의 메스암페타민이 생산될 때마다 약 5파운드의 독성 폐기물이 발생한다. 이 유해 폐기물은 불법으로 투기되면 메스암페타민 생산자뿐만 아니라 이웃과 환경에도 피해를 끼친다. 메스암페타민 제조실은 화재 및 폭발 위험이 있어 제품 생산자와 제조실로 사용되는 주택 거주자에게 추가 위험을 초래한다. 이 비용과 기타 여러 가지 비용 때문에 메스암페타민의 생산 및 사용에 대한 사회 정책은 매우 공격적이다.

예를 들어, 미국 마약단속국(Drug Enforcement Agency: D.E.A.)은 메스암페타민 생산에 대응하는 가장 보편적인 전략 중 하나로 매년 수천 개의 마약 제조실을 압수하고 있다. 2014년 마약단속국은 메스암페타민 제조와 관련된 9,338

건의 단속 '건수'(incidents)(제조실, 투기 장소, 화학 및 유리 제품 압수 포함)를 보고하였다. 5년 전인 2009년에는 1만 2,851건이 보고되었고, 그 5년 전인 2004년에는 2만 3,829건이 보고되었다. 이 기간에 압수 건수가 감소한 것은 집행 노력의 변화 또는 메스암페타민 생산자들이 생산 시설을 교묘하게 숨기려는 시도 등의 요인 때문일 수 있지만, 마약단속국의 노력에 따른 유의한 억지 효과의 결과일 수도 있다. 그러나 큰 노력에도 불구하고 의심할 여지 없이 수천 개의 메스암페타민 제조실이 여전히 운영되고 있다. 이는 비교적 적은 비용으로 새로운 제조실을 만들 수 있기 때문이다. 실제로 마약단속국은 약 100달러(2003년 달러 기준)의 재료만 있으면 메스암페타민 제조업체가 몇 시간 만에 약 1,000달러 상당의 제품을 생산할 수 있다고 추정하였다.

정부가 메스암페타민 생산을 통제하는 또 하나의 접근 방식은 유통 단계에서 에페드린(ephedrine) 및 슈도에페드린(pseudoephedrine)과 같은 메스암페타민 전구체의 공급을 차단하는 것이다. 1993년 전구체 유통업체, 수입업체, 수출업체의 마약단속국 등록을 의무화하는 국내 화학물질 전용 통제법(Domestic Chemical Diversion Control Act)이 통과되었다. 이 법은 마약단속국에 범죄 의도에 대한 입증 없이도 사업체의 등록을 거부하거나 취소할 수 있는 권한을 부여하였다. 이를 통해 마약단속국은 대량의 전구체 압수에서 두 번의 경이적인 성공을 거둘 수 있었다.

1995년 5월, 마약단속국은 펜실베이니아에 소재한 알약 제조업체에서 25톤의 에페드린과 슈도에페드린을 압수하였다. 같은 달 말에는 통신판매업체로부터 슈도에페드린 500상자를 압수하였다. 이들 압수를 통해 약 30톤의 메스암페타민을 생산할 수 있는 양의 전구체가 제거되었다. 1994년 미국의 총 메스암페타민 소비량은 약 34톤으로 추정되므로, 압수량은 엄청난 것이었다. 따라서 압수량의 규모로 볼 때, 마약단속국의 집행 노력은 매우 성공적이었다고 볼 수 있다. 그렇다면 이들 압수는 메스암페타민 시장에 어떤 파괴적 영향을 미쳤는가?

돕킨과 니코시아(Dobkin and Nicosia, 2009)는 이 2건의 중요한 압수가 1990년대 중반 캘리포니아에서의 메스암페타민 관련 마약의 사용과 사회적 비용에 미친 영향을 조사하였다. 이 연구가 캘리포니아에 초점을 맞춘 이유는 두 가지 때문이다. 캘리포니아주가 1990년대 중반 미국 내 메스암페타민의 주요 생산 및 소비 지역이었다는 것과 분석 가능한 풍부한 자료가 존재한다는 것이다. 다른 (이후의) 전구체 법안과의 혼동을 피하고자 연구는 1994년 1월(압수 전 17개월)과 1997년 12월(압수 후 31개월) 두 차례 압수의 효과를 조사하였다.

연구에서 확인된 압수의 첫 번째 효과는 압수가 메스암페타민 가격에 큰 영향을 미쳤으며, 첫 4개월 동안 메스암페타민 가격이 그램당 30달러에서 100달러 이상으로 상승하였다는 것이다. 가격 상승의 이유는 생산자들이 재고 보충에 어려움을 겪었기 때문이다. 두 번째 효과는 메스암페타민의 순도와 관련된 것으로, 첫 4개월 동안 순도가 90%에서 20%로 떨어졌다. 순도 감소는 생산자들이 사용할 메스암페타민의 재고가 줄었고 제품 생산에 열등한 전구체를 사용하였기 때문에 발생하였다. 가격 인상과 순도 감소는 모두 메스암페타민의 소비를 억지하는 효과가 있을 것이다. 압수 조치의 정책 목표도 바로 이것이다. 과연 소비 억지 목표는 실제로 달성되었는가?

메스암페타민은 금지된 마약이기 때문에 메스암페타민 사용에 관한 자료는 구하기 어렵다. 대신, 이 연구는 메스암페타민 사용 징후가 포함된 병원 입원을 메스암페타민 사용의 대리 변수로 사용한다. 환자가 메스암페타민 사용 검사에서 양성 반응을 보이면, 환자는 지난 3~5일 동안에 이 마약을 사용한 것이다. 따라서 메스암페타민 사용 징후가 포함된 병원 입원 횟수는 메스암페타민의 소비량과 직접적 관련이 있다. 연구는 압수가 메스암페타민 사용에 단기적 영향만 미친다는 사실을 발견하였다. 몇 달 후 가격 효과와 순도 효과 모두 대부분 사라졌다. 또한 연구는 압수가 다른 마약 사용, 재산 및 폭력 범죄율에 미치는 영향도 조사하였으나, 이들 효과를 보여 주는 증거를 찾지 못하였다.

이 연구는 간략하게 다음과 같은 결론을 내린다.

> 이 압수는 아마도 마약단속국의 주요 불법 물질의 공급 차단에서의 가장 큰 성공일 것이다. … 이러한 대규모 시장 파괴가 건강상의 부작용 발생과 마약 관련 체포를 일시적으로만 감소시키고, 재산 및 폭력 범죄를 감소시키지 않았다는 점은 실망스러운 결과이다(돕킨과 니코시아, 2009, 21쪽).

마약단속국의 '가장 큰 성공'이 메스암페타민 사용과 밀거래 감소에 거의 효과가 없었다면, 이보다 강도가 낮은 마약단속국의 집행 노력의 효과는 매우 의문스럽다. 바로 이런 결과, 즉 집행 비용은 크지만 이에 상응하는 편익이 발생하지 않는다는 결과는 마약과의 전쟁에 대한 비판에 기름을 끼얹는다.

참고문헌

Becker, G. S. and K. M. Murphy(1988), "A Theory of Rational Addiction," *Journal of Political Economy*, 96: 675~700.

Benson, B. L., I. Kim, D. W. Rasmussen, and T. W. Zuehlke(1992), "Is Property Crime Caused by Drug Use or by Drug Enforcement Policy?" *Applied Economics*, 24: 679~692.

DeMello, J. M. P.(2015), "Does Drug Illegality Beget Violence? Evidence from the Crack-Cocaine Wave in Sao Paulo," *Economia*, 16: 157~185.

Dobkin, C. and N. Nicosia(2009), "The War on Drugs: Methamphetamine, Public Health, and Crime," *American Economic Review*, 99: 324~349.

Entorf, H. and P. Winker(2008), "Investigating the Drugs-Crime Channel in Economics of Crime Models: Empirical Evidence from Panel Data of the German States," *International Review of Law and Economics*, 28: 8~22.

Goldstein, P. J.(1985), "The Drugs/Violence Nexus: A Tripartite Conceptual Framework," *Journal of Drug Issues*, 15: 493~506.

MacDonald, Z.(2004), "What Price Drug Use: The Contribution of Economics to an Evidence-Based Drugs Policy," *Journal of Economic Surveys*, 18: 113~152.

Mast, B. D., B. L. Benson, and D. W. Rasmussen(2000), "Entrepreneurial Police and Drug Enforcement Policy," *Public Choice*, 104: 285~308.

Miron, J. A.(1999), "Violence and the U.S. Prohibitions of Drugs and Alcohol," *American Law and Economics Review*, 1: 78~114.

The Economics of Crime

제9장

행동경제학적 접근

행동경제학(behavioral economics)은 전통적 경제학의 접근 방식에 흥미로운 도전 과제들을 제시하였다. 행동경제학에 관한 탁월한 해설은 이 성장하는 분야의 문헌을 검토한 피터 다이아몬드와 하누 바르티아넨(Peter Diamond and Hannu Vartiainen, 2007)이 편집한 책에서 찾아볼 수 있다.

> 지난 10여 년 동안 행동경제학은 경제학자들이 세상을 개념화하는 방식을 근본적으로 변화시켰다. 행동경제학은 표준적 경제학 분석 틀에 없는 인간 행동의 특징을 설명하기 위해 표준적 경제학의 분석 틀을 확장하고자 하는 접근 방식을 포괄한다. 일반적으로, 이 접근 방식은 인접 사회과학, 특히 심리학과 사회학을 차용할 것을 요구한다. 행동경제학의 핵심에는 경제적 인간 모형을 더 정확하게 만들면 경제학에 대한 이해가 향상되어 경제학이 더 유용해질 것이라는 확신이 자리 잡고 있다(피터 다이아몬드와 하누 바르티아넨, 2017, 1쪽).

행동경제학자들은 인간이 자주 이상하거나 결함 있는 방식으로, 즉 완벽한 합리성의 가정에 위배되는 방식으로 행동한다는 점을 명시적으로 고려한다. 그러나 행동경제학자들이 합리성 개념을 완전히 거부하는 것은 아니다. 그들은 사람들이 인지적으로 올바른 결정을 내린다는 전통적 경제학 가정의 성립을 어렵게 하는 복잡한 제약이 존재한다고 가정한다. 그들은 또한 부의 극대화와 화폐적 비용-편익 분석을 넘어서는 다양한 개인적 목표와 사회적 목표를 연구하기도 한다.

이 장의 목적은 행동경제학을 앞의 장들에서 논의한 몇 가지 특정 주제에 적용하면서 간결하게 소개하는 것이다. 이 장은 행동경제학의 개념에 관한 또는 행동경제학의 범죄 경제학에의 응용에 관한 포괄적인 검토가 아니다. 이 장의 목표는 행동경제학자들이 새로운 시각으로 전통적 주제에 어떻게 접근하는지를 보여 주는 것이다. 우리는 다섯 가지 주제를 살펴본 후, 결론 부분에서 전통적 접근 방식과 행동경제학적 접근 방식을 간략히 비교한다.

1. 효율성이 중요한가?

1장에서 설명한 것처럼 범죄와 처벌에 대한 경제적 접근은 범죄 억지의 비용(즉, 기대처벌을 설정하기 위해 자원을 사용하는 비용)과 범죄 억지의 편익(즉, 기대처벌이 범죄를 감소시키는 정도) 사이의 근본적인 상충관계를 식별하는 것에서 출발한다. 여기에서부터 처벌의 확실성과 처벌의 엄격성 사이에서 자원을 가장 잘 배분하는 방법과 처벌의 엄격성 설정에서 가장 적합한 제재 방식이 무엇인지 등 더 복잡한 상충관계가 검토될 수 있다. 의심의 여지가 없는 점은 경제학자들이 범죄와의 싸움에서 자원의 효율적 사용에 강한 관심이 있다는 것이다. 그러나 아직 중요한 질문이 남아 있다. 경제학자가 아닌 사람들도 효율성에 관심이 있는가?

선스타인, 슈카데와 카너먼(Sunstein, Schkade, and Kahneman, 2000)은 이 질문에 대한 답을 제시하려고 시도한다. 연구의 한 부분에서, 이들은 시카고 대학교(University of Chicago) 로스쿨의 상위권 학생들에게 다음과 같은 질문을 던졌다.

> 인구 1만 명당 국세청(IRS) 직원 수가 캘리포니아주는 많고, 유타주는 적다고 가정하자. 또한, 현실적인 제약으로 인해 국세청이 유타주에서 직원 수를 늘릴 수 없다고 가정해 보자. 당신은 국세청장이다. 부청장이 당신에게 "유타주의 직원 부족을 보완하고 적절한 억지 수준을 확보하기 위해 캘리포니아주의 탈세보다 유타주의 탈세에 대해 더 높은 벌금을 부과해야 합니다. 저는 청장님이 이 정책을 채택할 것을 권고합니다"라는 내용의 내부 보고를 한다. 순수한 정치적 고려

를 제쳐 두고, 당신은 이 정책에 동의하는가?(선스타인, 슈카데와 카너먼, 2000, 245쪽)

학생들은 강하게 동의하지 않는다, 다소 동의하지 않는다, 다소 동의한다, 강하게 동의한다는 네 가지 응답 중 하나를 선택하도록 요청받았다. 과연 이 조사의 결과는 어떠하였을까?

시카고 대학교 로스쿨 학생들은 법학 교육 초기에 최적 억지 이론에 노출된다. 만약 경제학자 이외의 응답자 집단 중 제안된 정책에 동의할 집단이 있다면 바로 이 집단일 것이다. 그러나 실제로는 그렇지 않았다. 연구에 참여한 84명의 학생 중 42명은 강하게 동의하지 않았고, 21명은 다소 동의하지 않았으며, 18명은 다소 동의하였고, 단 3명만이 강하게 동의하였다. 즉, 응답자의 75%는 이 정책에 동의하지 않았다. 이는 최적 억지 이론의 기본 결과 중 하나인, 바람직한 수준의 기대처벌을 유지하기 위해 낮은 체포 확률은 높은 처벌의 엄격성과 결합되어야 한다는 명제를 거부한 것을 의미한다.

이 연구는 위의 결과(그리고 여기서 논의하지 않은 다른 결과)를 바탕으로 다음과 같은 결론을 제시한다.

> 사람들은 즉각적으로 최적 억지의 관점에서 생각하지 않으며, 실제로 최적 억지 이론을 토대로 법을 만들려는 노력을 쉽게 수용하지 않는다. 사람들이 제안하는 처벌은 억지 확률에 따라 달라지지 않으며, 이는 억지 확률이 특별히 주목받는 경우도 마찬가지이다. 또한 사람들은 적발 가능성에 따라 처벌을 높이거나 낮추는 법 집행 정책을 거부한다(선스타인, 슈카데와 카너먼, 2000, 250쪽).

정책 담당자가 최적 억지 정책에 관심이 있다고 가정하더라도(물론 그렇지 않을 수도 있지만), 이 정책 담당자가 유권자의 선호를 충족시켜야 한다면, 최적 억지 정책을 추진하거나 실행하는 것이 현실적으로 어려울 수 있음을 위의 결론은 시사한다.

2. 위험, 모호성 및 기대처벌

3장은 범죄자가 기대처벌의 수준뿐만 아니라 기대처벌을 구성하는 요소들의 크기에 반응할 수 있다고 소개하였다. 예를 들어, 2만 달러의 기대처벌은 (1) 10만 달러의 벌금과 20%의 확실성(체포 및 유죄 판결을 고려한 확률) 또는 (2) 4만 달러의 벌금과 50%의 확실성으로 구성될 수 있다. (1)과 (2)의 억지력은 같은가? 그렇지 않다면 어떤 것이 더 큰 억지 효과를 제공하는가, 그리고 그 이유는 무엇인가? 이 질문에 대한 많은 답이 있을 수 있지만, 한 가지 답은 범죄자가 자신이 직면한 위험(risk) 수준의 변화에 어떻게 반응하는지와 관련되어 있다.

당신이 ① 100%의 확률로 100달러를 얻는 것, ② 50%의 확률로 200달러를 얻고 50%의 확률로 0달러를 얻는 것의 두 가지 중 하나를 선택해야 한다고 가정하자. 당신은 어느 쪽을 선호하는가? 두 경우 모두 기대수익은 100달러이다. 하지만 ①에서는 100달러가 확정적이지만, ②에서는 100달러가 평균적 수익이다. 즉, ②에는 위험이 수반된다. 세 가지 가능한 답을 생각해 보자. 첫째, ②보다 ①을 선호하는 경우이다. 이 경우 당신은 위험 기피적(risk-averse)이다. 즉, 평균 100달러보다 확정적인 100달러를 선호한다. 둘째, ①보다 ②를 선호한다. 이 경우 당신은 위험 선호적(risk-preferring)이다. 즉, 확정적인 100달러보다 평균 100달러를 선호한다. 마지막으로, ①과 ②에 무차별한 경우이다. 이 경우 당신은 위험 중립적(risk-neutral)이다. 즉, 확실한 100달러와 평균 100달러 사이에 무차별하다.

경제적 관점에서 볼 때, '위험 선호적'이라는 용어가 당신이 위험을 좋아하고 위험한 행동을 추구한다는 뜻이 아니며, '위험 기피적'이라는 용어가 위험을 좋아하지 않거나 위험을 감수하지 않는다는 뜻이 아니다. 이들 용어는 확정적 결과와 비교한 위험한 결과에 대한 당신의 선호를 나타낸다. 예를 들어, 당신이 ②보다 ①을 강하게 선호한다면 당신은 위험 기피적이다. 하지만 평균 100달러를 얻는 것과 60달러를 확정적으로 얻는 것을 비교하면 어떠한가? 당신이 위험 기피적이라 하더라도 이제는 위험한 것을 선택할 수도 있다. 마찬가지로 당신이 ①보다 ②를 선호한다면 당신은 위험 선호적이다. 하지만 평균 100달러를 얻는 것과 200달러를 확정적으로 얻는 것을 비교하면 어떠한가? 당신이 위험 선호적이라 하더라도 확정적인 것을 선택할 수 있다.

우리가 범죄자가 위험 기피적인지 또는 위험 선호적인지를 파악할 수 있다고 하자. 이는 기대처벌의 설정에 중요한 정책적 함의를 준다. 위험 기피적 범죄자의 경우, 주어진 기대처벌의 확실성을 낮출수록 범죄 억지력이 높아진다. 위험 선호적 범죄자의 경우, 주어진 기대처벌의 확실성을 높일수록 억지력이 높아진다. 물론 범죄자마다 위험 선호가 다르므로, 범죄자의 위험 선호를 확인하기는 매우 어렵다. 그리고 이것이 어려움의 전부는 아니다.

개인은 마주한 위험의 성격에 따라 위험 기피적인 동시에 위험 선호적일 수 있다. 예를 들어, 당신은 잠재적 손실에 대비하기 위해 보험에 가입하는 동시에 무작위 추첨에서 당첨되기를 바라며 복권을 구매한다. 당신은 보험에 가입할 때 위험한 결과를 회피하기 위해 일정 금액(보험료)을 지불하며, 이는 위험 기피적 행동이다. 당신은 복권을 구매할 때 위험한 결과를 받아들이기 위해 일정 금액을 지불하며, 이는 위험 선호적 행동이다. 따라서 개인이 위험 기피적 행동과 위험 선호적 행동을 모두 보이는 것은 흔한 일이다.

또한 개인이 이득(gains)에 대해서는 위험 기피적이지만, 손실(losses)에 대해서는 위험 선호적일 수 있음을 시사하는 증거가 있다. 이것은 무엇을 의미하는가? 이제 ③ 100%의 확률로 100달러를 잃는 것, 또는 ④ 50%의 확률로 200달러를 잃고 50%의 확률로 0달러를 잃는 것의 두 가지 새로운 선택을 생각해 보자. 각 경우의 기대손실은 100달러이지만 ③의 경우는 확정적이고, ④의 경우는 평균 손실이다. 기대효용의 극대화(expected utility maximization)라는 위험에 관한 전통적 경제 모형에서 위험 기피적 개인은 평균 이익보다 확정적 이익을, 즉 ②보다 ①을 선호하고, 평균 손실보다 확정적 손실을, 즉 ④보다 ③을 선호한다. 중요한 것은 이득인지 또는 손실인지가 아니라 결과가 확정적인지 또는 위험한지이다. 전통적 모형을 발전시킨 모형에서는, 개인이 위험 기피적이어서 ②보다 ①을 선호 하고, 동시에 위험 선호적이어서 ③보다 ④를 선호할 수 있다.

범죄자가 이득에 대해 위험 기피적이고 손실에 대해 위험 선호적이라면, 이 정보를 어떻게 바람직한 기대처벌의 설정에 활용할 수 있을까? 중요한 질문은 이것이다. 범죄자가 자기 행동을 이득의 관점에서 생각하는가, 아니면 손실의 관점에서 생각하는가? 이 질문에 대한 쉬운 답은 없다. 범죄자가 범죄를 결정할 때 주로 기대처벌 요소에 초점을 맞춘다면, 범죄자는 손실의 영역에 속하며 위험 선호적일 수 있다. 이는 확실한 처벌이 범죄 억지력을 강화할 수 있음을 의미한다. 반면, 범죄자가 주로 범죄로부터 얻는 이익에 초점을 맞춘다면, 이득의 영역에 있으며 위험 기피적일 수 있다. 이는 덜 확실한 처벌이 억지력을 강화할 수 있음을 의미한다. 물론 합리적 범죄자는 자기 행동의 편익과 비용을 모두 고려하므로 범죄자의 위험 선호를 분류하는 것은 쉽지 않다.

문제를 더욱 복잡하게 만들기 위해, 범죄자의 위험 선호 이외에 모호성

(ambiguity)의 개념을 도입할 수도 있다. ①과 ②의 두 선택을 생각해 보자. 두 경우 모두 100달러를 얻을 수 있는데, ①은 확정적 이득이며, ②는 위험한 이득이다. ②의 경우, 당신은 위험을 알고 있다. 200달러를 얻을 확률이 50%이고 0달러를 얻을 확률이 50%이다. 이제 새로운 선택을 생각해 보자. ⑤ 당신은 기대이익이 100달러인 것은 알고 있지만, 기대이익이 어떻게 결정되는지는 모른다(선택 ⑤의 기대이익이 100달러가 되는 조합은 무수히 많다. 중요한 점은 당신이 관련된 명시적 위험을 모른다는 것이다). 즉, 세 가지 선택 모두 기대이익이 100달러이지만, 당신이 ①에서 ②로, ②에서 ⑤로 이동하면 당신은 확정적 결과에서 위험한 결과, 위험한 결과에서 모호한 결과로 이동하게 된다. 당신이 ⑤보다 ②를 선호한다면, 당신은 알 수 없는 위험보다 알려진 위험을 선호하며, 모호성 기피적(ambiguity averse)이라고 할 수 있다. 반면에 ②보다 ⑤를 선호한다면, 당신은 알려진 위험보다 알려지지 않은 위험을 선호하며, 모호성 선호적(ambiguity preferring)이라고 할 수 있다.

베이커, 하렐과 쿠글러의 야심 찬 연구(Baker, Harel, and Kugler, 2004)가 이 모든 개념을 종합하여 여러 형태의 기대처벌 적용이 범죄 행동에 미치는 영향을 결정하려고 시도하였다. 이 연구는 실험을 위해 예루살렘 히브리 대학교(Hebrew University)의 학부생 44명을 모집하였다. 각 참가자는 기대처벌(범죄의 '비용')을 생각하면서 금전적 이득(범죄의 '편익')을 선택하도록 요청받았다. 따라서 연구는 참가자가 자기 행동으로 인한 이득과 손실을 모두 경험할 수 있도록 명시적으로 허용하였다. 이는 참가자가 이득과 손실 중 어느 쪽에 더 큰 비중을 두느냐에 따라 위험 기피적 또는 위험 선호적 행동을 드러낼 가능성을 허용한 것이다. 즉, 연구는 참가자들에게 이득(또는 손실)을 가장 중요한 것으로 생각하도록 '강요'하지 않았다.

다음으로, 연구는 관심 있는 세 가지 개념인 확실성, 위험성, 모호성을 조합한 몇 가지 가능한 기대처벌을 자세히 검토한다. 각 기대처벌은 체포 확률(유죄 판결 확률은 100%로 가정)과 금전적 제재로 구성된다. 각 기대처벌에서 체포 확률은 확실성, 위험성 또는 모호성을 가지고 발생한다. 마찬가지로 제재도 확실성, 위험성 또는 모호성을 가지고 발생할 수 있다. 연구는 세 가지 가능한 체포 확률과 세 가지 가능한 제재를 결합하여 완전한 확실성부터 완전한 모호성까지 총 아홉 가지의 기대처벌 조합을 만든다.

예를 들어, 피실험자들은 체포 확률이 30%(어떤 숫자든 가능하다)라는 것을 알거나, 자신들이 직접 동전을 던져 확률이 20% 또는 40%가 된다는 것을 알거나, 확률이 20% 또는 40%가 된다는 것을 알지만 두 가지 확률 중 어떤 확률이 사용될지 모르는 세 가지 방식으로 체포 확률에 직면할 수 있다. 첫 번째 경우는 확실성, 두 번째 경우는 위험성, 세 번째 경우는 모호성과 관련된다. 피실험자가 체포되어 제재에 직면하는 방식에 대해서도 비슷한 접근 방식을 취한다. 즉, 피실험자들은 제재가 1,000달러라는 것을 알거나, 자신들이 직접 동전을 던져 제재가 1,500달러 또는 500달러가 된다는 것을 알거나, 제재가 1,500달러 또는 500달러가 된다는 것을 알지만 두 가지 제재 중 어떤 제재가 사용될지 모른다. 다시 말하지만, 첫 번째 선택은 확실성, 두 번째 선택은 위험성, 세 번째 선택은 모호성과 관련된다.

연구의 주요 결과 중 하나는 피실험자들이 확실한 기대처벌과 위험한/모호한 기대처벌을 강하게 구분하였으며, 확실한 기대처벌을 덜 엄격한 기대처벌로 생각한다는 것이다. 더욱이 이 결과는 기대처벌의 구성 요소인 체포 확률과 제재 모두에 대해 성립한다. 위험한 기대처벌과 모호한 기대처벌을 비교하였을 때는 위험한 기대처벌을 덜 엄격한 기대처벌로 생각한다. 하지만 이 효과는 크지 않은 것으로 나타난다. 요약하면, 기대처벌이 얼마나 확실한지에 대한 범죄자의 인식이 범죄자의 행동에 영향을 미칠 수 있으며, 더 위험한/모호한 기대처벌은 실행에 많은 자원 비용을 들이지 않고도 큰 억지 효과를 거둘 수 있다.

따라서 연구의 주요 결과가 제시하는 정책 함의는 명확하다. 정부는 기대처벌을 더 위험하거나 모호하게 만드는 방안을 추진할 수 있다. 연구는 이 목적을 달성할 몇 가지 방법을 예로 제시한다. 제재의 확실성을 조절하는 방법으로 형량 복권(sentencing lotteries)이 사용될 수 있다.

> 폭넓게 부여된 미국 연방 형사 관할권으로 인해 동일한 범죄를 저지른 피고인이 주 정부 또는 연방 정부에 의해 기소되는지에 따라 다른 형량에 노출된다. 루돌프 줄리아니(Rudolph Giuliani)가 뉴욕에서 연방 검사로 재직할 때, 그는 동시 관할권을 이용하여 형량 복권을 만들었다. 그의 계획은 매주 무작위로 하루를 선택해 지역 집행 당국에 체포된 모든 길거리 마약상이 연방 법원에 기소되고, 이에 따라 더 엄격한 제재를 받는 프로그램을 포함하는 것이었다. 루돌프 줄리아니는 "아이디어는 러시안룰렛 효과를 창출하는 것이었다"라고 말하며 형량 복권의 억지 효과를 명시적으로 인정하였다(베이커, 하렐과 쿠글러, 2004, 471~472쪽).

체포 확률의 확실성을 조절하는 방법으로 집중 단속(enforcement campaigns)이 사용될 수 있다.

> 집중 단속을 통해 법 집행 기관은 특정 지역 또는 특정 유형의 범죄에 자원을 집중한다. 증가된 불확실성이 억지를 증가시킨다면, 집중 단속 정책은 지역 또는 범죄 유형별로 집행에 일정한 자원을 할당하는 정책보다 더 큰 억지력을 발휘할 수 있다. 집중 단속은 때때로 적발 확률이 매우 높다는 사실을 홍보함으로써 적발 확률의 불확실성을 높인다. 사람들은 법 집행 공무원이 모든 시간과 장소에서 일관되게 높은 적발 확률을 유지할 수 없다는 사실을 알고 있다. 그러나 때

때로 그 확률이 매우 높다는 사실은 시간과 장소에 따른 적발 확률의 범위가 더 넓어진다는 것을 의미한다(베이커, 하렐과 쿠글러, 2004, 473~474쪽).

따라서 연구는 만일 정부가 기대처벌을 더 위험하거나 모호하게 만드는 것이 바람직하다고 생각한다면 체포 확률과 제재의 엄격성을 조절하여 이런 정책을 구현할 현실적 방법이 있다고 결론짓는다.

3. 무력화, 억지 및 자유형의 프레이밍

유죄 판결을 받은 범죄자의 실제 복역 기간은 조기 석방, 즉 가석방(parole) 때문에 보통 선고된 형기보다 짧다. 미국 법무부는 가석방이란 무엇인가라는 질문에 웹사이트에서 다음과 같이 답하고 있다.

가석방된 수감자는 지역사회의 감독하에 형기의 일부를 복역하게 된다. 법에 따르면 미국 가석방위원회(U.S. Parole Commission)는 (1) 수감자가 해당 기관의 규칙을 잘 준수하고, (2) 석방이 범죄의 심각성을 감소시키거나 법에 대한 경시를 조장하지 않으며, (3) 석방이 공공 복지를 위태롭게 하지 않는 경우 가석방을 허가할 수 있다.
가석방의 목적은 세 가지이다. (1) 가석방자는 미국 보호관찰관의 도움을 통해 교도소 출소 후 생활 적응에 걸림돌이 되곤 하는 취업, 거주지, 금융 또는 기타 개인적 문제에 관해 도움을 받을 수 있다. (2) 가석방은 전과자의 지역사회 정착에 도움을 주어 새로운 범죄를 저지를 수 있는 많은 상황을 예방하므로 사회를 보호한다. (3) 가석방은 추가 범죄를 저지를 가능성이 없고 가석방 기준을 충족시키는 사람들의 불필요한 수감 생활을 방지한다. 범죄자가 지역사회에서 생활하도록 하면서, 보호관찰은 생산적인 사회 구성원으로서의 범죄자 재통합을 지향한다.

물론 조기 석방의 심각한 단점은 범죄자가 무력화된 상태에서 벗어나 다시 범죄를 저지를 수 있다는 것이다. 그러나 4장에서 논의된 것처럼, 무력화 관점에서의 최적 형량 결정은 조기 석방이 무력화의 비용과 미래 범죄의 비용을 비교하여 판단될 것을 요구한다. 즉, 범죄자의 가석방 자격을 판단할 때는 재범 확률이 명시적으로 고려되어야 한다.

부시웨이와 오언스의 창의적 연구(Bushway and Owens, 2013)는 행동경제학을 사용하여 조기 석방에 관한 추가적 문제를 검토한다. 가석방 결정에서는 재범의 기저 확률이 고려된다. 이 연구는 다음의 질문을 제기한다. 가석방으로 인해 재범의 기저 확률이 증가하는가? 만약 증가한다면, 이 문제의 본질은 소위 프레이밍 효과(framing effect)와 관련이 있다.

프레이밍 효과의 훌륭한 예는 노벨경제학상 수상자인 리처드 세일러(Richard Thaler)의 선구적 논문(1980, 50쪽)에서 하나의 사고 연습(thought exercise)으로 제시되어 있다.

> (1) 당신은 인근 지역에서 가장 저렴하다고 생각되는 상점에서 시계 라디오를 사기 위해 출발한다. 상점에 도착해서 당신은 라디오의 가격이 25달러임을 안다. 이는 당신이 생각하였던 가격과 일치한다(권장 소매 가격은 35달러). 당신이 라디오를 사려고 하는데, 믿을 만한 친구가 10분 거리에 있는 다른 상점에서 같은 라디오를 20달러에 팔고 있다고 알려 준다. 당신은 다른 상점에 가겠는가? 다른 상점으로 가도록 만드는 최소한의 가격 차이는 얼마인가?
> (2) 이제 당신이 라디오 대신 컬러텔레비전을 500달러에 사려고 하는데, 친구가 다른 상점에서 495달러에 살 수 있다고 말한다고 가정해 보자. 당신은 10분 거리에 있는 다른 상점에 가겠는가? 다른 상점으로 가도록 만드는 최소한의 가격 차이는 얼마인가?

이 두 시나리오는 기본적으로 5달러를 받으면 10분 동안 이동하겠는가라는 더욱 간결한 방식으로 표현될 수 있는 동일한 질문을 던지고 있다. 그러나 두 시나리오의 차이점은 질문의 구성 방식에 있다.

전통적 경제학의 관점에서는, 어떤 사람에게 5달러를 받고 10분을 이동하겠느냐고 물으면 이동 비용이 5달러보다 크지 않다고 생각하는 사람은 "예"라고, 이동 비용이 5달러보다 크다고 생각하는 사람은 "아니오"라고 대답할 것이다. 즉, 이 질문에는 정답이나 오답이 없으며, 각 개인이 이동 비용을 어떻게 인식하는지에 따라 답이 달라진다. 그러나 위의 (1)과 (2)처럼 질문을 구성하였을 때 발견되는 흥미로운 점은 시나리오 (1)에서는 많은 사람들이 다른 상점에 가지만, 시나리오 (2)에서는 같은 사람들이 다른 상점에 가지 않는다는 것이다. 왜 (1)에서는 5달러를 절약하고 (2)에서는 5달러를 절약하지 않는가?

두 시나리오 모두 다른 상점을 방문하는 개인에게 5달러의 이득이 발생하지만, 5달러의 절약이 (1)의 경우 25달러 가격에서 발생하고 (2)의 경우 500달러 가격에서 발생한다는 점에서 분명한 차이가 있다. 즉, (1)의 경우 20%가 절약되지만 (2)의 경우 1%만 절약된다. 이는 개인이 추가적 5달러로부터 얻는 효용이 최초 가격(initial price)에 따라 달라진다는 것을 의미한다. 두 시나리오 모두에서 다른 상점을 선택한 사람이 있다고 하자. 이 사람은 자동차와 같이 훨씬 비싼 상품의 가격에서 5달러를 절약하는 시나리오에서도 다른 상점을 선택할까? 최초 가격이 높아질수록 5달러 절약으로부터의 효용은 크게 감소할 것이다.

동일한 범죄를 저지른 2명의 범죄자가 자유형을 선고받는다고 가정해 보자. 첫 번째 범죄자는 5년형을 선고받고 5년을 모두 복역해야 한다. 두 번째 범죄자는 10년형을 선고받았지만 결국 5년만 복역한다. 이 두 가지 형량이 범죄행위에 미치는 영향은 다른가? 무력화 효과의 경우 두 범죄자 모두 5년 동안 수감되므로 차이가 없다. 하지만 억지 효과는 어떤가? 이는 정확히 억지 효과의 어떤 측면을 고려하는지에 따라 달라진다.

범죄자의 첫 범죄를 억지하는 것을 생각해 보자. 직관적으로는 10년형의 위협이 5년형의 위협보다 더 큰 억지력을 제공할 가능성이 높다. 그러나 범죄자가 10년형이 곧 10년 복역을 의미하지 않는다는 것을 예상한다면, 긴 형량의 억지 효과는 약해진다. 극단적으로 말하면, 합리적인 범죄자가 10년형이지만 5년만 지나면 조기 출소할 수 있다는 것을 이해한다면 억지 효과는 5년형과 같다. 그러나 바로 여기에서 이 연구가 흥미로운 행동경제학적 반전을 제공한다.

집행 당국은 초범의 억지뿐만 아니라 (4장의 삼진아웃법과 같은) 상습 범죄자를 명시적 표적으로 삼는 정책 개발을 통해 재범의 억지도 추구한다. 위의 두 형량은 재범에 미치는 영향이 다른가? 두 형량 모두 똑같이 수감 기간이 5년이지만, 5년 형량은 다르게 프레임된다. 이 때문에 한 범죄자가 5년을 선고받고 5년을 복역하는 것이 10년형을 선고받고 5년만 복역하는 것보다 더 엄격한 처벌로 인식될 수 있다. 왜 그런가? 10년형을 선고받고 5년만 복역한 범죄자는 최초 형량에 비해(relative to the initial sentence) 상대적으로 가볍게 처벌받고 풀려난다고 생각할 수 있다. 5년형을 선고받고 5년을 복역한 범죄자는 이런 느낌이 들지 않을 것이다.

하나의 비유로 프레이밍이 문제가 될 수 있는 다른 상황을 생각해 보자. 당신이 백화점에서 구매하고 싶은 스웨터를 발견하였다. 당신이 알 수 있는 유일한 가격은 스웨터에 표시된 100달러이다. 당신은 스웨터를 구매한다. 집에 돌아와서 스웨터 안쪽에 '소매 정가 200달러: 판매 가격 100달러'라고 적힌 또 다른 가격표가 붙어 있는 것을 발견한다. 가격표를 본 것 외에는 아무것도 달라진 것이 없다. 완전히 똑같은 스웨터이다. 당신이 100달러를 지불한 사실은 변하지 않는다. 하지만 가격표를 본 후 당신은 스웨터 구매에 대해 더 큰 행복을 느끼는가? 많은 사람이 더 행복하다고 느낄 것이다.

재범률이 최초 형기 대비 실제 복역 기간에 따라 달라지는지 검증하기 위해, 부시웨이와 오언스는 가석방 결정이 아닌 2001년 7월 1일에 제정된 메릴랜드주의 양형 지침 개정을 이용한다(메릴랜드주 양형 지침은 이미 4장에서 설명하였다). 이 개정으로 여러 범죄에 대한 범죄 점수가 변경되었으며, 권장 형량이 일부 범죄는 증가하였고 다른 범죄는 감소하였다. 그러나 범죄 이력 점수는 변경되지 않았다. 이 연구는 2001년 7월 1일 이전 또는 이후 선고를 받았는지에 따라 다른 권장 형량이 적용된, 같은 범죄를 저지르고 같은 범죄 이력 점수를 가진 범죄자를 비교한다. 따라서 연구는 양형 지침이 변경된 것 말고는 아무런 이유 없이 다른 권장 형량에 직면한 복역 기간이 같은 범죄자의 재범률을 비교한다.

연구의 주요 결과는 복역 기간에 비해 권장 형량이 길수록 재범 확률이 높아진다는 것이다. 권장 형량이 갑자기 변경되어 긴 형량을 선고받는 범죄자는 보통 '운이 나쁘다'라고 생각된다. 그러나 여기에서는 정반대의 결과가 발생한다. 권장 형량은 더 길어졌으나, 실제 복역 기간이 길지 않았던 범죄자는 복역할 수도 있었던 기간과 대비한 실제 복역 기간을 생각하면 '운이 좋은' 범죄자이다. 연구는 다른 결과들도 제시한다. 지침의 변화가 판사가 선고하는 형량이나 범죄자의 실제 복역 기간에 영향을 미친다는 증거는 발견되지 않는다. 또한 (4장에서 논의한 것처럼) 지침 개정 동기가 범죄율의 변화로 인한 것이 아니었기 때문에 역인과관계는 배제된다. 마지막으로, 지침 개정은 상습범이 아닌 범죄자의 범죄 억지에는 아무런 영향을 미치지 않는다.

부시웨이와 오언스는 흥미로운 결론을 제시한다.

> 처벌의 프레이밍이 중요하다는 우리의 핵심 발견은 중요한 정책 함의를 지닌다. 특히, 검사, 판사, 가석방위원회에 의해 집행되지 않는 입법적으로 의무화된 최소 처벌은 재범에 악영향을 미칠 수 있다. 우리의 연구 결과는 형사사법 제도의 위협과 실행이 처벌의 범죄 감소 효과를 강화시킬 수 있음을 시사한다(부시웨이와 오언스, 2013, 326쪽).

위의 결론이 '흥미로운' 이유는 무엇인가? 경제적 관점에서, 비용 증가를 수반하지 않고 편익만을 주는 정책적 시사점이 제시되는 경우는 매우 드물다. 이 연구에 따르면, 재범률은 수감으로 인한 추가 자원 비용 없이도 감소될 수 있다. 어떻게 이것이 가능한가?

재범률에 영향을 미치는 것이 권장 형량과 실제 복역 기간의 차이라면, 간단한 해결책은 이 차이를 줄이는 것이다. 이것이 바로 양형 진실성 법(truth-in-sentencing law)이 달성할 수 있는 목표이다.

> 양형 진실성 법은 수감 중 조기 석방 가능성을 줄이기 위해 제정된 법이다. 이 법은 범죄자가 법원이 부과한 형기의 상당 부분을 복역해야만 석방 자격을 얻을 수 있도록 규정하고 있다. 양형 진실성 법에 따라 모범수 감형(goodtime), 적립시간 감형(earned-time, 교정 당국이 요구하는 프로그램이나 생산적 활동에 참여하면 복역 기간을 줄여 주는 제도 – 역자) 및 가석방위원회의 석방 같은 범죄자의 복역 기간을 단축하는 종전의 정책은 제한되거나 폐지된다. 양형 진실성 법의 정의와 요구되는 복역 기간은 주로 주법으로 규율되며, 주마다 다르다. 복역 기간은 형량의 50%에서 100%까지 다양하지만, 대부분의 양형 진실성 법을 도입한 주에서는 범죄자가 형량의 85%를 복역해야 한다(USLegal.com 웹사이트).

수감에 필요한 자원 비용은 실제 복역 기간에 의해 결정된다. 따라서 수감 비용 관점에서 볼 때, 5년 복역은 최초 권장 형기의 길이와 관계없이 5년 복역이다. 그러나 5년형의 5년 복역이 10년형의 5년 복역보다 재범 억지 효과가 더 큰 경우, 정부는 단순히 권장 형량을 줄임으로써 같은 비용으로 더 큰 억지 효과를 얻을 수 있다.

4. 암묵적 인종 편견

우리는 6장에서 형사사법 제도에서의 인종 편견 문제를 살펴보았다. 우리가 제기하였던 주요 질문은 결과 지향적이었다. 인종 편견 때문에 흑인 피고인이 백인 피고인과 다른 대우를 받고 있는가? 6장에서 강조한 중요한 요점은 연구자들이 흑인과 백인 사이의 대우 차이가 통계적 차별과 복합 요인이 아닌 인종 차별에 기인한다고 판단하는 것에 신중해야 한다는 것이다. 많은 연구가 인종 편견이 형사사법 제도의 다양한 주체들이 가지고 있는 명시적(explicit) 인종 적대감과 관련이 있는지 검토한다. 편견을 가지고 행동하는 주체들은 자신들이 편견을 가지고 행동한다는 것을 안다. 그러나 만일 형사사법 체계의 주체들이 자신도 모르게 인종 편견을 가지고 행동한다면 어떻게 되는가? 행동경제학의 용어로 표현하면, 이런 주체들은 암묵적(implicit) 편견을 가지고 행동한다.

> 사람들이 스스로 인식하지 못할 정도의 미묘한 고정관념적 연상(stereotypical associations)을 의미하는 암묵적 편견 역시 형사사법 제도에서 인종 격차의 중요한 원인으로 보인다. 연구자들은 차별 금지 규범을 수용하는 사람을 포함한 대부분 사람이 흑인 미국인을 차별적 방식으로 대할 수 있는 암묵적 편견을 갖고 있다는 사실을 발견하였다(라클린스키, 존슨, 위스트리치와 거스리[Rachlinsky, Johnson, Wistrich, and Guthrie], 2009, 1196~1197쪽).

사회 정책의 목표가 형사사법 제도에서 인종 편견을 줄이는 것이라고 하자. 편견이 명시적인지 또는 암묵적인지가 문제 되는가?

명시적 인종 편견과 암묵적 인종 편견의 구분이 중요한 이유는 (적어도) 두 가지이다. 첫째, 어떤 유형의 편견이 존재하는지에 따라 어떤 유형의 정책을 추진해야 할지가 달라질 수 있다. 예를 들어, 사람들이 암묵적 편견을 가진 경우, 단순히 자기 행동을 인식하게 하는 것만으로도 편견을 줄일 수 있다. 반면 명시적 편견을 가진 사람들은 이미 자기 행동을 인식하고 있다. 둘째, 편견이 명시적인지 암묵적인지에 따라 정책이 추진될 개연성이 달라질 수 있다. 예를 들어, 흑인 피고인을 기소할 때 자기 직원들이 인종 편견을 가지고 있지 않다고 진심으로 믿는 지방 검사가 있다고 가정해 보자. 암묵적 편견으로 인해 흑인 피고인이 백인 피고인보다 불리한 대우를 받는다. 지방 검사는 그것이 인종 편견에 기인한 것이 아니므로 차별 대우 완화 정책을 채택할 이유가 없다고 생각할 수 있다. 반면 자기 직원들이 명시적 편견을 가지고 있다고 믿는다면, 지방 검사는 편견을 억제할 정책을 마련하려고 할 것이다.

암묵적 편견은 형사사법 제도의 모든 주체에게서 드러날 수 있다. 라클린스키, 존슨, 위스트리치와 거스리(2009)는 판사의 암묵적 인종 편견 식별에 초점을 맞춘다. 그들은 실제 판사 133명을 모집하여 각 판사의 인종, 성별, 정치적 성향 및 경력에 대한 정보를 수집하였다. 전체 판사 중 64%는 백인, 25%는 흑인, 나머지는 히스패닉 또는 아시아계이다. 성별로는 남성이 59%이다. 평균 경력은 10년이다. 판사의 4분의 3은 민주당 소속이고 나머지는 공화당 소속이다. (이 절의 범위를 벗어나는) 몇 가지 미묘한 결과 외에도 이 연구는 세 가지 주요 결과를 발견하였다. 판사는 암묵적 인종 편견을 가지고 있다. 이 편견은 사법적 행동에 영향을 미친다. 판사는 이 편견을 보정하려고 시도한다.

연구는 판사가 암묵적인 인종적 편견을 보이는지 확인하기 위해 판사들에게 암묵적 연상 검사(Implicit Association Test: I.A.T.)라는 널리 사용되고 있는 검사를 실시하였다.

> 이런 형태의 암묵적 편견에 관한 풍부한 증거는 인터넷과 다른 곳에서 다양한 배경의 사람들이 대규모로 응시한 암묵적 연상 검사(I.A.T.)로부터 나온다. 암묵적 연상 검사는 응시자에게 일련의 단어나 그림을 집단으로 분류하는 간단해 보이는 작업을 수행하도록 요청한다. 집단 중 2개는 '흑인'(black)과 '백인'(white) 같은 인종 범주 또는 다른 범주이고, 집단 중 2개는 '유쾌한'(pleasant)과 '불쾌한'(unpleasant) 같은 범주이다. 암묵적 인종 편견을 검사하기 위해 설계된 I.A.T. 시험에서, 응답자는 컴퓨터 화면에 '백인' 또는 '유쾌한' 단어나 그림(고정관념과 일치하는 짝)이 나오면 특정 키를 누르도록 요청받고, 이어지는 별도의 검사에서는 컴퓨터 화면에 '백인' 또는 '불쾌한' 단어나 그림(고정관념과 일치하지 않는 짝)이 나오면 특정 키를 누르도록 요청받는다. 아프리카계 미국인에 대한 암묵적 편견은 '흑인'과 '불쾌한' 범주가 짝을 이룰 때의 반응이 '흑인'과 '유쾌한' 범주가 짝을 이룰 때의 반응보다 더 빠른 경우로 정의된다. I.A.T.는 사람들이 아프리카계 미국인의 얼굴과 이름보다 백인의 얼굴과 이름에서 유쾌한 단어를 더 쉽게 연상할 것이며, 다른 전통적으로 불리한 집단에서도 같은 패턴이 나타날 것이라는 매우 단순한 가설에 기반을 두고 있다(졸스와 선스타인[Jolls and Sunstein], 2006, 971쪽).

연구에 따르면, 백인 판사는 강한 백인 선호를 보이지만, 흑인 판사는 전체적으로 어느 쪽에도 명확한 선호를 보이지 않는다.

암묵적 편견이 판사의 행동에 영향을 미치는지 판단하기 위해 이 연구는 각 판사가 고려해야 할 가상의 사건을 제시한다. 판사에게 피고인의 인종에 대한 명시적 정보는 제공되지 않지만, 판사의 절반은 흑인 관련 단어로, 나머지 절반은 인종 중립적인 단어로 준비된다.

> 판사들에게 시나리오를 제공하기 전에 … 우리는 그들에게 잠재 의식적 준비 작업을 수행하도록 요청하였다. … 이 과제는 컴퓨터 기반의 간단한 공간 인식 과제였다. 과제를 완료하기 위해 판사들은 눈앞에 있는 컴퓨터 화면 중앙에 주의를 집중해야 하였다. 네 모서리 중 하나에 153밀리초 동안 단어가 나타났다가 일련의 무작위 글자로 가려졌다. 이 속도에서는 단어가 거의 의식적으로 처리되지 못한다. 각 판사는 60개의 단어를 보았다. 판사의 절반은 미국 흑인과 관련된 단어를 보았고, 절반은 공통된 주제가 없는 단어를 보았다(졸스와 선스타인, 2006, 1212~1213쪽).

여기에서의 발상은 만일 암묵적 편견이 작용한다면, 흑인 관련 단어에 익숙해진 판사는 피고인이 흑인이라고 생각할 가능성이 크며, 이것이 차별적 판결로 이어질 수 있다는 것이다. 실제로 연구 결과는 이 예측과 일치한다. I.A.T.에서 백인 선호를 보인 판사 집단에서는, 흑인 관련 단어로 준비된 판사가 인종 중립적 단어로 준비된 판사보다 엄격한 형을 선고하였다. I.A.T.에서 흑인 선호를 보인 판사 집단에서는, 흑인 관련 단어로 준비된 판사가 인종 중립적 단어로 준비된 판사보다 가벼운 형을 선고하였다.

마지막으로, 연구는 피고인의 인종이 알려진 가상의 사건을 판사들에게 제시하였다. 일부 판사들은 백인 피해자를 해친 사람이 흑인 피고인이라고, 다른 판사들은 흑인 피해자를 해친 사람이 백인 피고인이라고 고지되었다. 판사들은 각 사건을 판결하고, 자기 판결의 정확성에 대한 신뢰 정도를 표현하도록 요구받았다. 이 설정에서는 아무런 인종적 편견의 증거가 발견되지 않았다. I.A.T.에서 흑인 선호를 보인 판사 집단과 I.A.T.에서 백인 선호를 보인 판사 집단 모두 흑인과 백인 피고인의 재판에 차이를 두지 않았다.

이 마지막 결과에 대한 하나의 해석은 일부 판사들이 자신들의 암묵적 편견을 수정하려고 시도한다는 것이다. 예를 들어, I.A.T.에서 강한 백인 선호를 드러낸 판사 집단에 관한 연구의 결론을 생각해 보자.

> 이 자료는 백인 판사들이 의사 결정을 할 때 무의식적 인종 편견을 보정하려고 시도하였음을 보여 준다. 적어도 이번 연구에서 백인 판사들은 편향된 판결을 내리지 않으려는 동기가 강하였다고 생각된다. 판사 행동 강령은 판사에게 편견 없는 판결을 내릴 것을 요구하며, 적어도 우리의 연구에서는 그렇다. 더구나 공정성은 널리 수용되고 있는 판사의 역할에 관한 거의 모든 정의에서 중요한 요소이다. 판사들은 이 규범을 진지하게 받아들인다. 자료에서 피고의 인종이 눈에 띄게 드러나자, 백인 판사들은 편견이 드러나지 않도록 인지적 교정을 하였을 것이다(졸스와 선스타인, 2006, 1223쪽).

현실 세계의 사건에서는 피고의 인종이 판사에게 알려져 있다. 따라서 이 마지막 결과는 판사 스스로가 자기 행동에 내재된 암묵적 편견을 완화할 수 있으며, 문제의 해결을 위한 공공 정책적 개입의 역할이 줄어들 수 있음을 시사한다.

하지만 암묵적 인종 편견이 스스로 완전하게 교정되지 않는다면, 정책 개입이 필요할 수도 있다. 특정 정책(6장에서 논의한 것처럼 판사가 양형 지침을 엄격히 준수하게 하는 것 등)이 명시적 인종 편견과 암묵적 인종 편견 모두의 완화에 도움이 될 수 있지만, 암묵적 편견의 완화에만 적합할 수 있는 정책 개입 방안을 생각해 보는 것도 흥미롭다. 이 연구가 검토한 하나의 일반적인 제안은 판사들을 고정관념에 맞지 않는 모델(stereotype-incongruent models)에 노출시키는 것인데, 버락 오바마(Barack Obama) 전 대통령이나 서굿 마셜(Thurgood Marshall) 대법관 등 저명한 흑인 지도자나 법조인의 초상화를 법정에 전시하는 것과 같은 간단한 방법이 포함될 수 있다. 이런 정책의 장점은 정책 실행에 자원 비용이 거의 들지 않는다는 것이다. 단점은 그다지 효과적이지 않을 수 있으며 명시적 인종 편견의 완화에는 영향을 미치지 못한다는 것이다. 또 다른 정책은 판사에게

I.A.T.를 보게 하는 것이다. 일부 판사에게 자신이 암묵적 인종 편견을 가지고 있음을 보여 주고, 이 편견이 실현되지 않게 문제를 스스로 해결하도록 만드는 것이다.

마지막으로, 인종 편견의 완화에 적합한 다른 정책도 있다. 아마도 사법 감사 제도가 도입될 수 있을 것이다. 현재 하급심 판사는 항소심의 재검토를 받지만, 이 재검토는 인종 편견을 바로잡기 위해 명시적으로 시행되고 있지 않으며, 사안별로 이루어지는 경향이 있다. 장기간에 걸쳐 사법부의 판결을 추적하여 명시적 또는 암묵적 인종 편견을 암시하는 추세를 밝혀내는 포괄적인 재심 제도가 사용될 수 있다. 또한, 단독 판사에서 판사 합의체로의 전환은, 특히 합의체가 인구통계학적으로 혼합된 경우, 인종적으로 편향된 사법적 의사 결정의 완화에 도움이 될 수 있다. 물론 이 마지막 두 정책 대안은 실행에 상당한 자원 비용이 소요되므로, 비용이 측정하기 어려운 편익보다 클 수 있다.

전체적으로 형사사법 제도의 모든 수준에서 편견을 가진 행위자를 발견한 여러 학문 분야의 오랜 기간에 걸친 연구가 존재한다. 6장에서 밝혔듯이, 적대감에 기반한 편향성과 효율성의 관점에서 제도 안에서 다르게 대우받아야 하는 집단 간의 정당한 차이에 기반한 편향성을 구분하는 것이 중요하다. 행동경제학자들은 암묵적 편견의 가능성을 인식함으로써 이 문제에 또 다른 복잡성을 추가하였다. 암묵적 편견은 미묘하기는 하지만 명시적 인종 편견보다 형사사법 체계에 훨씬 더 널리 퍼져 있을 수 있다. 사회적 비용을 수반하는 암묵적 편견은 사회 정책적 관점에서 숙고해야 할 문제이다.

5. 중독과 조급성

8장은 합리적 중독의 개념을 소개하였다. 합리적 범죄자라는 개념도 생소하겠지만, 합리적 마약 중독자라는 개념은 아마 더 생소하였을 것이다. 그러나 마약 사용은 불법적 행위이므로, 마약 중독자를 합리적 범죄자로 모형화하는 것은 경제학적 관점에서는 아주 자연스러운 일이다. 마약 중독자가 합리적이라는 가정은 마약 사용을 억지하기 위한 수요 측면의 마약 통제 정책의 효과성에 강력한 근거를 부여한다. 합리적 중독자는 자기 행동의 편익과 비용을 고려한다고 가정한다. 기대처벌은 분명 마약 복용의 비용이므로 정부는 마약 사용자의 행동을 억지할 수 있는 정책 도구를 가지고 있다. 따라서 중독자의 행동을 (적어도 어느 정도) 합리적이라고 간주하면 마약 통제 정책의 효과성은 증가한다.

그러나 마약 중독자의 행동을 합리적이라고 간주하면 마약 통제 정책의 근거가 약해질 수도 있다. 중독자가 무엇이 자신에게 최선의 이익인지를 잘 이해한다고 가정하면, 중독자의 마약 소비를 어렵게 만드는 모든 정책은 중독자의 개인적 후생을 감소시킬 것이다. 하지만 이 문제가 중요한가? 중요하지 않을 수도 있다. 분명 마약 통제 정책을 정당화하는 다른 근거들이 있기 때문이다. 마약 사용자는 의료 보험 비용 증가, 재산 및 폭력 범죄 증가, 마약 복용 상태에서의 운전으로 인한 자동차 사고 증가 등 다른 사람들에게 비용을 부과할 수 있다. 마약 통제 정책을 정당화하는 것은 어렵지 않다. 하지만 8장에서 논의한 것처럼 마약 통제 정책은 일반적으로 막대한 자원을 사용하며 효과가 크다고 입증되지 않았다는 점도 감안해야 한다. 따라서 마약 통제 정책의 정당화를 위해서는 철저한 비용-편익 분석을 통한 검증이 필요하다.

마약 중독자의 행동을 완전 비합리적인 것으로 모형화할 수도 있지만, 이 경우 정부는 수요 측면의 마약 통제 정책이 비효과적일 수 있다는 것을 인정해야 한다. 즉, 비합리적 중독자는 기대처벌의 변화에 반응하지 않는다. 그러나 일부 행동경제학자들은 중독에 대한 다른 접근 방식을 도입하였다. 그들은 중독자가 합리적으로 행동한다는 가정을 유지하면서도, 중독자를 자신으로부터 보호하는 정책의 정당성을 강화하는 행동적 결함이 무엇인지를 밝힌다. 이 행동적 결함은 중독자의 조급성(impatience) - 모든 중독 모형의 핵심 개념이다 - 수준의 특정 측면과 관련이 있다.

전형적인 중독자가 마약에 취하는 것과 같은 현재의 편익과 건강 악화와 같은 미래의 비용을 생각하여 마약 사용을 선택한다고 가정하자. 이 경우 합리적 중독 모형의 한 가지 간단한 예측은 개인이 근시안적(또는 근시적)일수록 중독자가 될 확률이 높다는 것이다. 이는 개인이 조급할수록 미래의 결과에 작은 비중을 두기 때문이다. 따라서 적지 않은 미래의 의료 비용이 크게 할인되고 현재의 편익이 충분히 크면(편익이 당장 발생한다면 그다지 클 필요도 없다), 개인이 마약을 소비한다. 조급성이 중독 행동을 발생시킨다면, 이는 사회적 문제인가? 이는 조급성을 어떻게 생각하느냐에 따라 다르다.

우리가 어려서 배웠던 격언 중 하나는 '인내심은 미덕이다'이다. 이 같은 생각 때문에 조급성은 적어도 사회적 관점에서는 '나쁜' 행동과 연관되는 경우가 많다. 그러나 경제학자에게 인내심은 사람마다 다른 특성, 즉 선호(preference)이며, 인내심에는 옳고 그름이 없다. 이런 의미에서 조급성은 행동의 비난이 아니라 행동의 예측에 사용된다. 예를 들어, 마약 사용의 비용과 편익이 동일한 그리고 이를 잘 알고 있는 두 사람은 매우 다른 선택을 할 수 있다. 조급한 사람은 마약을 사용하고, 조급하지 않은 사람은 마약을 사용하지 않는다. 만약 어떤 사람이 마약 사용자가 되는 것을 선호하고 다른 사람에게 피해를 주지 않는다고 하자. 이 사람이 마약을 사용하지 못하게 함으로써 사회는 얻는 것은 무엇인가? 여기에서의 행동경제학적 반전은 완전히 다른 질문을 던진다는 것이다. 만약 이 사람이 자신이 선택한 만큼의 마약을 소비하고 싶지 않다면 어떻게 해야 하는가?

다음 시나리오를 생각해 보자. A가 마약 소비의 비용과 편익을 비교한 후, 5년 동안 마약을 한 뒤 완전히 끊겠다고 결정한다. 그리고 5년이 지나 마약을 끊을 때가 되자 실제로 마약을 끊는다. A는 행동에 시간적 일관성이 있다(time consistent). 즉, A는 소비 경로를 미리 계획하고 그 경로에서 벗어나지 않는다. B는 마약 소비의 비용과 편익을 똑같이 비교한 후, 5년 동안 마약을 한 뒤 완전히 끊겠다고 결정한다. 그리고 5년이 지나 마약을 끊을 시기가 되었으나 마약을 끊지 않는다. B는 행동에 시간적 일관성이 없다(time inconsistent). 즉, B는 소비 경로를 미리 계획하지만, 이를 고수하지 못한다. 처음에는 5년 뒤에 끊는 것을 선호하였지만, 5년 뒤에는 선호 역전(preference reversal) 현상을 보인다. 왜 이렇게 선호가 역전되는가?

B가 마음을 바꾸어 5년 뒤에 끊지 않는 이유가 몇 가지 있을 수 있다. B의 상황이 완전히 달라졌을 수 있다. 즉, 행위의 비용과 편익이 시간이 지나 달라졌을 수 있다. 그러나 여기에서는 B의 비용과 편익이 바뀌지 않았고, A와 동일한 비용과 편익에 직면한다고 가정해 보자. 이 가정에서는 두 사람 사이의 구체적인 차이점이 드러난다. 차이는 두 사람의 시간에 대한 조급성 수준과 관련이 있다. 시간적 일관성이 있는 A는 단기 또는 장기에 관계없이 미래의 결과를 같은 방식으로 할인한다. 반면 시간 일관성이 없는 B는 장기보다는 단기에 인내심이 적다(장기보다는 단기에서 미래의 결과를 더 크게 할인한다 - 역자). 간단한 예를 통해 이 점을 설명해 보자.

당신이 오늘부터 3년 후에 1,000달러를 받을지, 아니면 4년 후에 1,200달러를 받을지를 선택한다고 가정해 보자. 당신은 오늘 선택해야 한다. 당신이 4년 후 1,200달러를 받는 것을 선택한다고 하자. 하지만 3년이 지나면 그때 다시 한번 선택의 기회가 온다. 당신은 바로 1,000달러를 받거나 1년을 기다렸다가 1,200달러를 받을 수 있다. 당신이 시간적 일관성이 있다면 1년 후 1,200달러를 받는 것을 선택한다. 당신이 시간적 일관성이 없다면 마음이 바뀌어 바로 1,000달러를 받는 것을 선택한다.

미래에 일어날 두 결과를 비교할 때, 시간적 일관성이 없는 사람은 어느 정도 인내심을 발휘한다. 하지만 모든 미래는 결국 현재가 된다. 시간적 일관성이 없는 사람은 현재와 다음 기간을 비교할 때는 두 결과 사이에서 인내심이 상대적으로 적다. 따라서 시간적 일관성이 없는 마약 소비자는 미래의 전체 소비 경로를 결정할 때 5년 안에 마약을 끊을 것이라고 진심으로 믿는다. 이 사람의 시작 시점에서의 합리적 결정은 5년 뒤와 그 직후의 미래 사이에 상대적으로 큰 인내심을 발휘한다는 사실과 관련되어 있다. 그러나 5년 뒤의 시점에서의 합리적 결정은 현재와 그 직후의 미래 사이의 상대적으로 적은 인내심의 영향을 받는다. 이 사람은 마약을 끊지 않기로 선택한다.

정책적 관점에서 볼 때, 시간적 일관성이 없는 행동의 흥미로운 측면은 애초에 마약 사용을 중단하려는 사람이 마약 사용자 자신이라는 점이다. 이는 마약 사용자의 중단을 돕기(또는 강제하기) 위해 설계된 정책이 마약 사용자 자신의 계획 실행을 도와줄 수 있음을 의미한다. 이는 특히 마약 사용자가 자기 행동을 어떻게 생각하는지에 관계없이 마약 사용을 '나쁜 것'으로 정의하는 종래의 온정주의적 접근 방식과 비교할 때 마약 통제 정책에 강력한 정당성을 부여한다. 그러나 시간적 일관성이 없는 행동을 마약 통제 정책의 근거로 삼는 것은 몇 가지 복잡한 문제를 제기한다.

시간적 일관성이 없는 행동에는 크게 정교한(sophisticated) 행동과 순진한(naive) 행동의 두 가지 범주가 있다. 정교한 사람은 자신의 시간적 비일관성 문제를 인식한다. 이 예에서 마약 사용자는 5년 뒤에 마약을 끊고 싶지만, 자신의 인내심 수준의 변화로 인해 마약을 끊지 못한다는 것을 알고 있다. 이 예상을 하는 사람은 다양한 자기 통제 메커니즘을 통해 미래의 선호 반전에 대응할 수 있다. 반면, 순진한 사람은 자신의 시간적 비일관성 문제를 인식하지 못한다. 이 사람은 5년 뒤에 마약을 끊는다고 확신한다. 또한 선호 역전을 경험하더라도 자신이 시간적 일관성이 없다는 사실을 인식하지 못할 수도 있다. 행동경제학적 중독 모델의 창시자 중 2명이 발표한 논문에 표현된 것처럼, "사람은 소위 자신의 순진함에 관한 완전한 순진함을 가지고 있다"(오도너휴와 라빈[O'Donoghue and Rabin], 2001, 127쪽, 주 8).

그렇다면 이 분석은 마약 사용자를 자신으로부터 보호해 주기 위한 수요 측면의 마약 통제 정책의 타당성에 관해 무엇을 시사하는가? 수요 측면의 정책이 실제로 마약 사용자들을 더 좋게 만드는가? 먼저 시간적 일관성이 있는 마약 사용자를 생각해 보자. 마약 통제 정책은 이 집단을 더 좋게 만들지 못한다. 시간적 일관성이 있는 마약 사용자는 자신의 소비 경로를 선택하고 그것을 고수한다. 이 사람은 후회하지 않을 것이며, 자신이 선택한 경로에서 벗어나지 않게 하는 자기 통제 메커니즘에 자원을 투입할 필요가 없다. 자신이 선택한 길에서 벗어나도록 강요하는 정책적 개입은 반드시 이 사람을 더 나쁘게 만든다. 그러나 정교한 시간적 일관성이 없는 마약 사용자의 경우에는 문제가 완전히 다를 수 있다.

정교한 시간적 일관성이 없는 마약 사용자는 자신의 선호가 역전될 수 있음을 인지하고 있다. 따라서 선호 역전의 방지에 도움이 되는 자기 통제 메커니즘에 투자할 수 있다. 예를 들어, 마약 사용이 끝나는 5년 뒤의 시점에 재활 클리닉에 등록하여 마약을 끊는다는 계획을 세울 수도 있다. 또한 자신이 선호하는 소비 경로 유지에 도움이 되는 사회 정책을 환영할 수도 있다. 이런 맥락에서, 흡연자가 자기 행동을 제한하는 정책을 지지한다는 증거가 있다. 그루버와 뮬라이나탄(Gruber and Mullainathan, 2005)은 흡연을 줄일 수 있는 담배세 인상이 실제로 흡연자를 더 행복하게 만든다는 사실을 발견하였다. 허쉬(Hersch, 2005)는 흡연자 스스로가 공공장소에서의 흡연을 금지하는 정책을 지지하는 경우가 많다는 사실을 발견하였다. 흡연을 자제하려는 흡연자의 자발적 금연 시도는 성공하기 매우 어렵지만, 직장에서의 흡연 금지 정책은 흡연자의 금연을 도울 수 있다. 개인이 정책적 개입을 환영한다면, 개입의 정당성은 강력해진다.

마지막으로, 순진한 시간적 일관성이 없는 마약 사용자들이 남는다. 언뜻 보기에는 순진한 마약 사용자를 자신으로부터 보호해 주어야 한다는 강력한 정당성이 있는 것처럼 보이지만, 이 분야의 주요 학자들인 캐머러, 이사카로프, 로웬스팅, 오도너휴와 라빈(Camerer, Issacaroff, Loewensteing, O'Donoghue, and Rabin, 2003)이 주장한 것처럼, 정당성의 초점은 시간이 지남에 따라 변해 왔다.

역사적으로 온정주의(paternalism)의 핵심적 정당성은 특정 범주의 사람들이 자신에게 최선의 이익이 되는 결정을 내릴 수 있는 능력에 대한 회의론에 근거한다. 19세기 이래 이 범주는 스스로 계약할 능력이 없다고 생각되는 사람들로 구성되었으며, 한 대표적 판례의 말을 빌리자면 '바보, 미성년자, 기혼 여성'(idiots, minors or married women)이 포함되었다. 온정주의는 궁극적으로 국가의 보호 대상으로 취급되어야 하는 사람들에 대한 적절한 사회적 대응이었다. 여성의 능력에 관

> 한 우리의 개념이 현저하게 바뀌고 '바보'라는 호칭이 불편함을 불러일으키지만, 이러한 온정주의의 일반적 근거는 여전히 유효하다.
>
> 우리의 접근 방식은 사람보다는 상황에 초점을 맞춘 온정주의의 두 번째 정당화에 더욱 잘 부합한다. 많은 규제가 건전한 정신을 가진 사람일지라도 예측할 수 있는 특정 상황에서는 장기적인 자기 이익에 맞추어 행동하지 않을 수 있다는 우려를 반영하고 있다. 예를 들어, 고리대금법과 종신 노예로 자신을 파는 것을 금지하는 법은 절박한 경제적 어려움에 부닥친 사람들이 장기적으로 치명적 결과를 초래할 수 있는 계약을 체결하지 않도록 보호한다. 위험한 직업에 대한 보건 및 안전 규제는 가족을 부양해야 한다는 압박감으로 인해 사람들이 사회가 용인할 수 없는 위험을 감수할 수 있다는 우려에 근거한다. 마약에 대한 규제는 마약이 정상적으로 기능하는 사람들을 '미성년자' 또는 '바보'와 같은 존재로 만들 수 있다는 우려에서 비롯된 것일 수 있다(캐머러, 이사카로프, 로웬스틴, 오도너휴와 라빈, 2003, 1213쪽).

온정주의가 사람 또는 상황을 근거로 삼는지에 관계없이, 해결해야 할 온정주의의 역설이 존재한다. 마약 사용자가 진정으로 순진하다면 최선의 자기 이익에 부합하지 않는 방식으로 행동할 수 있지만, 마찬가지로 같은 순진함 때문에 자신을 자신으로부터 보호해 주는 정책의 의미를 제대로 인식하지 못한다. 즉, 그들이 순진함에 관해 순진하다면 온정주의적 사회 정책은 그들을 자신들이 생각하기에 더 좋게 만들어 주는가?

5년 동안 마약을 복용한 후 끊을 계획인 순진한 시간적 일관성 없는 마약 사용자를 생각해 보자. 이 사람은 자신의 소비 경로를 바꾸는 정책에 어떻게 반응할까? 이 사람은 시간적 일관성이 있는 사람처럼 자신이 소비 경로를 고수할 것이라고 진심으로 믿기 때문에, 경로의 변경은 이 사람을 더 좋게 만들 수 없다. 그러나 더 흥미로운 질문은 이것이다. 이 사람은 자신의 소비 경로를 고수할 수 있도록 하는 정책에 어떻게 반응할까? 이 사람은 처음에 5년 뒤에 마약을 끊고 싶었지만, 그때가 되면 선호가 역전되어 더 이상 마약을 끊고 싶지 않을 것이다. 정부가 이 사람이 처음에 계획하였던 대로 마약을 끊는 것을 강제할 수 있다고 하자. 이것이 정책 개입의 강력한 근거를 제공하는가? 결국, 끊기를 원하는 사람은 정부가 아니라, 끊기를 원하였던 마약 중독자 자신이다. 한 논평자가 지적하였듯이,

> 오래된 온정주의는 "우리는 당신에게 가장 좋은 것이 무엇인지 알고 있으며, 그렇게 하도록 만들 것이다"라고 말하였다. 새로운 온정주의는 "무엇이 최선인지 당신도 알고 있으니 우리가 그렇게 하도록 만들 것이다"라고 말한다(휘트먼[Whitman], 2006, 2쪽).

과연 개입에 관한 이 '새로운' 온정주의적 정당화가 순진한 시간적 일관성이 없는 마약 중독자를 더 좋게 만들까? 반드시 그런 것은 아니다.

마약 중독자가 이전 관점에서 생각하였을 때 5년 안에 끊고 싶었던 것은 사실이지만, 문제는 5년이 지나면 현재의 관점에서 자기 행동에 관해 생각한다는 것이다. 그리고 현재(즉, 5년이 지난 시점) 이 사람은 5년 전보다 다음 기간에 대해 인내심이 적다. 이것이 선호 역전으로 이어진다. 핵심은 이 사람이 초기 소비 경로를 고수하지 않더라도 선호 역전은 여전히 선호라는 점이다. 이 시점에서 이 사람은 진심으로 마약 소비를 중단하고 싶지 않다. 아무도 이 사람에게 마약을 끊지 말라고 강요한 것이 아니며, 스스로 끊지 않기로 선택한 것이다. 따라서 마약을 끊도록 강요하는 정책적 개입은 이 사람을 더 나쁘게 만들 수 있다.

마약과의 전쟁이 계속되는 한, 비용-편익 관점에서 그 효과에 대한 정당한 우려가 제기될 것이다. 이 전쟁에 엄청난 양의 자원이 투입되고 있다는 것은 분

명하지만, 실제로 마약 사용 감소라는 전쟁의 편익이 있는지에 관해서는 상당한 의문이 존재한다. 행동경제학자들은 시간적 일관성이 없는 행동의 교정에 기초한 마약 통제 정책의 정당한 근거를 확인하였다. 문제는 이 정책이 모든 마약 사용자를 자신들이 생각하기에 더 좋게 만들지 않는다는 것이다. 이는 마약 사용자가 어떤 유형의 시간적 일관성이 없는 행동을 보이는지에 따라 달라진다. 정교한 마약 사용자는 마약 통제 정책을 환영할 수 있지만, 순진한 마약 사용자는 환영하지 않을 수도 있다.

결국 이런 행동경제학적 논쟁이 중요하지 않을지도 모른다. 마약 통제 정책을 정당화하기 위해 '새로운' 온정주의에 의존할 필요는 없다. '오래된' 온정주의도 괜찮을 수 있다. 정부는 마약 사용이 나쁘다고 주장할 수 있다. 이는 시간적 일관성이 있는 마약 사용자에게도 시간적 일관성이 없는 마약 사용자에게도 유효하다. 중요한 것은 마약 사용자 자신들이 느끼기에 더 좋아지는 것이 아니다. 정책 집행자나 사회 일반 등 다른 사람들이 마약 사용자들이 더 좋아진다고 생각하는 것이 중요하다. 또한 마약 사용자와 생산자는 다른 사람에게 큰 비용을 부과하며, 다른 사람의 보호는 마약 통제 정책에 대한 전통적인 강력한 정당성을 제공한다. 하지만 행동경제학적 주장은 논쟁에 미묘한 차이를 더하고, 한층 더 미세한 정책 분석을 가능하게 한다.

6. 행동경제학과 전통 경제학

새로운 이론이 기존 이론에 도전할 때, 일부 학자들은 어느 한 편을 선택한다. 이는 다음 두 인용문에서 잘 드러난다.

법적 규칙과 제도의 경제적 분석을 엄격한 합리적 선택 가정의 굴레에서 떼어 내려는 싸움은 승리로 끝났다. 주어진 제약 조건에서 개인이 항상 주관적 기대효용을 극대화한다는 경제학의 근간이 되는 합리적 선택의 방법론적 가정은 법 정책을 분석하는 양보할 수 없는 가정이라는 지위를 상실하였다. 이 가정은 부정확하더라도 세상을 단순화한다. 그러나 도움이 되지 않는 방식으로 단순화한다. 마치 덤불 속에서 자동차 열쇠를 잃어버린 취객이 가로등이 거기 있기 때문에 가로등 아래에서 열쇠를 찾는 것과 같다(코롭킨[Korobkin], 2011, 1655쪽).

행동경제학, 특히 행동경제학적 법경제학은 너무 새로워서 미래의 실험 및 현장실험 증거가 무엇을 보여 줄지에 관한 대담한 예측을 하기가 어렵다. 그러나 행동경제학적 후생 분석에 만연한 이론적 및 실증적 결함은 이들 결함이 지속적 한계로 판명될 것임을 시사한다. 또한 행동법경제학 문헌에서 제안하는 적극적 정책 개입과 기존의 행동경제학 이론 및 실증적 증거에 의해 뒷받침되는 정책 개입(있는 경우) 사이의 괴리는 학문이 지나치게 확장되었다는 경고 신호이다(라이트와 긴스버그[Write and Ginsburg], 2012, 1087~1088쪽).

종종 그렇듯이, 진실은 이 두 극단적인 견해 사이 어딘가에 있을 가능성이 높다. 이 '싸움은 승리로 끝났다'는 주장은 (앞의 모든 장에서 증명된) 범죄와 처벌 분야에서 현재 수행되고 있는 경이로운 양의 전통적 경제학 연구를 무시하는 것이다. 반면에 행동경제학적 분석이 '지속적 한계'로 판명될 약점을 가지고 있다고 주장하는 것은 행동경제학자들이 이룩한 큰 혁신을 무시하는 것이다.

행동경제학과 전통적 경제학은 서로 충돌하지 않고 서로를 보완한다. 결국, 이상한 또는 결함있는 행동에 관한 모형 개발은 완벽하게 합리적인 행동(즉, 이상하지 않거나 결함이 없는 행동)에 관한 이해가 전제되어야 한다. 또한 개인이 완벽하게 합리적으로 행동하게 만드는 것이 주요한 사회적 목표라면, 사회정책에 관심이 있는 행동경제학자는 정책 조언을 위해 합리적 행동이라는 준거에 기반해야 한다. 이들 경제 분석의 다양한 접근 방식에 대한 평가가 어떠하든, 결국 두 접근 방식은 계속 나란히 존재할 것이 확실하다. 경제적 관점에서 인간 행동을 진정으로 이해하기 위해서는, 두 접근 방식을 모두 수용하는 것이 최선일 것 같다.

참고문헌

Baker, T., A. Harel, and T. Kugler(2004), "The Virtues of Uncertainty in Law: An Experimental Approach," *Iowa Law Review*, 89: 443~494.

Bushway, S. D. and E. G. Owens(2013), "Framing Punishment: Incarceration, Recommended Sentences and Recidivism," *Journal of Law and Economics*, 56: 301~331.

Camerer, C., S. Issacaroff, G. Loewensteing, T. O'Donoghue, and M. Rabin(2003), "Regulation for Conservatives: Behavioral Economics and the Case for Asymmetric Paternalism," *University of Pennsylvania Law Review*, 151: 1211~1254.

Diamond, P. and H. Vartiainen, eds.(2007), *Behavioral Economics and its Applications*, Princeton, NJ: Princeton University Press.

Gruber, J. and S. Mullainathan(2005), "Do Cigarette Taxes Make Smokers Happier," *Advances in Economic Analysis and Policy*, 5: 1~3.

Hersch, J.(2005), "Smoking Restrictions as a Self-Control Mechanism," *Journal of Risk and Uncertainty*, 31: 5~21.

Jolls, C. and C. R. Sunstein(2006), "The Law of Implicit Bias," *California Law Review*, 94: 969~996.

Korobkin, R.(2011), "What Comes after Victory for Behavioral Law and Economics?" *University of Illinois Law Review*, 2011: 1653~1674.

O'Donoghue, T. and M. Rabin(2001), "Choice and Procrastination," *Quarterly Journal of Economics*, 116: 121~160.

Rachlinski, L., S. Johnson, A. J. Wistrich, and C. Guthrie(2009), "Does Unconscious Racial Bias Affect Trial Judges?" *Notre Dame Law Review*, 84: 1195~1246.

Sunstein, C. R., D. Schkade, and D. Kahneman(2000), "Do People Want Optimal Deterrence?" *Journal of Legal Studies*, 29: 237~253.

Thaler, R. H.(1980), "Toward a Positive Theory of Consumer Choice," *Journal of Economic Behavior and Organization*, 1: 39~60.

Whitman, G.(2006), "Against the New Paternalism," *Policy Analysis, February*: 1~16.

Wright, J. D. and D. H. Ginsburg(2012), "Behavioral Law and Economics: Its Origins, Fatal Flaws, and Implications for Liberty," *Northwestern University Law Review*, 106: 1033~1088.

The Economics of Crime

제10장

경제학자와 범죄

1990년대 이후 범죄경제학 분야의 가장 흥미롭고 논쟁적인 연구 중 하나는 단순하지만 충격적인 질문을 제기하였다(도너휴와 레빗[Donohue and Levitt], 2001). 현재의 낙태율이 증가하면 미래의 범죄율이 감소하는가? 저자 중 1명이 낙태와 범죄의 연관성을 강조한 베스트셀러(레빗과 더브너[Levitt and Dubner], 2005)를 출간하면서 갑자기 범죄의 경제 분석이 나라 전체의 주목을 받게 되었다. 그러나 관심은 호의적이지 않은 경우가 많았다. 이 연구의 저자들은 연구 결과뿐만 아니라 연구를 수행한 것 자체에 대해 심각한 비판을 받았다. 낙태와 범죄의 관계는 다른 책에 잘 설명되어 있지만, 연구 결과 자체의 논의보다는 다음의 질문에 답하기 위해 연구 결과를 간략하게 소개하려고 한다. 이런 방식의 문제 제기와 답하기가 경제학자와 경제학자의 범죄 분석 방식에 관해 무엇을 알려 주는가?

1. 낙태와 범죄율

이 연구는 널리 합의된 두 가지 사실에서 시작한다. 첫째, 1973년 미국 대법원의 '로 대 웨이드'(*Roe v. Wade*) 판결로 낙태가 합법화되면서 미국의 낙태율이 크게 증가하였다. 둘째, 1990년대 내내 미국의 범죄율은 급격히 감소하였다.

> 1990년대 미국에서는 모든 범주 그리고 모든 지역의 범죄가 급격하게 감소하였다. 살인율은 1991년의 정점에서 2001년까지 43% 급감하여 35년 만에 최저치를 기록하였다. 같은 기간 동안 연방수사국(FBI)의 폭력 및 재산 범죄 지수는 각각 34%와 29% 감소하였다. 이 감소는 본질적으로 예고 없이 발생하였다. 주요 전문가들은 1990년대 초반과 중반에 범죄가 폭발적으로 증가할 것으로 예측하였는데, 바로 이때부터 범죄율이 급락하기 시작하였다(레빗[Levitt], 2004, 163쪽).

이 연구의 목적은 이 두 사실이 서로 관련되어 있는지 확인하는 것이다. 즉, 1970년대의 낙태율 증가가 1990년대의 범죄율 감소를 설명하는가?

18~24세 연령 집단의 범죄율이 가장 높다는 것은 잘 알려진 사실이다. 그렇다면 1970년대 중반의 낙태율 증가가 약 20년 후 범죄율 감소로 이어질 수 있는 이유는 크게 두 가지이다. 첫째, 간단히 말해서 낙태가 많아지면 출생아 수가 줄어들기 때문이다. 미래의 18~24세 연령 집단의 인구 규모가 감소하여 범죄가 줄어들 것이다. 둘째 이유는 낙태할 가능성이 가장 높은 여성의 인구통계학적 특성과 관련된다. 이 인구통계학적 범주에는 10대 소녀, 미혼 여성, 임신 중인 빈곤층 여성이 포함된다. 이들 여성에게서 태어난 아이들은 안타깝게도 나이가 들어 범죄자가 될 가능성과 양(+)의 상관관계가 있는 인구통계학적 특성을 가진다. 요컨대, 낙태는 인구 통제 수단일 뿐만 아니라 범죄 행동이 어느 정도 예측되는 특정한 인구통계학적 특성을 가진 집단의 인구를 통제하는 수단으로 작동한다.

연구는 1970년대 낙태 합법화가 1990년대 범죄율 감소에 기여하였다는 사실을 발견하였다. 이 연구는 1991년과 1997년 사이 미국에서 감소한 범죄의 약 절반이 낙태 합법화에 기인한 것임을 (놀랍게도) 정량적으로 밝혀냈다. 이 주장을 뒷받침하기 위해 연구는 '로 대 웨이드' 판결 3년 전에 낙태를 합법화한 소수의 주에서는 다른 주보다 3년 먼저 범죄율이 감소하였다는 사실을 발견하였다. 또한 수감률 증가, 경찰력 규모의 증가, 좋은 경제 상황 등 범죄율을 낮출 수 있는 다른 복합 요인을 주의 깊게 통제해도, 낙태가 범죄에 미치는 영향은 여전히 강력한 것으로 나타났다.

이 연구가 다른 학자들로부터 비판적 관심을 끌기까지는 그리 오랜 시간이 걸리지 않았다(예를 들면, 조이스[Joyce], 2004 참조). 그들은 연구 방법론에 이의를 제기하였으며 상반된 결과를 발견하였다. 이 책에서 논의된 다른 사회 문제에 관한 수많은 실증 분석에서 보았듯이, 이는 전적으로 예상된 결과이다. 하지만 이 연구는 다음과 같이 혹독한 비판이 일반인들로부터 쏟아졌다는 점에서 달랐다.

> 이 연구는 너무나 어리석음으로 가득 차 있어서 어디서부터 반박을 시작해야 할지 모르겠다. 당연히 1년에 150만 명을 죽인다면 그중에는 범죄자 몇 명이 포함될 것이다. 의사, 철학자, 음악가, 예술가도 마찬가지이다(자유로운 선택을 찬성하는 가톨릭 신도 모임[Catholics for a Free Choice] 웹사이트).
>
> 우리는 낙태나 불임을 통해 평온하고 법을 준수하는 사회로 나아가는 길을 열 수 없으며, 이것이 그럴듯한 과정이라는 생각을 불러일으키는 '추측'에 반대하여 큰 소리로 말해야 한다(오코너 추기경[Cardinal O'Conner] 웹사이트).
>
> 태어나기도 전에 특정 사람을 죽여야 범죄가 줄어든다는 생각은 끔찍하며 우생학에 가까운 것이다(안락사[Euthanasia] 웹사이트).
>
> 다른 연구 주제를 제안해도 되겠는가? 어떤 조건이 인간 생명의 신성함과 존엄성에 무감각한 학자를 배출하는 가정을 만드는지 분석해 보자. 유아기 가치관 교육에 대한 개입이 정말 필요하다(수전 윌스[Susan Wills] 웹사이트).

모든 사람이 자신의 의견을 가질 권리가 있다. 그러나 이 비판자들의 문제는 단순히 연구의 논점을 오해하고 있다는 것이다. (비판보다 먼저 작성된) 저자의 말을 들어보자.

> 우리는 연구의 목적이 1990년대에 범죄가 급격히 감소한 이유를 이해하고 이 감소가 1970년대 낙태 합법화에 기인할 수 있음을 탐구하는 것임을 강조하고 싶다. 낙태와 범죄 사이의 관련성을 규명하려는 시도는 이 관련성이 '좋다' 또는 '정

> 의롭다'라고 주장하려는 것이 아니라, 단지 이 관계가 존재한다는 것을 보여 주기 위한 것이다(도너휴와 레빗, 2001, 382쪽).

즉, 연구는 낙태에 관한 것이 아니라 1990년대에 범죄율이 감소한 이유를 설명하기 위한 것이다. 그렇다면 이 문제가 왜 중요한가?

정부는 범죄와 싸우기 위해 엄청난 양의 자원을 투입한다. 1990년대의 이 '성공' 이야기는 자원이 효율적으로 사용되었다는 것을 의미할 수 있다. 그러면 정확히 어떤 자원이 효율적으로 사용되었는가? 형사사법 제도의 어떤 측면이 범죄의 급격한 감소에 기여하였는가? 정책적 관점에서 볼 때 이는 중요한 질문이다. 아마도 정부는 성공한 정책과 실패한 정책의 이해를 통해 효율성을 개선할 수 있을 것이다.

레빗의 문헌 연구(2004, 5장 참조)는 1990년대 범죄율 감소의 이유로 주장되는 다양한 요인을 풀어내려고 한다. 이 논문은 범죄율 감소를 설명할 수 없는 여섯 가지 요인과 설명할 수 있는 네 가지 요인을 논의한다. 모든 요인은 이론적으로 범죄율 감소에 영향을 미칠 수 있다. 하지만 이 검토의 목적은 각 요인의 실증적 타당성을 검토하는 것이다. 연구는 좋은 경제, 인구 고령화, 개선된 치안 전략, 강력한 총기 규제법, 은닉 무기법(즉, 총기 소지 허용법), 사형제도가 범죄율 감소에 영향을 미친다는 증거를 발견하지 못하였다. 반면 경찰관 수의 증가, 수감자 수의 증가, 크랙 코카인 유행의 퇴조, 1970년대 낙태 합법화 등이 범죄율 감소에 영향을 미친다고 보고하였다.

낙태와 낙태의 궁극적인 합법화에 관한 '로 대 웨이드' 판결에서의 법리 논쟁은 미래의 범죄 감소 가능성과는 아무런 관련이 없다. 연구는 대법원 판결의 부수적 결과로 1990년대에 범죄율이 감소하였을 수 있다는 점만 지적한다. 이 결과가 흥미로운 이유는, 만약 사실이라면, 범죄와의 전쟁에서 정부의 특별한 자원 투입 없이 대법원 판결이 범죄율 감소를 끌어냈기 때문이다. 이 결과가 함의하는 것은 범죄와의 전쟁에 자원을 배분하는 최선의 방법, 특히 정부가 범죄율에 영향을 미치지 못하는 요인에 자원을 투입하지 않는 방법을 다시 검토해야 한다는 것이다. 낙태와 범죄의 연관성에 관해서는 논란이 있을 수 있지만, 경제학자는 분석의 결과가 어디로 향하든 항상 자원의 효율적 배분을 고민한다.

2. 경제학자의 역할

나는 개인적으로 경제학자는 질문하는 것을 가장 잘한다고 생각한다. 일반적으로 경제학은 제기하는 질문의 유형으로 다른 학문과 차별화된다(윈터[Winter], 2013 참조). 이 책 곳곳에서 이를 입증하는 많은 예를 찾아볼 수 있다. 범죄자는 처벌의 확실성과 엄격성 중 어디에 더 민감하게 반응하는가? 금전적 벌금과 망신 주기 처벌이 효율적인가? 경찰의 배치 강화가 범죄를 억지하는가, 아니면 단순히 범죄를 전치하는가? 부유한 피고인이 가난한 피고인에 비해 과중한 처벌을 받고 있는가? 사형제도가 유죄 판결 확률을 낮추는가? 인종 프로파일링은 효율적 치안 전략인가, 아니면 편견이 있는 치안 전략인가? 총기 소지 허용법이 범죄를 억지하는가? 마약과의 전쟁이 재산 범죄와 폭력 범죄의 증가로 이어지는가? 하지만 이런 질문을 제기하는 것만큼이나 중요한 다음 단계는 그 질문에 답하는 것이다.

경제학자들은 일반적으로 실증 연구를 잘 수행할 수 있으며, 통계 소프트웨어와 컴퓨터 성능의 지속적인 발전에 힘입어 정교한 분석을 수월하게 진행할 수 있다. 그러나 경제학자들이 현재 직면한 문제의 이론적 기초에 관해 합의한 경우에도 실증 연구를 수행하는 경제학자들은 (2장에서 설명한 것처럼) 통계 분석의 한계에 직면하게 된다. 이 한계가 특히 사형제도, 인종 차별, 총기 규제법 등 중요한 사회 문제에 관한, 해결의 실마리가 보이지 않는 치열한 실증적 논쟁을 불러일으킨다.

실증적 합의의 부재와 마주하는 것은 실망스러운 일이다. 그러나 이러한 논쟁에서 얻을 수 있는 핵심적 교훈은 명확한 정책 결론에 도달하기 위해서는 하나의 연구 또는 몇 개의 연구에만 의존해서는 안된다는 것이다. 나는 실증 연구를 정책 퍼즐에 더 많은 조각을 추가하는 것이라고 생각하고 싶다. 퍼즐 조각이 서로 잘 맞지 않을 수도 있고 퍼즐이 결코 완성되지 못할 수도 있지만, 조각이 추가될수록 결국 그림이 점점 명확해진다. 하지만 그림이 완벽하게 명확해지지는 않을 것이다. 따라서 주요 사회 문제에 대한 실증 연구에서의 합의 부재는 경제학자들이 최소한 정책 분석의 마지막 단계인 정책 제언을 제시하기에 앞서 매우 신중한 태도를 견지해야 한다는 것을 의미한다.

경제학자들은 사회 정책 제언에 관해 다양한 입장을 갖고 있다. 많은 경제학자는 정책 제언을 하지 않는다. 그들은 자신의 연구가 매우 추상적이어서 정책 함의가 없거나 아니면 독자가 스스로 정책적 결론을 내리도록 내버려 두는 것을 선호하기 때문이다. 하지만 경제학자들은 공공 정책을 연구할 때는 대부분 자신의 연구에 정책적 함의에 관한 논의를 일부 포함시킨다. 최고의 연구들은 연구 결과가 이용 가능한 자료와 사용된 통계학적 방법론에 따라 달라진다는 점을 명확하게 밝힌다. 즉, 이들 연구는 공공 정책의 제언과 관련하여 연구 결과가 가지는 한계를 인식하고 있다.

극단적으로, 일부 경제학자는 자신이 제언한 정책의 추진에 적극적 역할을 담당한다. 이들은 정책 담당자에게 직접 접근할 수 있는 고위 자문직을 맡거나, 정책 제안을 실현하는 정책 담당자가 된다. 또는 언론 매체나 기타 공적 기회를 통해 자신의 제안을 홍보하기도 한다. 공공 정책의 제언에 '올바른' 접근 방식은 없다. 이는 경제학자의 개인적 성향에 달려 있다. 그러나 정책 제언에 얼마나 적극적 역할을 하고자 하는지에 관계없이, 경제학자가 직시해야만 하는 중요한 문제가 있다. 당면한 문제에서, 공공 정책의 적절한 목표는 정확히 무엇인가?

우리가 실증 연구와 관련된 모호성을 논외로 한다고 하더라도, 정책 제언을 위해서는 정책 목표에 관한 어느 정도의 이해가 필요하다. 예를 들어, 경제학자가 어떤 사회 정책과 관련된 모든 가능한 상충관계를 설명할 수 있다고 가정해 보자. 또한 어떤 정책 방안의 모든 비용과 편익을 모호함 없이 정확하게 측정할 수 있는 능력이 있다고 가정해 보자. 이제 공공 정책의 제언이 간단한 일처럼 보일 것이다. 정책의 편익이 비용을 초과하면, 정책을 시행하라. 그러나 이는 비용과 편익을 모두 달러 단위로 같은 비중으로 평가한다는 것을 전제하고 있다. 경제 분석이 우리를 이런 결론으로 이끄는가?

경제 분석은 실제로 적절한 사회적 목표가 무엇인지에 관해 아무것도 알려주지 않는다. 분명히 말하지만, 나를 포함한 많은 경제학자는 사회 전체의 부의 극대화(wealth maximization)가 적절한 사회적 목표라는 것에 전혀 거부감이 없다. 이 경우 비용과 편익을 달러 단위로 비교하면 정책 결론이 도출된다. 그러나 이는 사회적 부의 극대화가 '올바른' 사회적 목표라고 말하는 것과는 다르다. 비용과 편익에 같은 가중치를 부여해야 할 근거는 없다. 또한 다른 요인이 중요하지 않다고 믿을 근거도 없다. 예를 들어, 8장에서 논의한 것처럼 마약과의 전쟁은 비용 대비 편익이라는 관점에서는 타당하지 않을 수 있지만, 마약은 사회가 비용과 관계없이 싸워야 하는 골칫거리라는 점을 강조하는 다른 관점에서는 타당할 수 있다.

경제 분석은 분명 정책 결정에 영향을 미칠 수 있다. 예를 들어, 정책 담당자가 경제학자인 나에게 삼진아웃법의 비용과 편익에 관한 연구를 의뢰한다면, 나는 경제 이론과 실증 분석을 통해 연구를 수행할 수 있다. 그런 다음 연구 결과를 정책 담당자에게 제시하여 원하는 대로 정보를 활용하라고 할 것이다. 그러나 정책 담당자가 삼진아웃제를 시행해야 하느냐고 묻는다면, 나는 "사회적 목표가 무엇인지에 따라 달라질 수 있다"라고 대답할 것이다. 물론 이는 경제적 추론을 통해 사회 정책 문제에 접근하는 방식에 관한 나의 사적인 견해에 불과하지만, 사회 정책의 목표가 확실히 견해의 문제라는 점을 인식하는 것은 중요하다.

이 문제에 관한, 내가 좋아하는 인용문 중 하나는 법학자인 워드 판스워스(Ward Farnworth, 2002)의 말이다.

> 사람들이 갈망하고 가치 있게 여기는 것은 너무 복잡하다. 무엇이 선과 악, 공정과 불공정, 정의와 불의로 간주되는가? 그리고 이 질문에 대한 답, 즉 공정성에 대한 선호와 불공정에 대한 비선호의 내용과 정도에 사람들은 얼마나 관심이 있는가? 이들 질문에 대한 답은 우리가 우리 자신을 정의하는 중요한 측면이다. 이것이 진실인 한, 어떤 논증도 이들 질문을 토론하고 그 대답에 무게를 두는 것이 필연적으로 사람들을 더 나쁘게 만든다는 것을 보여 줄 수 없을 것이다(워드 판스워스, 2002, 2026쪽).

즉, 사회 전체의 부의 극대화를 고려하는 것은 좋지만, 이것이 사회 정책 문제에 관심이 있는 사람들이 가지고 있는 사회적 후생의 전체 그림을 대표하지 않는다는 것이다.

공공 정책을 강의할 때, 나는 경제적 추론을 받아들이라고 학생들을 설득하는 데 전혀 관심이 없다. 나는 유일한 관심은 경제적 추론이 무엇을 도출하는지, 그리고 이 책에서 논의된 사회 문제에 어떻게 적용될 수 있는지를 가르치는 것이다. 수업을 마치고 학생들이 경제적 추론을 거부하기로 선택한다면, 나는 적어도 자신들이 왜 거부하는지는 이해하고 있기를 바란다. 경제학자는 공공 정책 논쟁에 흥미로운 아이디어를 던진다. 나는 이것이 논쟁을 더욱 생산적으로 만들 수 있다고 생각한다.

참고문헌

Donohue, J. J. and S. D. Levitt(2001), "The Impact of Legalized Abortion on Crime," *Quarterly Journal of Economics*, 116: 379~420.

Farnsworth, W.(2002), "The Taste for Fairness: Review of Fairness versus Welfare by L. Kaplow and S. Shavell," *Columbia Law Review*, 102: 1992~2026.

Joyce, J. T.(2004), "Did Legalized Abortion Lower Crime?" *Journal of Human Resources*, 39: 1~28.

Levitt, S. D.(2004), "Understanding Why Crime Fell in the 1990s: Four Factors that Explain the Decline and Six that Do Not," *Journal of Economic Perspectives*, 18: 163~190.

Levitt, S. D. and S. J. Dubner(2005), *Freakonomics*, New York: Harper-Collins.

Winter, H.(2013), *Trade-Offs: An Introduction to Economic Reasoning and Social Issues*, Second Edition, Chicago, IL: University of Chicago Press.

찾아보기